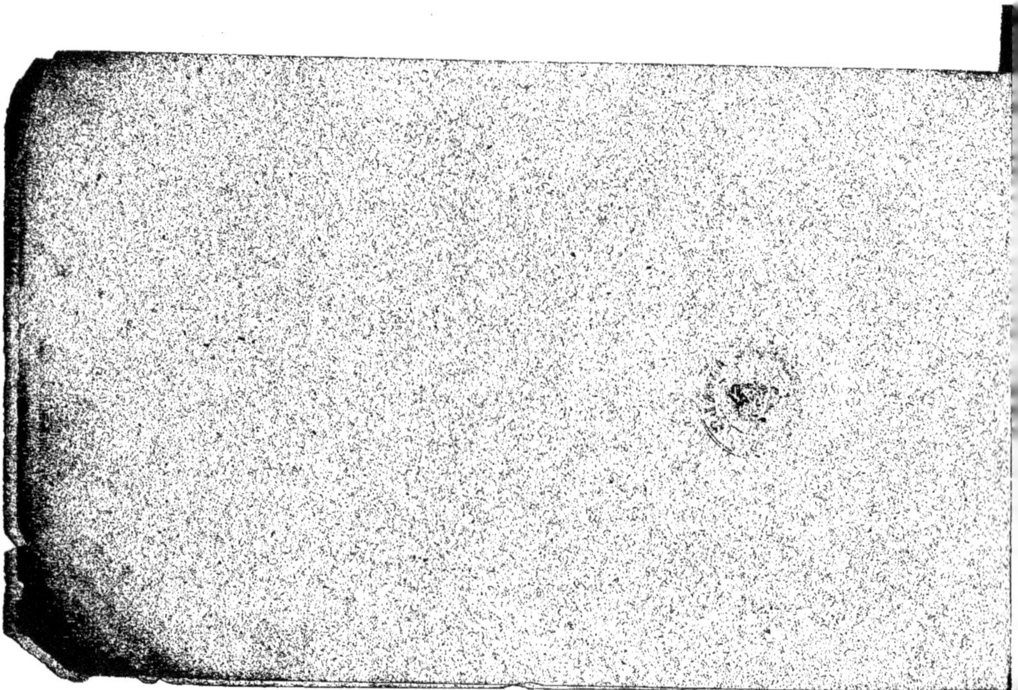

VÉRITAS MARSEILLAIS.

RENSEIGNEMENTS SUR NAVIRES,

PAR

HOUZÉ DE L'AULNOIT,

CAPITAINE AU LONG COURS.

1838-1839.

MARSEILLE,

IMPRIMERIE DE MARIUS OLIVE, RUE PARADIS, 47.

1838.

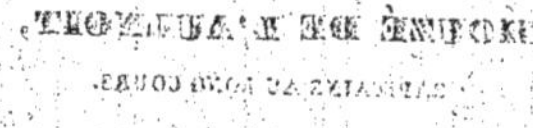

AVIS.

Ce VÉRITAS, rédigé d'après les visites de l'auteur et les notes qu'il a prises, comprend les navires français, espagnols, de tous les ports, autrichiens, napolitains, romains, ioniens, toscans, sardes, russes, grecs et maltais, jaugeant au moins 60 tonneaux et naviguant dans toutes les mers, et quant au petit cabotage, ceux naviguant dans la Méditerranée et jaugeant au moins 25 tonneaux, sans avoir égard au pavillon.

Outre le résultat des visites, affiché jour par jour dans le bureau du visiteur, les abonnés à Marseille recevront, au moins une fois par mois, une note supplémentaire des changements survenus aux navires et dans leurs cotes. Les abonnés dans les départements et à l'étranger recevront cette note *franco* tous les quinze jours.

Le prix de l'abonnement, pour l'année commençant le 1er octobre 1838, et finissant le 1er du même mois 1839, est fixé à *quatre-vingt francs* pour Marseille, et *quatre-vingt-dix francs* pour les départements et l'étranger. Les compagnies reconnues pour telles paieront *cent soixante francs* pour le même abonnement.

Tous les bâtiments indistinctement qui entreront dans le port de Marseille seront exactement visités, et les résultats seront placés dans un tableau, dans le bureau du Visiteur. Les armateurs et capitaines ont la faculté de faire visiter leurs navires *sans aucune rétribution*.

Les personnes qui ne seraient plus dans l'intention de continuer leur abonnement devront en prévenir par écrit le sieur HOUZÉ DE L'AULNOIT avant le 1er juin, soit quatre mois avant l'expiration de l'année courante, faute de quoi, elles seront abonnées pour l'année suivante et tenues de payer le prix de l'abonnement ci-dessus fixé.

Les souscripteurs prennent l'obligation expresse de ne point communiquer ce *Véritas* et les notes qui leur seront remises aux personnes non abonnées.

On s'abonne chez l'Auteur, Petite rue de Rome, nº 14, et chez Marius OLIVE, imprimeur, rue Paradis, nº 47.

NOTE EXPLICATIVE.

Un trait (—) sous un renseignement indique le doute, et celui sous le nom du capitaine, qu'il a refusé la visite.

Colonnes

1 Numéro d'ordre.

2 Noms des navires et des capitaines.

3 Espèce du navire.

(Explication des abréviations.)

alg. — allége.
bat. — bateau.
b. à v. — bateau à vapeur.
bb. — bombarde.
br.-g. — brick-goelette.
chb. — chebeck.
loug. — lougre.
c.-m. — chasse-marée.
dog. — dogre.
flq. — felouque.
gls. — galéasse.
goel. — goelette.
mtc. — mistick.
nvcl. — navicelle.
slp. — sloop.
3-m. — trois-mâts.
trb. — trabac.
ttn. — tartane.

Colonnes

4 Le tonnage.

5 L'unité divisée en 6 parties égales.

R — rien.
1 — 1/6
2 — 2/6
3 — 3/6
4 — 4/6
5 — 5/6
6 — 6/6

L signifie long cours.
G » grand cabotage.
P » petit cabotage.
A » Atlantique, ou navigation des Deux Amériques.

Colonnes

6 L'année de la construction.
18 signifie 1818.
97 « 1797.

7 Nation à laquelle il appartient

Frç. — Français.
Ang. — Anglais de Malte.
Autr. — Autrichien.
Esp. — Espagnol.
Ion. — Ionien.
Npl. — Napolitain.
Ptg. — Portugais.
Rom. — Romain.
Rss. — Russe.
Scl. — Sicilien.
Srd. — Sarde.
Tsc. — Toscan.

8 C signifie que le capitaine est seul propriétaire.
CC » que le capitaine est intéressé.

Colonnes

9 Port de construction ou d'armement.

10 R signifie simples réparations faites ou entretien ordinaire.
GR » grande réparation.
TGR » très grande réparat.
Alg » alongé.
Rct » reconstruit.
Exh » exhaussé.
KG » carénage général sans doublage.
DCV » doublage en cuivre.
DZ » id. en zinc.
DBrz » id. en bronze.
DB » id. en bois.
DFtCV » id. en feutre et en cuivre.

NUMÉROS D'ORDRE.	NOMS DES NAVIRES ET DES CAPITAINES.	ESPÈCE.	TONNAGE.	PAR SIXIÈME.	COTE	ANNÉE DE LA CONSTRUCTION.	NATION.	CAPITAINE INTÉRESSÉ.	PORT.	OBSERVATIONS.
1	ABEIL, Rousseau	brick.	250	4	L	1827	Frç.		Bordeaux.	DCV. 32
2	ABEILLE, Abeille	»	140	4	A	25	»		Marseille.	GR 29., RDZ 38.
3	» Barbié	3-m.	250	6	L	34	»		Nantes.	DCV.
4	» Godenet	goel.	77	6	G	37	»		Royan.	
5	ACCÉLÉRÉ, Ledémélé	brick.	124	6	G	37	»		St.-Malo.	
6	ACCORTO, Dodero	»	230	4	A	26	Srd.		Gênes.	DZ. 36.
7	ACHILLE, Alotto	»	131	4	G	26	Scl.		Palerme.	
8	» Andrea	»	370	2	G	14	Grec.	c.	Paros.	
9	» Belliard	»	365	3	G	14	»		Ydra.	
10	» Cacace	»	260	3	G	22	Npl.		Naples.	
11	» Cacavi	»	110	5	G	33	Grec.		Syra.	
12	» Calari	»	206	4	G	24	»	c.	Eviana.	
13	» Camiotto	»	130	3	P	29	»		Syra.	
14	» Carpussi	»	370	2	G	14	»		Ydra.	
15	» Christodulo	»	287	2	G	20	»		Spezzia.	
16	» Constantin	goel.	70	3	P	17	Frç.		Bordeaux.	
17	» Costala	brick.	120	3	P	30	Grec.		Syra.	Pin.
18	» Ferrat	loug.	125	4	G	27	Frç.	cc.	Sarzeau.	
19	» Fiorillo	br.-g.	130	4	P	23	Npl.		Naples.	
20	» Gay	brick.	200	5	G	37	Frç.		Bordeaux.	

1	ACHILLE, Hervey..............	brick.	128	2	G	1815	Frç.		Granville.	R 26, 33 DZ 31.
2	» Loir..............	»	143	6	A	35	»		Cherbourg.	DZ 36.
3	» Mussuri..............	»	140	3	P	22	Rss.		Odessa.	
4	» Orlof..............	»	400	3	G	19	Grec.	cc.	Spezzia.	
5	» Pana..............	»	403	2	G	16	»		»	GR 30.
6	» Rio..............	c.-m.	76	4	G	27	Frç.		Sarzeau.	
7	» Stamati..............	brick.	85	4	P	31	Grec.		Syra.	
8	» Vaillant..............	»	422	4	A	27	Ion.	cc.	Cafalonie.	
9	» Yrant..............	3-m.	280	3	A	17	Frç.	c.	Marseille.	DZ 31.
10	» Zaccaria..............	brick.	263	2	G	18	Grec.		Ypsara.	
11	ACTÉON, Letorsec..............	3-m.	300	5	L	29	Frç.		Nantes.	DCV 37.
12	ACTIF, Banon..............	brick.	153	5	G	35	»	cc.	Toulon.	
13	» Beauchard..............	c.-m.	55	4	P	25	»	cc.	Hennebon.	
14	» Blay..............	3-m.	240	4	L	26	»		Bordeaux.	DCV 34.
15	» Botrelle..............	brick.	204	6	A	36	»		St.-Servan.	DZ.
16	» Bouvier..............	br.-g.	241	4	A	26	»		Marseille.	DZ.
17	» Brilland..............	brick.	108	5	G	35	»		Nantes.	
18	» Cavière..............	»	216	3	A	18	»		Marseille.	GRDZ 33, R 35.
19	» Clément..............	»	192	4	G	27	»		Granville.	GR 30.
20	» Denis..............	slp.	61	5	P	35	»		Lahougue.	
21	» Dexamendy..............	brick.	124	4	G	24	»		Bayonne.	
22	» Guibert..............	3-m.	191	3	G	17	»		Bénic.	GR 30.
23	» Ledoré..............	c.-m.	95	4	G	27	»	cc.	Quiberon.	
24	» Liard..............	dög.	71	R		24	»		Havre.	
25	» Onfray-Panière..............	brick	123	R		21	»		Tréguier.	GR 34.
26	» Piquet..............	»	140	4	G	27	»		Dieppe.	
27	» Prébois..............	bat.	45	4	P	26	»	cc.	Toulon.	
28	» Santi..............	tfn.	35	4	P	28	»	cc.	La Seyne.	

1	ACTIF, Trajen.................	b ick.	139	2	G	1810	Frç.		Rouen.	
2	ACTIONNAIRE, Sablier...........	alg.	122	4	P		»		Arles.	
3	ACTIVE, Anglais...............	ttn.	50	4	P	26	»		Toulon.	
4	» Fellieu..................	br.-g.	100	3	P	18	»		Marseille.	
5	» Wues....................	goel.	110	5	G	30	»		Dunkerque.	
6	ACTIVITÉ, Vennaert..............	»	65	8	P	37	»		»	
7	ACTIVO, Albis.................	loug.	63	6	P	35	Esp.		St.-Andér.	
8	» Dodero..................	brick.	180	3	G	24	Srd.		Gênes.	
9	ADAMO, Bonetich...............	trb.	120	4	P	53	Autr.		Ravigno.	
10	» Marachino................	br.-g.	148	4	P	23	»		Fiume.	Allongé et remonté 30.
11	ADDOLORATA., Mazella..........	brick.	265	4	G	26	Npl.		Naples.	
12	» Vassano..................	»	180	3	G	24	Scl.		Messine.	
13	» E L'ANIME DEL PURGATORIO Salvator...............	3-m.	221	3	G	23	Npl.		Naples.	RDZ 33.
14	ADELA, Caboufigue..............	brick.	246	4	L	27	Frç.		Marseille.	RDCV 34.
15	ADELAIDA, Temasi, Remedilci..	br.-g.	81	5	G	30	Esp.		Algésiras.	
16	ADÉLAÏDE, Adam...............	slp.	62	4	P	26	Frç.		Cherbourg.	
17	» Amat....................	br.-g.		6	G	38	»	cc.	Martigues.	
18	» Berneville................	»	80	4	P	30	Esp.	cc.	Algésiras.	
19	» Chapella.................	brick.	256	6	A	34	Srd.		Gênes.	DCV.
20	» Chiozza..................	»	206	3	G	15	»		»	R 34.
21	» Fauran...................	ttn.	50	6	P	37	Frç.	cc.	Narbonne.	
22	» Lesourd..................	brick.	123	3	G	15	»		Nantes.	
23	» Moizan...................	»	135	5	G	33	»	cc.	Auray.	
24	» Pellet...................	»	140	4	G	29	»		Dunkerque.	DZ.
25	» Pulman..................	»	116	4	A	18	»	cc.	Bourbon.	DCV 20.
26	» Routtier.................	»	200	4	A	28	»		Boulogne.	DZ 32.
27	»	»	55	4	P	27	»	c.	Barcelonne.	

1	ADÉLAÏDE-ET-2-FRÈRES, Dufay..	brick.	78	4	P	1829	Frç.		Nantes.	
2	ADÈLE, Blandin........	c.-m.	79	5	G	36	»	cc.	Dinan.	
3	» Bondon........	brick.	156	6	G	35	»	cc.	St.-Malo.	
4	» Caboufigue........	»	246	4	A	27	»		Marseille.	TGR DCV 34.
5	» Dacheux........	»	179	2	A	05	»		Fort-Royal.	GR DZ 33.
6	» Fleury........	3-m.	240	3	A	17	»		Granville.	GR 33, RDZ 36.
7	» Josse........	bb.	61	2	P	12	»		Marseille.	
8	» Louvel........	goel.	58	6	P	36	»		Calais.	
9	» Monnier........	3-m.	431	5	L	33	»		Marseille.	DCV 33.
10	» Perlengeri........	bb.	70	2	P	11	»		Marseille.	GR 36.
11	» Pietri........	brick.	250	3	G	22	Tsc.		Livourne.	GR KG 34.
12	» Poulinier........	c.-m.	71	3	G	24	Frç.	cc.	Vannes.	GR 37.
13	» Ravon........	brick.	118	5	G	35	»		Sables.	
14	» Rouallec........	»	119	6	G	36	»		Roscof.	
15	» Viale........	bb.	70	2	P	12	»		Agde.	
16	» Welch........	3-m.	569	6	L	37	»		Havre.	DCV.
17	» -CÉLINA, Lefort........	goel.	98	5	P	33	»		Rouen.	
18	» -CHÉRIE, Bouvier........	dog.	72	2	P	11	»	c.	»	Rect. 28.
19	» -ET-DÉSIRÉ, Jacobin........	loug.	99	4	P	24	»		Lorient.	
20	» -EDMOND, Pons........	ttn.	48	4	P	30	»		La Nouvelle.	
21	» -ROSINE, Benoît fils........	goel.	62	3	G	23	»		Agde.	
22	ADÉLIE, Chevrier........	loug.	68	4	P	28	»		St.-Gilles.	
23	ADÉLINA, Godeneau........	brick.	75	3	P	16	»	c.	Royan.	GR 32
24	» Vian........	3-m.	330	5	L	31	»		Nantes.	DCV.
25	ADÉLINE, Cadelduc........	c.-m.	73	5	P	34	»	cc.	Redon.	
26	» Carbonnel........	bb.	118	3	P	18	»		Marseille.	
27	» -CHÉRIE, Barban........	c.-m.	73	5	P	32	»		Nantes.	
28	» » Tillé........	loug.	62	4	P	29	»		»	

1	ADÉLINE-FÉLIX, Barban	c.-m.	75	5	P	1832	Frç.		Nantes.		1
2	ADELPHINE, Monnier	loug.	65	5	P	31	»		Fécamp.		2
3	ADESIONE, Dabadie	brick.	192	4	G	28	Autr.		Venise.		3
4	ADHÉMAR, Vamlon	»	254	4	L	29	Frç.		Bordeaux.	DCV 32.	4
5	ADOLPHE, Bugaud	»	142	4	A	22	»		Nantes.	GR 33, DZ 38.	5
6	» Cannaud	»	116	6	G	37	»	cc.	Saintes.		6
7	» Courtois	3-m.	281	6	L	35	»		Nantes.	DCV 36.	7
8	» Felliot	brick.	309	3	A	24	»		Marseille.	DCV 38.	8
9	» Julia	»	120	4	A	26	Esp.		Malaga.	DCV 34.	9
10	» Méniger	»	112	R		1794	Frç.		St-Servan.		10
11	» Meker	»	78	5	G	1831	»		Belle-Ile.		11
12	» Meurat	»	78	6	G	37	»		Paimpol.		12
13	» Morvan	3-m.	260	6	A	37	»	cc.	Morlaix.	DCV.	13
14	» Moullé	brick.	106	5	G	33	»		Bordeaux.		14
15	» Payri	ttn.	73	5	P	33	»	cc.	La Nouvelle.		15
16	» Phauliaud	brick.	289	4	A	27	»		Marseille.	DCV.	16
17	» -EUGÈNE, Berry	loug.	59	3	P	22	»		Nantes.		17
18	» » Machefaux	brick.	150	6	A	38	»	cc.	Ile Darz.		18
19	» -FANNY, Villebogard	3-m.	252	3	L	14	»		Bordeaux.	RDCV. 31.	19
20	ADOUR nº 2, Duprat	brick.	126	4	G	29	»		Bayonne.	DZ 32.	20
21	ADRIA, Vionovich	3-m.	268	2	G	10	Autr.		Vannes.	DZGR 28.	21
22	ADRIANO, Scoponich	brick.	251	3	G	14	»		Trieste.		22
23	ADRIATICO, Gambardella	»	235	4	G	24	Npl.		Castellamare.		23
24	ADRIEN, Brun	»	103	3	G	24	Frç.		Bordeaux.	DZ 33., R 34.	24
25	» -ET-FÉLICIE, Salvy	»	150	6	G	37	»		St-Tropez.		25
26	ADY-EMILY, Foeland	goel.	140	4	A	28	Ang.		Malte.	DCV. 38.	26
27	AFFABLE-SOPHIE, Fontaine	dog.	118	4	G	16	Frç.		Dunkerque.	GR 27, 29, 37.	27
28	AFRICA, Milisari	brick.	180	4	G	20	Turc.		Constantinple.		28

A

1	Africain, Birac	br.-g.	134	6	G	1835	Frç.	cc.	Bordeaux.	
2	» Jeansolin	brick.	152	4	A	34	»		Toulon.	
3	» Mignot	»	158	5	A	29	»		St.-Malo.	RDCY 34.
4	Africaine, Fabre	goël.	87	4	A	25	»		Marseille.	RDCY 37.
5	Africano, Capola	brick.	131	3	G	18	Srd.	cc.	Gênes.	
6	» Gagliardo	chbc.	97	5	P	31	»		»	
7	» Morteno	brick.	99	3	P	13	»	cc.	»	
8	» Pesante	»	252	4	G	19	»		»	
9	» Serra	»	150	5	G	35	»		»	
10	Afrodite, Basolio	»	120	5	G	30	Grec.		Spezzia.	
11	Agamennonne, Avrantipapulo	»	100	2	P	33	»		Cassos.	
12	Agathe, Puginier	br.-g.	70	4	P	29	Frç.	cc.	Nantes.	
13	» Rouaze	»	70	4	P	29	»		Antibes.	
14	» Thebout	c.-m.	59	3	P	21	»	cc.	Vannes.	
15	Agathois, Flaugère	brick.	162	2	G	17	»		Agde.	
16	Agenoria, Buonomo	bb.	114	2	P	24	Tsc.		Livourne.	
17	Agesilao, Marcovich	brick.	274	4	G	20	Autr.	cc.	Trieste.	
18	Agila-de-oro, Siches	»	120	6	A	36	Esp.		Barcelone.	DCV 38.
19	Aglaé, Bernard	»	126	6	G	36	Frç.		Nantes.	
20	» Digard	3-m.	410	6	L	36	»		Havre.	DBrz.
21	» Gueguin	brick.	192	6	G	34	»		Nantes.	
22	» Henry	»	105	2	G	18	»		Redon.	GR 33, 34, DZ 34.
23	» Malheux	»	128	3	G	16	»	c.	Paimpol.	GR 28, DZ 34.
24	» Martin	3-m.	212	3	A	17	»		Havre.	GR 33.
25	» Ruel	brick.	140	2	G	16	»		Paimpol.	GR 29.
26	» Van Iseghem	3-m.	231	6	L	34	»		Nantes.	DCV.
27	» -et-Delphine, Coste	brick.	141	6	G	36	»		»	
28	Aglaia, Magrée	»	175	5	G	28	»	cc.	»	

1	AGRIPINA, Pages	bb.	50	2«	P	1810	Esp.	c.	Villa-Viciosa	
2	AGUSTINO, Cumulich	brick.	187	3«	G	00	Autr.		Trieste.	
3	AHMEDIE, Papamonolie	»	600	6«	A	30	Turc.		Constantinple	DCV
4	AID-TIECHI, Chappel	»	110	3«	G	32	Grec.		Chio.	
5	AIGLE, Avril	»	308	6«	L	36	Frç.		Granville.	DCV
6	» Bodet	gls.	96	3«	G	14	»		Bordeaux.	GR 31.
7	» Gauvin	3-m.		6«	G	38	»	cc.	Dunkerque.	
8	» Guillemot	[illegible]	565	6«	L	36	»		Marseille.	Dbrz.
9	» Landreau	[illegible]	217	5«	L	38	»		Nantes.	
10	» Paris	goël.	82	6«	P	33	Esp.	cc.	Alicante.	
11	» Thomas	dog.	77	5«	G	30	Frç.		Caen.	
12	AIGRETTE, Conseil	3-m.	226	4«	L	20	»		Bordeaux.	DCV 29, R 31.
13	AIM-MALAGENA, Marchese	br.-g.	145	5«	G	34	Esp.		Malaga.	
14	AIMABLE-ADÈLE, Beven	c.-m.	68	3«	P	20	Frç.		Vannes.	
15	» -AMÉLIE, Badelon	bât.	65	5«	P	33	»		Marseille.	
16	» -AIMÉE, Allain	c.-m.	71	3«	P	23	»	cc.	Intel.	
17	» -AMBROSINE, Jourdan	brick.	250	2«	A	1793	»		Marseille.	GR 29, DZ 30.
18	» -ANGÉLIQUE, Cointo	c.-m.	91	1«	P	28	»	cc.	Auray.	
19	» -ANNE-MARIE, Calvé	[illegible]	80	4«	G	30	»		Vannes.	
20	» -ANNETTE, Lepalmec	[illegible]	71	4«	G	30	»		Sarzeau.	
21	» -ANTOINE, Gimet	alg.	76	2«	P	01	»		Arles.	
22	» -ANTONIETA, Bado	brick.	140	5«	G	32	Srd.	cc.	Gênes.	
23	» -CAMILLE, Pailloux	»	100	3«	P	20	Frç.		Agde.	
24	» -CÉLINE, Rival	[illegible]	55	4«	P	30	»	cc.	Narbonne.	
25	» -CÉLESTE, Leneveu	brick.	79	3«	G	18	»		Granville.	
26	» » Saillard	»	230	3«	A	00	»		Caen.	Rectif 19, DZ 30, R 33, 35.
27	» -CÉLINA, Larrivan	»	85	3«	G	18	»		Paimpol.	
28	» -CÉLINE, Gonzer	[illegible]	77	3«	P	27	»		Trinité.	

1	AIMABLE-CÉLINE, Houbrecque	brick.	153	3	G	1820	Frç.		Fécamp.	GR 34.
2	» » Rival	ttn.	54	5	P	34	»		Narbonne.	
3	» -CLAUDINE, Leroux	c.-m.	78	4	P	31	»	cc.	Sarzeau.	
4	» -COLOMBE, Favatier	alg.	95	3	P	1798	»		Arles.	GR 33.
5	» -CRÉOLE, Bichon	3-m.	495	4	L	1827	»		Nantes.	DCV 34.
6	» » Rossé	»	293	3	L	15	»		Marseille.	GR 30, 34, DZ 34.
7	» -DELPHINE, Franc	bat.	29	4	P	29	»		Martigues.	
8	» -DENIS, Baron	ttn.	49	3	P	18	»		Narbonne.	
9	» -DÉSIRÉ, Lebot	c.-m.	78	4	P	26	»	cc.	Port-Navalo.	
10	» -EDOUARD, Chapu	loug.	92	4	G	28	»		Charente.	
11	» -ELISA, Cousais	brick.	130	3	G	15	»		Granville.	GR 35.
12	» » -Lemarchand	loug.	73	6	P	36	»		Honfleur.	
13	» -EMILIE, Badelon	bat.	59	5	P	33	»	cc.	Nouvelle.	
14	» -EUGÉNIE, Guegen	c.-m.	89	3	P	24	»		Entel.	
15	» -EULALIE, Querré	»	78	6	G	36	»	cc.	Vannes.	
16	» » Robert	»	60	2	P	12	»		»	GR 30, R 35.
17	» -FÉLIX, Terrasson	brick.	125	5	G	36	»		Marseille.	
18	» -FRANÇOIS, Lebihan	c.-m.	76	4	P	25	»	cc.	Quiberon.	
19	» -GUILLEMETTE, Lefiock	loug.	108	5	G	31	»	cc.	Bayonne.	
20	» -HENRIETTE, Monnier	br.-g.	97	6	G	36	»		Marseille.	
21	» -HYACINTHE, Baudet	c.-m.	112	5	G	34	»		Nantes.	
22	» -IRÉNÉE, Magno	goel.	75	6	G	37	»		Bayonne.	
23	» -JEANNE, Daléose	bb.	87	4	P	24	»	cc.	Marseille.	
24	» -JENNY, Mazeau	brick.	161	4	A	28	»		Nantes.	DCV.
25	» -JOSEPH, Partron	ttn.	67	6	P	37	»		Marseille.	
26	» -JOSÉPHINE, Pourchasse	c.-m.	80	5	P	33	»	cc.	Vannes.	
27	» -JULIE, Jouve	alg.	96	4	P	26	»		Arles.	
28	» » Salvy	c.-m.	85	3	G	24	»	cc.	Redon.	

1	AIMABLE-LOUISE, Sicard	ltn.	69	3	P	1821	Frç.		Marseille.		
2	» -LOUISE, Bonnot	br.-g.	109	4	G	24	»		»		
3	» » Pascot	c.-m.	69	6«	G	35	»	dc.	Auray.	R.	
4	» -LUCETTE, Faisant	brick.	215	4	G	27	»		Havre.	RDZ 31.	
5	» -MAGDELEINE, Lesaut	c.-m.	135	6«	G	36	»	cc.	Vannes.		
6	» -MARGUERITE, Gabriel	ttn.	68	5«	P	30	»		Agde.		
7	» -MARIE, Christophe	c.-m.	76	4«	P	28	»	cc.	Sarzeau.		
8	» » Leclanche	»	73	2«	P	19	»	cc.	Vannes.		
9	» » Picaud	»	75	4«	P	30	»	cc.	»		
10	» » Thomas	3-m.	272	4«	A	26	»		Havre.	RDZ 37.	
11	» » -JOSEPH, Lebarbier	c.-m.	76	3«	P	26	»	cc.	Sarzeau.		
12	» » -JULIENNE, Lebecho	loug.	110	6«	G	30	»	cc.	»		
13	» -MÈRE, Charita	c.-m.	79	4	P	26	»	cc.	»	GR. 36.	
14	» » Giquel	»	73	3	P	26	»	cc.	»		
15	» -MÉROPE, Rébert	brick.	60	3«	G	14	»		Nantes.	GRDZ 33.	
16	» -PAULIN, Besque	»	192	3«	A	23	»		Toulon.	RDZ 37.	
17	» -PAULINE, Dupuy	»	88	3«	P	23	»		Marseille.		
18	» » -ET-CLÉMENCE, Langlais	ttn.	50	«		[illegible]	»		»		
19	» -PERINE, Lemay	c.-m.	75	4	P	26	»		Méans.		
20	» -PERPÉTUE, Charron	dog.	71	3	G	20	»	cc.	Charente.	GR. 34.	
21	» -ROSA, Bigue	brick.	220	4	A	17	»		Havre.	GR. 32, RDZ 33.	
22	» -ROSALIE, Payen	c.-m.	78	5	P	30	»	cc.	Sarzeau.		
23	» -SOCIÉTÉ, Clergo	brick.	75	3	P	19	»	cc.	Noirmoutier.		
24	» » Gouly	»	60	2«	P	12	»		Bordeaux.	GR. 35.	
25	» » Rolandas	c.-m.	75	4«	P	25	»		Sarzeau.		
26	» -SOPHIE, Barra	alg.	88	3«	P	21	»		Arles.		
27	» -THÉRÈSE, Pesquy	ttn.	57	5«	P	31	»	cc.	Nouvelle.		
28	» -URSULE, Pons	»	95	6	P	35	»		Martigues.		

1	AIMABLE-VICTOIRE, Baron	3-m.	307	4	L	1815	Frç.	c.	Havre.	GRDbrz 34.
2	» » Carpentier	brick.	136	2	G	22	»	cc.	Caen.	
3	» -VICTORINE, Lorvale	c.-m.	115	6	G	35	»		Vannes.	
4	» » Mallet	ltn.	78	R	P	00	»		Agde.	
5	» -VIRGINIE, Legloahec	c.-m.	58	3	P	17	»		Entel.	R 35.
6	AIMÉE, Chariteau	brick.	151	4	G	24	»		Bayonne.	
7	» Perrot	»	93	2	G	00	»		Morlaix.	R 26.
8	» Roussel	loug.	76	4	P	30	»		St-Valery.	
9	» -ET-LOUISE, Sicard	brick.	140	2	G	18	»		Marseille.	
10	AJAX, Bellissime	»	120	4	G	25	»		»	RKG 38.
11	»	3-m.	475	6	L	37	»		Havre.	Dbrz.
12	ALBANO, Gimier	alg.	87	5	P	32	»		Arles.	
13	» Sesavich	brick.	343	4	A	28	Autr.		Cattaro.	DCV.
14	ALBATROS, Bouju	»	146	6	G	37	Frç.		Nantes.	
15	» Dury	3-m.	465	4	L	18	»		Havre.	GR 32, 37, DCV 32.
16	ALBERT, Ardisson	brick.	184	4	A	24	»		Marseille.	GRDZ 36.
17	» Charlot	»	152	6	G	35	»	cc.	Bordeaux.	
18	» Letournelle	»	111	6	G	36	»		Honfleur.	
19	ALBULA, Ivanich	»	323	4	G	25	Autr.		Luccia-Picl[o].	
20	ALCESTE, Blanc	»	230	4	A	25	Frç.		Marseille.	DCV 31.
21	ALCIBIADE, Visin	»	160	3	G	16	Autr.		Venise.	
22	» Neuglia	br.-g.	90	4	P	34	Grec.	c.	Syra.	
23	ALCIDE, Anselin	3-m.	267	4	A	26	Frç.		Dieppe.	
24	» Beaumond	brick.	145	4	G	30	»		Marseille.	DCV 34.
25	» Deschurie	»	252	5	A	32	»		Nantes.	DZ.
26	» Fournier	»	163	3	A	25	»		St-Servan.	R 31, 34, 38, DZ 38.
27	» Jude	3-m.	264	6	L	37	»		Bordeaux.	DCV.
28	» Micale	brick.	214	6	G	35	Scl.		Messine.	

1	ALCIDE, Quirouard	brick.	252	5	A	1832	Frç.		Boulogne.	DFt.CV 36.
2	» Vidor	3-m.	270	4	L	25	»		Rouen.	DCV 37.
3	» Voisin	»	267	4	L	26	»		St.-Malo.	DZ 29.
4	ACYON, Gossin	brick.	138	5	A	34	»		Nantes.	Dbrz. 34.
5	» Loubeau	loug.	64	5	P	34	»	cc.	Méans.	
6	» Laroche	3-m.	221	6	L	36	»		»	DCV.
7	» Levallois	brick.	78	3	G	26	»		Cherbourg.	
8	» Nicolas	»	90	4	G	10	»		St.-Servan.	GR 32, 34, RDZ 38.
9	ALCETRION, Luchert	»	100	6	G	38	»	cc.	Bordeaux.	
10	ALEJANDRO, Grandos	»	145	5	A	»	Esp.		Havane.	DCV 35.
11	ALERTA, Maristan	»	150	6	A	35	»		Barcelone.	DGN.
12	» Ordessa	»	200	4	A	30	»		Havane.	DGV.
13	ALERTE, Coudel	c-m.	79	3	P	23	Frç.	cc.	Vannes.	
14	» Gobert	br.-g.	123	5	G	30	»		Calais.	
15	» Lebris	brick.	128	6	G	36	»	cc.	Douarnenez.	
16	» Sharp	3-m.	254	4	L	24	»		Dunkerque.	RDZ 36.
17	ALERTO, Violini	bb.	79	5	P	30	Rom.		Ancône.	
18	ALESSANDRO, Bottich	brick	210	4	G	20	Autr.		Trieste.	
19	ALEXANDR, Borg	bb.	113	2	P	10	Ang.		Malte.	GR 26.
20	ALEXANDRE, Aube	loug.	93	5	P	30	Frç.		Caen.	
21	» Angelli	brick.	254	2	G	17	Rss.		Odessa.	
22	» Caillon	»	207	4	A	26	Frç.		Nantes.	GRDbrz 34.
23	» Clémence	»	223	6	G	34	»		Dieppe.	
24	» Cosimi	trb.	141	4	G	24	Rom.		Ancône.	GR 30.
25	» Domestin	brick	185	4	G	28	Grec.	cc.	Eugenia.	
26	» Dubois	3-m.	292	4	L	29	Frç.		Bordeaux.	DCV 37.
27	» Duménil	slp.	65	5	P	30	»		Caen.	
28	» Gibert	loug.	79	6	P	34	»	cc.	Nouvelle.	

1	ALEXANDRE, Girard	3-m.	200	6	G	1835	Frç.		Dieppe.	
2	» Granados	brick	145	6	A	35	Esp.		Havane.	DCV.
3	» Guay	bri-g.	120	6	G	34	Frç.		Bordeaux.	
4	» Gueguen	brick	188	5	G	31	»		Roscoff.	
5	» Leclaire	»	75	4	G	26	»		Cherbourg.	GR 35.
6	» Leport	3-m.	294	5	L	29	»		Bordeaux.	DCV.
7	» Magnan	bri-g	85	6	G	35	»		Fécamp.	
8	» Margotin	3-m.	315	4	L	27	»		Nantes.	GR 32, Dbrz 34.
9	» Nissen	dog.	130	4	G	16	»		Dunkerque.	GR 35, 36.
10	» St.-Aubin, Bousquet	bb.	116	4	P	25	»		Agde.	GR 38.
11	» -ET-NICOLAICVICH, Quechuh	brick	230	6	G	35	Rss.		Odessa.	
12	» -TOUSSAINT, Leroumoir	3-m.	343	6	L	36	Frç.		Rouen.	DCV.
13	ALEXANDRINE, Aubert	loug.	95	6	P	35	»		Caen.	
14	» Bretet	brick	106	4	G	26	»		Dieppe.	
15	» Gouezone	»	161	2	G	15	»		Granville.	GR 30, DZ 33.
16	ALEXANDRO, Bertolotto N.	»	205	6	G	35	Srd.	cc.	Gênes.	
17	» Pomoni	»	105	3	P	32	Grec.	c.	Smyrne.	
18	» -MACEDONE, Bertolotto M.	»	155	6	G	35	Srd.	cc.	Gênes.	
19	» -PRIMO, Dodero	»	208	5	G	31	»	cc.	»	
20	» » Panna	»	415	5	A	28	Rss.		Odessa.	DCV 32.
21	» NICOLOVICH, Diato Kurchich	»	266	4	G	35	Grec.		Scra.	
22	ALFRED, Cohannec	»	115	3	G	16	Frç.		Morlaix.	GR 35, 36.
23	» Delaforge	»	79	5	G	29	»		Charente.	
24	» Gautreau	3-m.	260	6	L	35	»		Nantes.	DCV.
25	» Grelier	brick	113	6	G	34	»		»	
26	» Jaffrin	»	233	4	G	22	»		Légue.	GR 36.
27	» Laborde	loug.	74	6	G	35	»		Bordeaux.	
28	» Lagaduec	brick	65	4	G	29	»		Nantes.	R. 37.

1	ALFRED-ANNA, Scolland	brick.	192	4	G	1834	Frç.		Brest.	GR.32.
2	» -LÉONIE, Bresson	slp.	56	3	P	17	»		Honfleur.	Rct.26.
3	» -MARIE, Aillet	brick.	77	4	G	28	»		St.-Malo.	
4	ALINDA, Rossini	»	155	4	G	25	Autr.		Fiume.	
5	ALINE, Brounais	3-m.	417	5	L	30	Frç.		Nantes.	DZ 31.
6	» Laserre	»	356	4	L	27	»		Cherbourg.	DCV. 29.
7	ALLEGRIA, Devitt	goël.	100	4	P	27	Esp.		Villa-Viciosa	
8	ALMOS-DEL-PURGATORE, Bathelot	ttn.	92	4	P	26	Srd.	éc.	Camoing.	
9	ALONSITO, Gurri	brick.	119	5	A	36	Esp.		Barcelone.	DCV.
10	ALPHONSE, Lecours	»	180	5	A	34	Frç.		St.-Malo.	DZ 38.
11	» Marion	c.-m.	74	2	P	17	»	éc.	Vannes.	R 29.
12	» Monnier	loug.	80	5	P	33	»	éc.	St.-Valery.	
13	» Pelerant	bat.	29	6	P	35	»		St.-Tropez.	
14	ALPHONSINE-LUCILE, Simon	goël.	77	6	P	36	»		Honfleur.	
15	ALZIRE, Guillemot	brick.	285	3	L	14	»		Marseille.	GR.31, 33. DCV.33.
16	AMABILE-ANNA, Sturliese	chbc.	54	4	P	29	Srd.		Spezzia.	
17	» -ANNETTA, Massa	bb.	82	3	P	16	»	éc.	Camogli.	
18	» -ELETRA, Barachino	br.-g.	77	4	P	24	»		Gênes.	
19	» -EMILIETTA, Merello	brick.	217	3	A	20	»		»	DCV.
20	» -RACHELLA, Pagliese	»	263	3	A	18	Tsc.		Livourne.	DZ 30.
21	» -SOPHIA, Mortco	»	120	3	P	20	Srd.	éc.	Gênes.	
22	AMABLE, Lattraste	»	70	3	P	15	Frç.		Bordeaux.	GR 28., 34.
23	AMADIGI, Cosulich	»	250	4	G	24	Autr.	éc.	Venise.	
24	AMALIA, Batta	mtc.	44	5	P	35	Frç.		Cadaquez.	
25	» Bozzo	3-m.	300	2	A	00	Autr.		Trieste.	GR.
26	AMANDA, Durel	br.-g.	76	4	G	28	Frç.	éc.	Bordeaux.	Rct. 32.
27	» Gautier	brick.	230	5	L	30	»		« »	DCV.
28	» Lacoste	»	77	5	G	31	»		« »	

1	AMANDA, Leborgne............	loug.	82	6	G	1835	Frç.		Fécamp.	....
2	AMAS-DEL-PURGATORIO, Bertoloto	nvcl.	74	4	P	26	Srd.	cc.	Camoing.	....
3	» » Calaffel............	chb.	34	5	P	33	Esp.	cc.	Mayorque.	....
4	AMATISSIMO, Gagrizza........	brick.	229	3	G	17	Autr.		Trieste.	....
5	AMAZILI, Legrain............	3-m.	319	4	A	05	Frç.		Havre.	....
6	AMBITIEUX, Isnard............	brick.	117	5	A	32	»		Marseille.	GR 31, 33, DZ 33.
7	AMBROSINA, Maristany........	»	130	6	A	35	Npl.		Naples.	Exb. 34, DZ 38.
8	AMBROSIO, Cernogorcevich....	»	300	4	A	23	Autr.		Trieste.	DZ 36.
9	AMÉDÉE, Bouin............	loug.	75	5	P	23	Frç.	cc.	Nantes.	DGV 30.
10	» Busson............	brick.	131	2	G	14	»		St.-Malo.	....
11	» Chauvet............	loug.	77	4	P	29	»	cc.	Nantes.	GR 29, 33.
12	» Fabre............	brick.	123	6	G	37	»		St.-Malo.	....
13	» Hay............	»	207	4	L	33	»		Nantes.	....
14	» Lodily............	»	255	4	L	26	»		Granville.	DCV 34.
15	» -ET-ALBINE, Jauffret......	»	154	3	G	16	»		Agde.	RDCV 34.
16	AMÉLIE, Aubin............	loug.	72	6	G	37	»		Nantes.	GR 21.
17	» Blanchet............	brick.	211	4	A	17	»		St.-Servan.	....
18	» Bounot............	»	153	5	A	29	»		Morlaix.	GRDZ 35.
19	» Cai............	ttn.	72	4	P	24	»		Marseille.	DCV 30.
20	» Chatté............	brick.	165	4	G	28	»		Binic.	....
21	» Dasseries............	3-m.	233	4	A	25	»		Bordeaux.	R 35.
22	» Boxamenda............	brick.	168	3	G	17	»		Bayonne.	DGV 34.
23	» Dutemple............	»	115	5	G	35	»		St.-Servan.	GR 30.
24	» Figaret............	3-m.	282	6	L	35	»		Cette.	....
25	» Gigneau ou Wigdah......	dog.	60	4	P	08	»		Havre.	DCV.
26	» Gosselin............	brick.	160	5	G	32	»		Granville.	Rot. 28, R 36.
27	» Guerry............	»	110	5	G	31	»	cc.	Heauxmoins	....
28	» Maran............	»	153	6	G	37	»		Bordeaux.	....

1	Amélie, Mongay	brick.	94	4	G	1826	Frç.		Brest.	
2	» Pitrol	»	147	3	G	14	»		St.-Malo.	Rct. 30.
3	» Poisson	dog.	105	6	G	36	»		Nantes.	
4	» Pouvereau	3-m.	340	6	L	36	»		Bordeaux.	DCV.
5	» Roux	bb.	75	4	P	27	»		Toulon.	
6	» Salvy	brick.	130	6	L	34	»		Bordeaux.	
7	» Terrier	»	123	5	G	37	»		Honfleur.	
8	» et-Louise, Fanaullière	»	157	5	G	29	»		Fécamp.	
9	» -Marie, Jego	c.-m.	63	5	P	32	»	cc.	Port-Navalo.	
10	Amélina, Minguant	loug.	79	5	P	33	»	cc.	Conquet.	
11	Américain, Mille	brick.	257	4	A	26	»	cc.	Marseille.	DCV 28.
12	Americana, Cuci	[illegible]	140	4	G	24	Grec.	c.	Spezia Morca	
13	» Prefumo	3-m.	270	5	G	34	»		Spezzia.	
14	Americano, Prefumo	brick.	188	4	A	26	Srd.		Gênes.	DCV.
15	Ami, Louvet	ttn.	77	4	P	28	Frç.	cc.	Agde.	
16	» Rean	»	44	5	P	33	»	cc.	Antibes.	
17	» -des-Colons, Blanchard	brick.	270	4	L	25	»		Marseille.	DCV 35.
18	» -des-2-Frères, Plachot	»	184	4	G	28	»		Dieppe.	
19	» -des-Grecs, Tribert	loug.	79	4	P	26	»		Sables.	
20	» -des-Lois, Danic	c.-m.	75	5	G	31	»		Trinité.	
21	Amica-Dea, Cernogorcevich	br.-g.	140	R		02	Autr.		Trieste.	
22	Amicizia, Raggia	trbc.	83	3	P	25	Rom.		Ancône.	
23	» Tabaschi	br.-g.	105	3	P	20	Srd.		Gênes.	GR 29.
24	Amiral-Magon, Simon	3-m.	162	6	G	38	Frç.		St.-Malo.	
25	» -Miaulis, Guistau	loug.	78	4	P	26	»		Sables.	
26	» -Préville, Fauvel	3-m.	250	6	A	36	»		Granville.	
27	Amis, Ballant	bat.	60	5	P	32	»		Antibes.	
28	» Sauveur	br.-g.	110	5	A	33	»		Havre.	DCV 38.

1	AMIS-FORTUNÉS-ANNE-PHILOMÈNE, Portes	br.-g.	90	6	G	1836	Frç.	cc.	La Nouvelle.	
2	» -RÉUNIS, Camaret	c.-m.	51	2	P	12	»		Mesquier.	
3	» » Michel	br.-g.	64	4	P	18	»		Agde.	GR 36.
4	» » Viaud	brick	120	6	G	37	»		Nantes.	
5	AMITIÉ, Bougot	»	184	6	A	37	»		St.-Malo.	DZ.
6	» Delafosse	3-m.	450	3	L	15	»		Cherbourg.	RDbrz. 37.
7	» Ferrandy	brick	237	3	A	10	»		Marseille.	R 35, 37, DZ 37.
8	» Nègre	alg.	88	2	P	00	»		Arles.	
9	» Reynier	3-m.	300	3	L	20	»		Marseille.	DCV 35.
10	» Riolay	brick	133	3	G	23	»		Lannion.	
11	» Roche	dog.	74	2	P	08	»		Rochefort.	
12	» Roux	br.-g.	79	5	P	34	»	cc.	Agde.	
13	» Terras	brick	105	4	G	28	»		Marseille.	
14	AMMIRABILE, Buzetto	»	234	4	G	28	Autr.	cc.	Venise.	
15	AMIRAGLIO-DEGENEES, Profumo	3-m.	350	4	L	22	Srd.		Gênes.	DCV 26.
16	AMNISTIA, Corta	gbel.	54	3	P	20	Frç.		Corse.	
17	» Rivas	bb.	66	5	P	35	Esp.		St.-Féliciu.	
18	AMO, Persich	brick	213	4	G	31	Autr.		Trieste.	GR 35.
19	AMORE, Chiozza	»	160	2	G	14	Srd.		Gênes.	
20	» -DELLA-PATRIA, Corsanogo	»	233	6	G	37	»		»	
21	AMOUR, Girard	c.-m.	67	4	P	27	Frç.		Nantes.	
22	AMPHITRITE, Olivier	brick	239	4	G	26	»		St.-Tropez.	
23	» Ruelland	»	99	3	P	18	»		Pontrieux.	R 33.
24	» Collet	3-m.	329	6	L	36	»		Nantes.	DCV.
25	ANACRÉON, Barjolle	brick	143	2	G	19	»		»	GR 28, ROZ 34.
26	» Labal	»	253	4	L	25	»		Bordeaux.	DCV 35.
27	ANAÏS, Andier	»	195	2	G	14	»		Marseille.	

1	Anaïs, Pierre	goël.	76	4	P	1822	Frç.		Morlaix	
2	» Viaud	3-m.	251	6	L	37	»		Bordeaux	DCV.
3	Anacharsis, Laugier	brick.	115	6	G	37	»		Marseille	
4	Anastasia, Carafola	»	400	3	G	16	Autr.		Trieste	GR. 26.
5	Anastasie, Cantin	»	138	6	G	37	Frç.		Nantes	
6	Anax, Gremont	3-m.	246	4	A	05	»		Havre	GR. 33, RDCV. 37.
7	Anaxis, Bernard	brick.	77	6	G	34	»	cc.	Blaye	
8	André-et-Delphine, Roque	br.-g.	76	6	G	33	»		Agde	
9	Andrea-Filadelfo, Craviotti	brick.	318	5	L	31	Srd.		Gênes	DCV. 33.
10	Androgyne, Taravelle	»	193	4	A	25	Frç.	cc.	Marseille	DZ. 35.
11	Andromédie, Guirassovich	3-m.	285	4	G	23	Rss.		Odessa	GR. 36.
12	Anfione, Ivanich	brick.	385	3	G	05	Autr.		Venise	GR. 34.
13	Ange, Guillain	doug.	110	5	G	33	Frç.	cc.	Mariaquer	
14	» -Gardien, Audibert	ttn.	80	6	P	36	»		Martigues	
15	» » Cérés	bat.	43	4	P	22	»		Narbonne	
16	» » Hénon	3-m.	329	4	A	24	»		St-Malo	GRDCV. 37.
17	» -Marie, Couedel	c.-m.	76	3	P	22	»		Vannes	
18	Angel-del-Garde, Riveres	chb.	55	3	P	20	Esp.	cc.	Cadaquez	
19	Angèle, Corchuan	c.-m.	72	3	P	24	Frç.		Vannes	
20	Angélina, Luco	3-m.	245	6	A	35	»		Nantes	DZ. 36, R. 37.
21	» -Anastasie, Rouet	dog.	128	4	G	27	»		»	GR. 36.
22	Angélique, Berquin	3-m.	215	4	A	20	»		Dunkerque	GRDZ. 38.
23	» Boulin	br.-g.	131	6	G	30	»		Bordeaux	
24	» Guen	»	72	6	G	36	»		St-Brieux	
25	» Hamon	brick	155	3	G	26	»		St-Malo	
26	» Legohedec	ch.-m.	78	4	G	25	»		Quiberon	
27	» Magnan	brick.	148	4	G	24	»		Fécamp	R. 33.
28	» Rebours		200	4	G	26	»		Benic[illegible]	R. 37.

A

1	ANGÉLIQUE-ET-ROSINE, Badelon.	bb.	79	5	P	1833	Frç.		Marseille.	
2	ANGELO, Hausin........	brick.	130	4	G	30	Autr.		Venise.	
3	» -CUSTODE, Elena........	goel.	38	5	P	33	Srd.		Alassio.	
4	» » Ferraro........	brick.	266	3	G	22	Npl.	cc.	Proceda.	
5	» -MATHEO, Pugnaletto........	»	346	4	G	16	Autr.		Venise.	GR 30, 32.
6	» -RAFAELO, Galizi........	mtc.	64	4	P	32	Npl.		Naples.	
7	» » Malinconico........	blc.	58	R		20	»	c.	Torre greco.	
8	» -S.-RAFAELO, Gazzola........	brick.	147	4	G	27	Srd.	cc.	Gênes.	
9	ANGEVIN, Mahé........	3-m.	220	6	L	35	Grec.		Nantes.	DCV.
10	ANGIOLETTA, Veronne........	brick.	287	2	G	10	Autr.		Trieste.	
11	ANGIOLINA, Socola........	bb.	84	4	P	23	Srd.		Port Maurice	
12	ANGOLETTA, Berlinguéri........	3-m.	250	6	L	36	»		Gênes.	DCV.
13	ANNA, Brun........	c.-m.	60	5	P	33	Frç.		Toulon.	
14	» Dagand........	br.-g.	60	2	P	15	»		Nantes.	R 32.
15	» Décomis........	3-m.	292	5	L	28	»	cc.	Marseille.	DCV 38.
16	» Gibert........	bri-g.	100	6	G	38	»		Gruissan.	
17	» Heurtin........	brick.	78	5	G	31	»	cc.	Nantes.	
18	» Lebris........	loug.	66	4	P	29	»		Auray.	
19	» Miloro........	brick.	248	4	A	26	Scl.		Palerme.	DCV 29.
20	» Sclapon........	»	175	4	A	24	Frç.		Marseille.	R 35.
21	» Sodargina........	3-m.	300	4	L	26	Autr.		Trieste.	DCV.
22	» Toso........	brick.	185	6	G	35	Srd.		Gênes.	
23	» -CATHERINA, Malm........	»	360	3	G	15	Rss.		Gamba Carlb	GR 31.
24	» -FANNY, Cumeo........	c.-m.	79	6	P	35	Frç.	cc.	Toulon.	
25	» -JOSEPH, Lebras........	loug.	75	6	P	37	»		Bayonne.	
26	» -MARIA, Tortorcci........	brick.	280	3	G	18	Scl.		Palerme.	
27	» -MINERBA, Ysern........	»	180	6	A	35	Esp.		Loret.	DCV 36.
28	» -PROROCIZIA, Debroslavich.	»	400	5	G	29	Rss.		Tangarock.	

1	ANNA-ROSELIA, Lesauvage	3-m.	355	4	L	1815	Frç.		Bordeaux.	R 32; 36, DGV 32.
2	ANNAU, Voidovich	goel.	90	R		16	Autr.		Trieste.	
3	ANNE-CHÉRIE, Bernard	cl-m.	71	5	P	31	Frç.		Nantes.	
4	» -LOUISE, Lemaître	3-m.	410	6	L	35	»		Bordeaux.	Dbrz. 35.
5	» -MARIE, Duguay	goël.	54	5	P	29	»		Libourne.	
6	» » Euda	brick.	61	4	A	10	»		Granville.	GR 36.
7	» » Rozé	cl-m.	77	4	P	26	»		Port-Navalo	
8	» » -ET-CHÉRIE, Forgel		74	5	P	31	»	cc.	Sarzeau.	
9	» » FANNY, Queneo	loug.	70	6	P	35	»	cc.	Toulon.	
10	» -ET-MÉLIDE, Rouquette	ttn.	68	6	P	35	»	cc.	La Nouvelle.	
11	ANNETTA, Villa	brick.	276	6	G	34	Srd.		Gênes.	
12	» ET-TESTINA, Katnich		199	4	G	27	Autr.		Trieste.	
13	» -VENEZIANA, Savi		220	3	G	14	»		Venise.	
14	ANNIBAL, Aubenas	alg.	119	3	P	1794	Frç.		Ally.	Rect. 26.
15	» Lebris	loug.	93	4	P	1825	»		Douarnenez.	
16	» Rebours	brick.	193	2	G	10	»		St-Brieux.	GR 27, 31.
17	ANNIBALE, Dagestini	»	192	5	G	29	Srd.		Gênes.	
18	» Risso	»	189	4	G	25	»		»	
19	» Russo	»	241	4	G	29	»		Naples.	
20	ANNONE, Scopinich	»	332	4	G	24	Autr.		Lucino.	
21	ANNUNZIATA, Digenario	»	247	4	G	27	Npl.		Naples.	
22	» Massone	pinque	151	4	P	28	Srd.	cc.	Gênes.	
23	» Torre	br.-g.	102	3	P	22	Frç.		Bastia.	
24	ANNUNZIAZIONE, Bernissone	brick.	104	3	P	17	Srd.		Gênes.	
25	» Massone	bb.	111	2	P	17	»		»	
26	ANSELME, Goycault	brick.	160	4	A	25	Frç.		Bordeaux.	DCV 29
27	» Leguénedel	»	200	5	A	33	»		»	DCV 37
28	ANTENORE, Radich	»	380	4	G	27	Rss.		Odessa.	

1	**Anteore**, Stupavich	brick	265	4	G	1823	Autr.		Chiozza.	
2	**Anterotto**, Vitcovich	»	170	4	G	27	»		Raguse.	
3	**Anthime**, Fritz	3-m.	300	4	L	27	Frç.		Havre.	DCV 35.
4	**Anti-Corriere**, Zupan	brick	227	3	G	16	Autr.		Fiume.	
5	**Antigone**, Durand	3-m.	419	4	L	24	Frç.		Bordeaux.	
6	» Jourdan	brick	191	5	G	30	»		Bayonne.	DZ 37.
7	» Smith	3-m.	325	4	A	00	»		Havre.	Rct. 27, DCV.
8	**Antilope** n° 1, Salvat	br.-g.	150	4	G	25	»		Marseille.	DZ 35.
9	**Antioco**, Ferrara	brick	278	4	A	22	Autr.		Trieste.	DCV 28.
10	**Antiope**, Villa	»	265	5	G	32	Srd.		Gênes.	
11	**Antivassilia**, Pasquali	brick	105	5	G	31	Grec.	c.	Andros.	
12	**Antoine-et-Ferréol**, Meyer	»	130	6	G	36	Frç.		Marseille.	
13	**Antoinette**, Bonnot	»	120	6	A	35	»		Marseille.	DZ 38.
14	» Leroy	c.-m.	77	3	P	21	»		Quiberon.	R 32, 34.
15	» Lota	br.-g.	51	3	P	21	»		Bastia.	GR 34.
16	**Antonietta**, Durail	blo.	05	4	P	22	Esp.		Cadix.	
17	» Fravesgo	brick	245	5	G	29	Srd.		Gênes.	
18	**Antonin**, Lefrançois	3-m.	296	3	A	1796	Frç.		Granville.	GR 28, 36, DZ 35.
19	» Quimaud	brick	153	5	G	1834	»	cc.	Bordeaux.	
20	**Antonio**, Rodonicich	»	180	3	G	23	Autr.	c.	Venise.	
21	» **Negriponte**, Nomiko	»	115	3	G	31	Rss.		Santoni.	
22	**Apocrate**, Gillibert	»	274	5	G	24	Autr.		Venise.	
23	**Apollina**, Coulon	slp.	70	5	P	30	Frç.		Rouen.	
24	**Apparizione-del-Grazie**, Garvanino	trb.	103	6	G	36	Autr.	c.	Venise.	
25	**Appoline**, Garnier	brick	124	4	G	21	Frç.		Nantes.	GR 33, R 34.
26	**Appolo**, Carbones	»	113	5	G	28	Npl.		Naples.	
27	» Cosulich	»	160	3	G	05	Autr.		Fiume.	TGR 33.

1	APPOLO, Descovich	brick.	270	4	G	1822	Rss.			
2	» Premuda	»	323	2	G	15	Autr.		Fiume.	
3	APPOLON, Argentin	»	166	5	G	28	Frç.		Fécamp.	
4	» Juchel	»	207	3	G	13	»		St.-Malo.	Rct 29.
5	» Mariette	»	154	6	G	35	»		Dieppe.	
6	» Santo	»	250	5	G	33	Grec.	cc.	Spezzia.	
7	APPOLONE, Micora	»	163	3	G	18	»		Syra.	
8	AQUILLE, Villa	»	240	5	G	29	Srd.	cc.	Gênes.	
9	AQUILON, Bézier	c.-m.	56	3	P	26	Frç.		St-Valery.	
10	ARABE, Parissol	brick.	154	6	G	37	»		Marseille.	
11	ARABO-FELICE, Tripecvich	»	210	4	G	25	Autr.		Trieste.	
12	ARAGO, Melanville	3-m.	280	5	L	29	Frç.		Havre.	DCV 34.
13	ARC-EN-CIEL, Spinelli	bb.	78	3	P	22	»		Marseille.	
14	ARCANGELO-E-S.-MICHELE	brick.	240	3	G	22	Npl.		Naples.	
15	ARCHE-DE-NOË, Lesenne	c.-m.	56	R		11	Frç.		Quiberon.	R 28.
16	ARCHIBALD, Pradel	brick.	176	4	A	27	»		Nantes.	DCV 34.
17	ARCHIDUCA-GIOVANNI, Ragusin	br.-g.	106	4	P	24	Ott.		Smyrne.	
18	ARCHIDUCHESSA-MARIA, Olivieri	»	106	4	G	26	Tsc.		Livourne.	
19	ARCHIMÈDE, Bucelato	»	109	5	G	31	Scl.		Palerme.	
20	» Castellano	brick.	234	3	G	20	Npl.		Naples.	
21	» Muró	»	347	4	G	25	»		Procida.	
22	» Paturso	»	315	4	G	20	»		Naples.	
23	» Trapani	»	231	5	G	30	Scl.		Messine.	
24	ARCHIPELAGO, Caune	»	249	4	G	22	Autr.	cc.	Fiume.	
25	ARCIDUCA-PALATINO, Cosulich	»	249	4	G	22	»	cc.	»	
26	» -RANIERO, Scarpa	»	248	5	G	30	»	c.	Trieste.	
27	» -STEFANO, Gercovich	»	274	4	G	26	»	cc.	Fiume.	

1	**Archiduchessa-Ermina**, Cosulich	brick.	339	5	G	1828	Autr.	cc.	Fiume.	
2	» **Maria-Dorothea**, Alimenda	3-m.	289	4	G	28	»	c.	Trieste.	
3	**Arcole**, Gambo	brick	180	3	G	18	Srd.	cc.	Gênes.	
4	**Ardito**, Barbarovich	»	176	3	G	10	Autr.	c.	Trieste.	
5	» Vacagliovich	»	215	4	G	18	Rss.		Tangarock.	GR 32.
6	» **-Macedone**, Giuncich	»	300	4	G	22	Autr.		Venise.	
7	**Aréthuse**, Lambert	»	111	3	G	15	Frç.		Paimpol.	GRDZ 33.
8	**Argentina**, Stella	»	320	6	L	34	Srd.		Gênes.	DCV 35.
9	**Argo**, Cacace	»	268	4	G	24	Npl.		Naples.	
10	» Marengolo	»	170	5	G	32	Scl.		Messine.	
11	» Viale	»	180	3	G	18	Srd.		Gênes.	
12	**Argonauto**, Fardella	»	124	4	P	27	»		Palerme.	
13	**Argus**, Houssais	gls.	78	4	P	30	Frç.	c.	Trouville.	
14	» Maillard	brick.	180	4	A	28	»		Bordeaux.	DCV 35.
15	» Mesmaker	gls.	130	4	G	28	»		Dunkerque.	
16	**Ariane**, Mithois	brick.	84	4	G	30	»		Havre.	
17	**Aris-et-Abel**, Lefebvre	slp.	60	3	P	25	»		Fécamp.	
18	**Aristide**, Benelli	brick.	76	3	P	22	»		Bastia.	
19	» Calari	»	200	3	G	28	Grec.	cc.	Syra.	
20	» Capeda	3-m.	115	4	G	27	Esp.		Palma.	DCV 37.
21	» Cheli	brick.	315	4	G	28	Grec.	cc.	Syra.	
22	» Jaculich	3-m.	244	4	G	22	Tsc.		Livourne.	
23	» Largouette	c.-m.	78	4	P	25	Frç.		Sarzeau.	
24	» Manoulari	brick.	220	5	G	32	Grec.	cc.	Syra.	
25	» Milona	»	180	3	G	28	»	cc.	»	
26	» Petrassi	goel.	70	3	P	31	»		Schiatta.	
27	» Strambulo	brick.	115	6	P	35	»		Syra.	
28	» Tavernier	»	60	3	P	14	Frç.		Nantes.	R 36.

1	**Aristodemo**, Perlindovich	brick.	300	5	G	1829	Rss.		Odessa.	
2	» Thianich	»	264	3	G	07	Autr.		Trieste.	GR 27, 30, 35.
3	**Aristolegli**, Calari	»	160	5 «	G	32	Grèc.		« Syra.	
4	**Arlechina**, Michelini	»	252	4	G	28	Srd.		Gênes.	
5	**Arlequin**, Abrand	»	173	3	G	15	Frç.		Toulon.	
6	**Armand**, Mocaër	»	261	3	G	25	»		Brest.	R 35.
7	» **et-Aglaé**, Janin	»	121	6	G	34	»		Agde.	
8	**Armide**, Bidault	br.-g.	110	5	G	30	»		Havre.	GRDZ 33.
9	» Legonida	brick.	159	2	G	18	»		Morlaix.	
10	**Armonia**, Oliva	br.-g.	50	R		10	Scl.	c.	Messine.	
11	» Ventura	blc.	45	5	P	33	Esp.	c.	Barcelone.	
12	**Armoricain**, Goudelin	brick.	161	6 «	G	35	Frç.		Dinan.	
13	» Masson	br.-g.	71	6 «	G	36	»	c.	Brest.	
14	» Ursul	c.-m.	103	4 «	G	26	»		Mesquier.	
15	**Armorique**, Renouff	brick.	253	4 «	G	24	»		Nantes.	
16	**Aroscia**, Gimié	»	120	4	A	26	»		Marseille.	DCV 35.
17	**Arpocrate**, Gilibert	»	274	3	G	14	Autr.		Venise.	
18	**Arroganta-Magnazama**, Boué	goël.	108	3 «	G	19	Frç.		Marseille.	
19	**Arsène**, Avril	brick.	196	1 «	G	03	»		St-Malo.	GR 28, R 37.
20	» Lebrave	goel.	96	2 «	P	14	»		»	
21	» Rouet	br.-g.	89	6	P	37	»		La Rochelle.	
22	» Valin	brick.	104	4	G	30	»		Fécamp.	
23	**Artemisa**, Anastasi	3-m.	93	4 «	G	28	Grèc.	c.	Spezzia.	
24	» Vucassovich	goël.	110	3 «	G	10	Autr.		Trieste.	GR 27, DCV 32.
25	**Arthémise**, Dubosq	»	104	6	G	35	Frç.		Havre.	
26	» Lombardo	brick.	238	4	G	30	Srd.		Gênes.	
27	**Arthur**, Fabre	»	191	R		1790	Frç.		Granville.	GR 29.
28	» Limbe	»	350	2	P	1806	Rss.		Odessa.	

1	ARTICO, Marinvovich	brick.	86	5	P	1830	Autr.	Trieste.	
2	ARTIDOR, Maillet	»	230	5	L	28	Frç.	Bordeaux.	DCV. 38.
3	ARTILLEUR, Auger	»	187	5	G	29	»	Dieppe.	
4	ARTURBO, Zoppa	»	255	5	G	33	Autr.	Venise.	
5	ASCENSION, Sabord	ttn.	29	4	P	28	Frç.	Calvi.	
6	ASIA, Frederico	brick.	144	4	G	25	Scl.	Palerme.	
7	» Jay	3-m.	456	4	L	25	Frç.	Havre.	
8	ASIATICO, Jancovich	brick.	402	3	G	10	Autr.	Trieste.	R 37.
9	ASIE, Drouet	3-m.	350	4	L	27	Frç.	Bordeaux.	RDCV. 31.
10	ASLAN, Ztaltki	brick.	235	5	G	35	Turc.	Smyrne.	
11	ASPASIA, Andreano	goel.	117	5	P	22	Grec.	Spezzia.	
12	» Christofo-Figli	»	75	3	P	23	»	Syra.	
13	» Miealopoli,	»	63	6	P	35	»	Azzacary.	
14	» Panolgli	brick.	50	4	P	31	»	Spezzia.	
15	» Zacharia	»	152	4	G	31	»	Syra.	
16	ASSICURATORE, Medanich	»	220	5	G	34	Autr.	Fiume.	
17	ASSOMPTION, Barthélemi	goel.	75	2	P	10	Frç.	Maccinaggio	
18	» Benigni	br.-g.	55	R		13	»	Toulon.	
19	» Bertholomeo	clib.	65	5	P	33	»	Maccinaggio.	
20	» Carta	goel.	54	3	P	20	»	»	
21	» Gianella	ttn.	80	4	P	23	Srd.	Gênes.	
22	» Luchetti	goel.	102	5	G	34	Frç.	Maccinaggio	
23	» Orlandi	»	39	2	P	17	»	Regliano.	
24	» Otto	ttn.	44	6	P	34	»	Marseille.	
25	» Paganetto	pinque	64	2	P	13	Esp.	S.-Remo.	
26	» Saettini	bat.	35	3	P	23	Frç.	Bastia.	
27	» Zaghara	»	30	4	P	27	Npl.	Calvi.	
28	ASSUNTA, Ansaldo	bb.	121	3	G	23	Srd.	Gênes.	

1	Assunta, Basso	brick.	145	1	G	1826	Srd.		Gênes.	
2	» Battioto	mtc.	65	5	P	33	Frç.		Maccinaggio	
3	» Bertolacci	goel.	70	3	P	18	»		Bastia.	
4	» Bottino	ttn.	28	2	P	05	Srd.		S.-Remo.	
5	» Caffiero	brick.	273	5	G	32	Npl.		Naples.	
6	» Camilleri	bb.	57	3	P	19	Srd.		Gênes.	
7	» Camugli	brick.	183	3	G	26	»		»	
8	» Cevasco	pinque	125	6	P	34	»	cc.	»	
9	» Cevasco	brick.	119	5	P	34	»	cc.	»	R 37.
10	» Stinça	»	175	4	G	24	Npl.		Naples.	
11	» Costa	bb.	42	5	P	32	Tsc.		Livourne.	
12	» Dallurzo	»	97	4	P	24	Srd.	c.	Gênes.	
13	» Danbrois	brick.	104	6	G	35	»		»	
14	» Degrigorio	bb.	140	4	G	27	»	c.	»	
15	» Di Campo fils	br.-g.	133	4	G	27	Npl.		Naples.	
16	» Figaro	»	117	2	P	26	Srd.		»	Ex *Justicia*.
17	» Gargillo	brick.	175	4	G	30	Npl.		»	
18	» Gastavino	»	195	5	G	30	»		»	
19	» Laura	»	240	4	G	21	»		»	
20	» Lauro	»	180	4	G	23	»		»	GR. 35.
21	» Luchetti J.-B.	»	150	4	G	26	Srd.	cc.	Gênes.	
22	» Molfinino	bb.	132	6	G	35	»		»	
23	» Muozi	brick.	58	4	P	29	»		»	
24	» Passalc	»	130	4	G	26	»		»	
25	» Pinco	bb.	126	6	P	34	»	c.	»	
26	» Raffo	br.-g.	116	4	G	27	»	c.	»	
27	» Razetto	bb.	57	3	P	19	»	c.	»	
28	» Revello	br.-g.	90	4	P	28	»	c.	»	

1	Assunta, Semeria	brick.	110	3	P	1820	Srd.		Nice.	
2	» Serra	»	105	3	G	15	»		Gênes.	
3	» Tancredi	bb.	43	R		14	Tsc.		Livourne.	
4	» Testa	»	50	4	P	28	»		»	
5	» -e-Maria, Costaz J.	»	133	6	G	36	Srd.		Gênes.	
6	Assunzione, Barello	blc.	68	5	P	32	Npl.		Naples.	
7	» Bassa	brick.	140	3 «	G	27	Srd.		Gênes.	
8	» Léonard	bb.	46	3 «	P	20	»		Ile d'Elbe.	
9	Assur, Pilcovich	brick.	289	3 «	G	23	Autr.		Trieste.	
10	Astrea, Cabruja	goël.	100	4	P	27	Esp.		Palamos.	Exhs. 35.
11	» Dodero	br.-g.	57	5	P	29	Srd.		Gênes.	
12	» Thomassich	3-m.	509	3	L	16	Autr.		Fiume.	DCV 37.
13	» Ansaldo	brick.	194	6 «	G	37	Srd.		Gênes.	
14	Astronome, Bernard	»	214	6 «	A	37	Frç.		Marseille.	DCV.
15	Atalante, Julien	»	224	4	L	25	»		»	DCV 31.
16	Athalie, Douarin	c.-m.	71	4	P	26	»		Belle-Ile.	
17	» Saliard	3-m.	275	4	A	06	»		Havre.	Rect. 27, RDCV 37.
18	Athanase, Lebloch	c.-m.	72	5 «	G	34	»	cc.	Sarzeau.	
19	Athena, Cosadino	brick.	150	4 «	G	31	Grec.		Syra.	
20	Athénaïs, Blanchard	3-m.	351	4 «	L	28	Frç.		Nantes.	Dbrz 35.
21	» Poissonnier	goël.	74	4	A	29	»		Bordeaux.	RDZ 37.
22	Athènes, Corfiotti	brick.	130	5 «	G	32	Grec.	c.	Ydra.	
23	» De Caceves	3-m.	280	4 «	A	27	Esp.		Palma.	DCV 36.
24	» Orloff	« »	350	2 «	G	16	Grec.		Ydra.	
25	Athina, di Tranparri	brick.	265	2 «	G	10	Turc.		Constantinople.	
26	» Nenga	br.-g.	274	3 «	G	20	Grec.	d.	Ydra.	
27	» Pandeli	brick.	247	R «	C	16	»		Spezzia.	
28	Atlas, Berthelot	3-m.	315	4 «	A	27	Frç.		Dunkerque.	GR 33, 37., DZ 37.

1	ATLAS, Lesauvage	3-m.	»	6	L	1836	Frç.		Bordeaux.	Dbrz.
2	ATREVIDA, Moya	br.-g.	190	4	A	29	Esp.		S.-Yago.	DCV 34.
3	ATTILIO-REGOLO, Bollo	brick	219	4	G	23	Srd.		Gênes.	
4	» Caffiero	»	200	3	G	27	Npl.		Naples.	R 32.
5	ATTIVO, Bubevich	»	324	4	G	24	Autr.		Trieste.	GR 34.
6	» Dodero	»	180	3	G	16	Srd.		Gênes.	GR 32.
7	» Stabili	»	199	3	G	17	Scl.		Palerme.	GR 34.
8	AUDACIEUX, Fraise	»	79	4	G	28	Frç.		Légué.	
9	AUDE, Lechartier	goel.	54	4	P	22	»	cc.	Bordeaux.	
10	AUDÉLIE, Lepersant	c.-m.	103	4	P	24	»	cc.	Vannes.	R 27.
11	AUGUSTE, Aillet	brick.	222	6	G	37	»		St.-Brieux.	
12	» Becquet	br.-g.	400	6	G	36	»		Meilleraye.	
13	» Bouchard	dog.	62	3	P	18	»		Havre.	GR 33.
14	» Boutruche	3-m.	327	6	G	37	»		St.-Malo.	
15	» Bozu	loug.	75	5	P	32	»		Nantes.	
16	» Bregeon	brick.	147	3	G	21	»		St.-Malo.	
17	» Cauchard	»	104	6	G	36	»		Caen.	
18	» Droneau	loug.	75	5	P	30	»		Bayonne.	
19	» Estellon	3-m.	252	5	L	30	»		Marseille.	Dbrz. 35.
20	» Foulen ou Turgis	brick.	104	6	G	34	»		Caen.	
21	» Gaston	c.-m.	78	5	G	29	»		La Rochelle.	
22	» Gauchet	brick.	155	3	G	16	»		St.-Malo.	
23	» Guallec	c.-m.	78	4	P	29	»	c.	Rouen.	
24	» Jacquer	bat.	29	3	P	25	»		Martigues.	
25	» Jacquer	ttn.	44	5	P	33	»		Antibes.	
26	» Lanco	c.-m.	78	3	P	25	»	c.	Belle-Ile.	
27	» Leven cadet	brick.	206	3	G	24	»		Brest.	
28	» Machefaux	c.-m.	63	3	P	22	»	c.	Sarzeau.	

A

1	AUGUSTE, Mallet	c.-m.	76	4	P	1829	Frç.	c.	Trinité.	
2	» Persil	dog.	79	6	P	24	»		Meillerayc.	
3	» Plancheur	br.-g.	77	6	G	38	»	cc.	Antibes.	
4	» Quesnel	dog.	68	3	P	19	»		Honfleur.	
5	» Rousseau	alg.	121	3	P	17	»		Arles.	
6	» Thomas	c.-m.	70	2	P	16	»	c.	Libourne.	
7	» Thuret	brick.	140	4	A	24	»		St.-Malo.	
8	» -ALEXANDRE, Bihon	»	176	5	G	31	»	cc.	Roscoff.	
9	» » Paentier	dog.	54	4 «	P	24	»		Granville.	
10	» -CHÉRI, Sopin	»	118	5 «	G	31	»	cc.	Redon.	
11	» -FORTUNÉ, Marecque	c.-m.	78	4 «	P	27	»		Belle-Ile.	
12	» -HENRI, Letallec	brick.	103	6 «	G	37	»	cc.	Port-Navalo.	
13	» -MARIE, Beven	cl-m.	79	6 «	P	35	»	cc.	Vannes.	
14	» » Lefloch	[illegible]	78	4 «	P	25	»		Belle-Ile.	
15	» » Méniger	brick.	91	2 «	P	1795	»		Granville.	R 33.
16	» » Nicolon	loug.	76	6 «	P	1834	»		Nantes.	
17	» -THOMAS, Falaise	brick.	89	3 «	G	16	»		Granville.	
18	» -ET-ADOLPHE, Gourdeau	»	100	2 «	G	03	»		»	GR 26.
19	» -ET-JULES, Saillant	»	196	4 «	G	24	»		Nantes.	
20	» -SOPHIE, Martin	br.-g.	119	3 «	G	20	»		Marseille.	
21	» -VICTORINE, Artigues	ttn.	68	5 «	P	30	»		Agde.	
22	AUGUSTINE, De Beaufort	3-m.	341	6 «	L	33	»		Nantes.	DCV.
23	» Dupin	loug.	84	6 «	G	37	»		»	
24	» Lelèze	brick.	102	4 «	G	24	»		Morlaix.	
25	» Prevert	3-m.	267	6 «	A	37	»		St.-Malo.	DCV.
26	» -CÉCILE, Viaccara	brick.	168	6 «	G	36	»		Marseille.	
27	AUGUSTO, Graffioni	»	126	4 «	G	22	Srd.		Gênes.	GR 34.
28	» Falano	trb.	76	3 «	P	24	Autr.		Chiossa.	

1	AUGUSTO, Furlaini	bb.	80	4	P	1831	Rom.	cc.	Ancône.	
2	» Suttora	brick.	155	2	G	12	Autr.		Fiume.	GR 34.
3	» -EMMANUELLO, Estagno	»	99	3	P	20	Srd.	cc.	Gênes.	
4	» » Ordano	br.-g.	65	5	P	35	»	cc.	»	
5	AURELIANO, Antonnucci	trbc.	464	4	P	26	Rom.		Ancône.	
6	AURÉLIE, Bozet	brick.	114	3	A	20	Frç.		P.-à-Pitre.	DCV.
7	AUREO, Seravich	»	372	5	G	30	Autr.		Trieste.	
8	AURORA, Acani	br.-g.	100	4	G	28	Srd.	cc.	Gênes.	
9	» Damonte	trbc.	83	4	P	15	Rom.	cc.	Ancône.	GR 34.
10	» Dodero	brick.	150	6	G	37	Srd.	cc.	Gênes.	
11	» Fevola	»	231	3	G	24	Npl.		Naples.	
12	» Gallo	blc.	93	3	P	22	Srd.	cc.	Gênes.	
13	» Guirardi	bb.	116	3	P	20	»	cc.	»	
14	» Manbilo	br.-g.	81	3	A	29	Esp.		Ste-C. de Tén	DCV.
15	» Orzeno	bb.	105	3	G	17	Srd.		Gênes.	
16	» Pitré	»	86	2	P	10	Scl.		Palerme.	
17	» Poglio	brick.	228	4	G	29	Npl.	cc.	Naples.	
18	» Prato	»	286	4	G	25	Srd.		Gênes.	
19	» Risso	3-m.	342	4	A	25	»		»	DCV.
20	» Rosciano	bb.	96	4	P	27	»		Savonne.	
21	» Schiaffino	brick.	160	5	G	30	»		Gênes.	
22	» Scotto	»	232	5	G	35	Npl.		Proscita.	
23	» Traverso	br.-g.	170	2	G	03	Srd.		Gênes.	GR 30.
24	» -DORICO, Pavone	brick.	134	4	G	22	Rom.		Ancône.	
25	AURORE, Benoît	c.-m.	60	3	P	18	Frç.	cc.	Billiers.	GR 36
26	» Boquier	dog.	147	4	G	27	»		Nantes.	
27	» Millard	brick.	107	2	G	14	»		St.-Malo.	
28	AUSONIO, Masdivi	»	276	3	G	18	»		Casa-R[illegible]not	

1	**Austerlitz**, Adelis	c.-m.	66	2	P	1806	Frç.		Vannes.	R 29.
2	» Mandrillon	3-m.	341	6	L	36	»		Granville.	DCV.
3	**Austriaco**, Gluibislavich	brick.	194	6	A	33	Autr.		Fiume.	DZ.
4	**Automne**, Mainère	flb.	84	5	G	28	Frç.		Dieppe.	
5	» Noël	brick.	226	5	G	34	»		St.-Malo.	
6	» Oger	»	77	3	G	12	»		Dunkerque.	GR 27 ; 34 ; DZ 36.
7	**Ave-Maria**, Dalori	chb.	75	5	P	34	Srd.		Gênes.	
8	**Avenir**, Baslé	3-m.	324	6	L	35	Frç.		St.-Malo.	Dbrz.
9	» Beauvais	brick.	250	5	A	29	»		»	DCV 35, GR 37.
10	» Bone	»	180	4	A	25	»	cc.	Marseille.	TGR ; DZ 38.
11	» Buffet	»	160	6	G	36	»		Sables.	
12	» Rebaux	br.-g.	90	6	G	36	»		Cannes.	
13	**Ayales**, Igartua	brick.	196	4	A	20	Esp.		St.-Ander.	DCV 30.
14	**Azoff**, Antola	»	194	5	G	33	Srd.		Gênes.	
15	**Azzardoso**, Cavassa	»	137	6	G	37	»	cc.	»	
16										
17										
18										
19										
20										
21										
22										
23										
24										
25										
26										
27										
28										

A

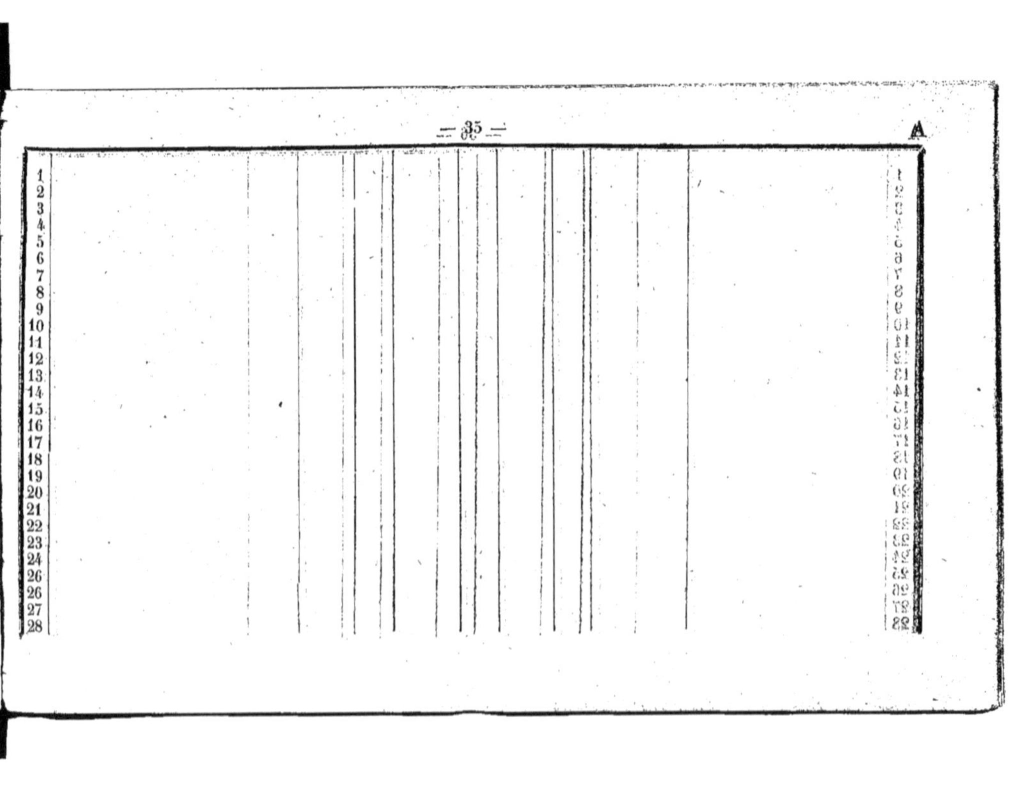

1	
2	
3	
4	
5	
6	
7	
8	
9	
10	
11	
12	
13	
14	
15	
16	
17	
18	
19	
20	
21	
22	
23	
24	
25	
26	
27	
28	

1	
2	
3	
4	
5	
6	
7	
8	
9	
10	
11	
12	
13	
14	
15	
16	
17	
18	
19	
20	
21	
22	
23	
24	
25	
26	
27	
28	

1	Babet-Catherine, Exano.....	c.-m.	73	3	P	1815	Frç.	Lorient.	R 28, 33.
2	Baccus, Simian...........	bât.	29	4	P	14	»	Marseille.	....
3	Baleinier, Bouillon........	brick.	197	4	G	18	»	St.-Malo.	GR 37
4	Balina, Verona.........	»	274	2«	G	05	Autr.	Venise.	....
5	Balgurie, Desse...........	3-m.	300	5«	L	32	Srd.	Bordeaux.	DCV 36.
6	Ballochan, Daniel.........	»	300	5«	L	32	»	»	DCV.
7	» nº 2 Géant....	»	400	6«	L	34	»	»	DCV.
8	Baltimore, Cosulich........	brick.	260	3«	G	22	Autr.	Venise.	....
9	Bambino, Valanzano......	»	270	3«	G	22	Npl.	Vᵉ Agneuse.	....
10	Bananière, Panza........	3-m.	350	3«	L	18	Srd.	Gênes.	R 31, DCV 28
11	Banaré, Taradoize.......	»	196	5«	A	34	Frç.	Marseille.	DCV 38.
12	Banato, Begot........	brick.	200	2«	G	13	Autr.	Trieste.	GR 32.
13	Baoba, Martin........	3-m.	330	6«	L	36	Frç.	Marseille.	DCV.
14	Bapthilde, Malescot......	brick.	209	6«	G	37	»	Nantes.	....
15	Baptiste-Marie, Mayon......	c.-m.	76	4«	P	24	»	Mean.	....
16	Baptistine, Olivier......	bat.	29	4«	P	24	»	St.-Tropez.	....
17	Baron, Debray..........	brick.	95	4«	G	22	»	Roche Bern.	....
18	» -De-Bossy, Gérard.....	»	80	5«	G	32	»	Bordeaux.	....
19	» -De L'Espérance, Jean....	»	90	2«	G	12	»	St.-Malo.	....
20	» -Degeneys, Demore......	»	235	3«	G	26	Srd.	Gênes.	....
21	» » Persumo.........	»	390	2«	G	24	»	»	....
22	» -Duka, Sablevich......	»	324	4«	G	20	Autr.	Trieste.	....
23	» -Dictzich, Marochini....	»	325	5«	A	31	»	»	....
24	» -di-Rasetti, Ragenovich....	»	266	4«	G	21	»	»	....
25	» -Pasconiti, Bonicelli....	»	186	5«	G	31	»	Raguse.	....
26	» -Russetti, Regenovich...	»	266	4«	G	21	»	Trieste.	....
27	Baronne, Lusinchy........	»	285	5«	G	31	»	»	....
28	» -Dimuthera, Grusich....	»	220	3«	G	24	»	»	....

1	BIENFAISANT, Brecha	brick.	110	4		G	1828	Frç.	Redon.	
2	» Lalande	c.-m.	110	6	«	P	34	»	»	
3	» Largouet	»	71	3	«	P	24	»	Sarzeau.	
4	» Lescanff	brick.	77	4	«	G	22	»	Dunkerque.	GR 38.
5	» Michel	loug.	78	5	«	P	34	»	Méans.	
6	BIENVENU, Petit	c.-m.	60	2	«	P	11	»	Ileauxmoins	
7	BILBAO, Balparda	brick.	193	5	«	A	33	Esp.	Bilbao.	
8	BINICAS, Chatté	3-m.	243	4	«	G	24	Frç.	St.-Brieux.	
9	BISAIEUL, Hamelin	loug.	75	4	«	G	25	»	Noirmoutier	
10	» Legain	»	115	4	«	G	29	»	Sarzeau.	
11	BISSON, Soreau	3-m.	376	5	«	L	28	»	Nantes.	Dbrz 38.
12	BIVARO, Scotto	»	326	6	«	G	36	Npl.	Naples.	
13	BLAVET, Bertrand	»	186	4	«	G	26	Frç.	Henebon	
14	BLAYAIS, Leport	»	400	6	«	L	34	»	Bordeaux.	DCV.
15	BLAYAISE, Erable	»	210	6	«	A	36	»	»	DZ.
16	BOIELDIEU, Exmélin	brick.	227	6	«	G	37	»	Rouen.	
17	BOLIVARD, Bauvais	»	200	4	«	L	27	»	Havre.	
18	BOMBAY, Goubie	3-m.		6	«	L	36	»	Bordeaux.	DCV.
19	BON-ACCORD, Baunier ou Autran	brick	157	4	«	G	14	»	Marseille.	TGR 35.
20	» Normand	dog.	93	4	«	P	22	»	Redon.	R 35.
21	» Philippe	c.-m.	95	5	«	G	34	»	»	
22	» -BARTHÉLEMY, Roux	brick.	150	3	«	G	14	»	Agde.	
23	» -CASIMIR, Portal	br.-g.	136	3	«	G	17	»	»	GR 34,36.
24	» -FRÉDÉRIC, Doré	loug.	77	5	«	P	34	»	Bayonne.	
25	» -HENRI, Lancelet	»	73	4	«	P	26	»	Nantes.	
26	» » Legoff	c.-m.	60	3	«	P	18	»	Trinité.	GR 30.
27	» » Viaud	3-m.	329	4	«	L	26	»	Nantes.	DVC 31.
28	» -PASTEUR, Cauvin	brick.	240	4	«	G	27	»	Marseille.	DZ 32.

1	BON-PASTEUR Pillard	loug.	63	4	P	1827	Frc.		Labougue.	
2	» » Buot	brick.	129	4	G	27	»		Dabonet.	
3	» » Clerigo	»	153	5	G	29	»		Bordeaux.	
4	» » Luco	c.-m.	79	4	P	24	»		Port-Navalo.	
5	» » Descognete	brick.	210	4	G	21	»		St.-Brieux.	
6	» » Durand	»	184	3	G	25	»		St.-Servan.	
7	» » Fabre	»	329	4	L	25	»		Marseille.	RDCV 37.
8	» » Lechartier	»	75	3	G	20	»		Granville.	R 37.
9	» » Leconte	goel.	79	4	G	25	»		Morlaix.	R 35.
10	» » Lefloch	brick.	194	6	G	35	»		St.-Malo.	
11	» » Legal	c.-m.	78	4	P	26	»		Auray.	
12	» » Pioche	brick.	77	4	G	19	»	c.	St.-Malo.	GR 30, 36.
13	» » Provostic	»	182	3	G	22	»		Brest.	
14	» » Triol	br.-g.	107	6	G	38	»		Agde.	
15	» » Yon	brick.	79	2	G	18	»	cc.	Granville.	
16	» » -DE-FAMILLE, Guillot	dog.	77	2	P	14	»		Port en Bess.	R 35.
17	» » Largouet	c.-m.	108	5	G	33	»		Sarzeau.	
18	» » Lœuil	brick.	120	3	G	18	»	cc.	Calais.	
19	» -RETOUR, Porcreau	c.-m.	57	2	P	20	»		Lorient.	
20	» -SECOURS, Boucand	»	73	2	P	02	»		Méans.	Rct. 22.
21	» » Jego	»	52	4	P	15	»		Vannes.	Rct. 30.
22	» » Machefaux	»	79	3	P	24	»		Billiers.	
23	BONNE-ADÈLE, Arias	3-m.	300	4	L	29	»		Bordeaux.	DCV 36.
24	» » Colet	brick.	79	6	G	35	»		Bayonne.	
25	» » Parnet	»	159	6	G	36	»		St.-Malo.	
26	» -AGLAÉ, Lefranc	»	77	3	G	17	»		Vannes.	GR 33.
27	» -ANNÉE, Ester	»	190	4	A	26	»		Nantes.	DCV 31.
28	» » Vexer	»	111	R		08	»		Dunkerque.	GR 28, 33.

1	BONNE-ALINE, Boulét.	brick.	83	3	G	1806	Frç.	cc.	St.-Malo.	GR, DZ 34.
2	» -ANNA, Clayessens	dog.	87	2	P	1790	»		Dunkerque.	Rect. 25, exh., allg. 28.
3	» -ARMEL, Dano	c.-m.	78	4	P	1829	»	cc.	Vannes.	
4	» -AURÉLIE, David	brick.	114	6	G	35	»		Nantes.	
5	» -CLÉMENCE, Lequellec	3-m.	316	6	L	34	»		Bordeaux.	DCV 37.
6	» -ELISABETH, Duc	alg.	150	3	P	—	»		Arles.	Rect. 24, R 32.
7	» » Poissonnier	brick.	120	4	G	29	»		Bordeaux.	
8	» -EMILIE, Aubré	goël.	79	4	P	28	»		St.-Malo.	
9	» -EMMA, Beigne	»	101	4	A	22	»		Marseille.	RDGV 32.
10	» -ESPÉRANCE, Arapi	brick.	250	4	G	26	Grec.	cc.	Spez.-Morea	
11	» » Hurtaud	c.-m.	63	2	P	17	Frç.		Vannes.	
12	» -FÉLICITÉ, Rochelles	»	77	5	P	30	»		»	
13	» -GABRIELLE, Rachoux	bat.	30	5	P	30	»	cc.	La Nouvelle.	
14	» -HÉLÈNE, Azibert J.-B.	br.-g.	102	6	G	34	»	cc.	»	
15	» » Vince	brick.	110	6	G	35	»		Nantes.	
16	» -HENRIETTE, Jannin	dog.	101	6	G	36	»		Dunkerque.	
17	» -INTENTION, Galopin	slp.	70	3	P	25	»		Rouen.	
18	» -JOSÉPHINE, Périssol	bb.	97	4	G	29	»		Marseille.	
19	» -LENA, Labour	c.-m.	73	6	P	36	»		Méans.	
20	» -LOUISE, Bourotte	brick.	212	4	A	15	»		Bordeaux.	GRDCV 30.
21	» -MALOUINE, Porée	»	173	3	G	14	»		St.-Servan.	GR 34.
22	» -MARIA, Roger	»	131	3	G	14	»		Havre.	GR 29, 33.
23	» -MARIE, Azibert	goël.	74	6	G	38	»		Gruissan.	
24	» » Bertrand	loug.	77	6	G	37	»	cc.	Méans.	
25	» » Bonneau	ttn.	78	5	P	33	»	cc.	La Nouvelle.	
26	» » Clavier	brick.	114	6	G	37	»		Nantes.	
27	» » Combes	ttn.	60	6	P	38	»		Arles.	
28	» » Lespéro	goël.	77	6	G	37	»		Bayonne.	

1	BONNE-MARIE, Léongre	brick.	127	4		G	1827	Frc.		Bordeaux.	GR 38.
2	» MÈRE, Baudet	loug.	77	6	«	P	37	»		Méans.	
3	» » Boisnard	brick.	164	3	«	G	17	»		Granville.	
4	» » Charitas	c.-m.	78	4	«	P	27	»	oc.	Port-Navalo.	
5	» » Clavier	brick.	114	6	«	G	37	»		Nantes.	
6	» » Defer	dog.	79	3	«	G	84	»		Dunkerque.	Rect. 27, DZ 33.
7	» » Everaerd	»	63	4	«	P	28	»		Nantes.	
8	» » Fardel	c.-m.	58	3	«	P	25	»		Sarzeau.	
9	» » Futz	br.-g.	145	5	«	G	28	»		Dunkerque.	
10	» » Lecauday	brick.	153	4		G	29	»		Nantes.	GR 33, 38.
11	» » Lehigot	»	63	5		G	35	»		St.-Malo.	
12	» » Leroux	dog.	72	2	«	P	08	»		Dieppe.	GR 29.
13	» » Lesenne	brick.	78	4	«	G	28	»		St.-Malo.	
14	» » Lespirot	goel.	77	6	«	G	37	»		Bayonne.	
15	» » Levé	brick.	194	4	«	G	25	»		Benec.	RDZ 38.
16	» » Porée	3-m.	240	6	«	G	38	»		St.-Servan.	
17	» » Prat	ttn.	72	6	«	P	33	»		Nouvelle.	
18	» » Rio	brick.	104	5	«	G	35	»		Nantes.	
19	» » Salaun	»	179	3	«	G	15	»		Brest.	GR 31, 33, 34.
20	» » Samson	stn.	56	3	«	P	22	»	cc.	Port en Bess.	
21	» » Taillard	ttn.	72	5	«	P	35	»	cc.	Nouvelle.	
22	» » Tancredi	brick.	159	4	«	A	25	»		Nantes.	DZ 29.
23	» » Tangueray	»	159	4	«	G	26	»		St.-Malo.	
24	» » Tessonneau	»	161	4	«	G	24	»		Rouen.	
25	» » Touchet	»	198	6	«	G	36	»		St.-Malo.	
26	» -NANETTE, Civrac	3-m.	247	5	«	A	35	»		Bordeaux.	DZ 38.
27	» -PRUDENCE, Legenec	c.-m.	47	4	«	P	28	»		Redon.	R 38.
28	» -SIDONIE, Baron ou Pons	ttn.	62	5	«	P	33	»	cc.	Nouvelle.	

1	BONNE-SIDONIE, Rebours	brick.	110	4	G	1829	Frç.		Nantes.	
2	» -SOCIÉTÉ, Dœuvre	slp.	60	3	P	40	»		« Rouen.	TGR 32.
3	» » Rolando	c.-m.	79	4	G	26	»		« Sarzeau.	
4	» -SOPHIE, Martin	brick.	250	4	G	25	»		« Marseille.	DZ 35.
5	» -UNION, Butat	c.-m.	62	2	P	44	»		« Croisic.	
6	» -VALAURIENNE, Langlais	ttn.	96	6	P	36	»		Antibes.	
7	BONS-AMIS, Bonnot	brick.	180	3	A	16	»		Marseille.	DZ 30.
8	» » Levesque	»	169	3	A	21	»		« »	DCV. 31.
9	» » Mahé	loug.	75	4	G	29	»		Méans.	
10	» » Trivillic	brick.	104	3	G	20	»		St.-Brieux.	
11	» -PÈRES, Papin	c.-m.	57	4	P	29	»		Croisic.	
12	BORÉE, Déjoie	brick.	122	4	G	27	»		« Nantes.	
13	BOROM N'DAV, Vandaele	»	80	5	G	32	»		Dunkerque.	
14	BOSIBAR, Berberovich	3-m.	535	5	G	32	Autr.	c.	« Trieste.	
15	BOTZARIS, Antonio	brick.	124	4	G	30	Grèc.	c.	Scopola.	
16	» N/Morvan	loug.	79	3	P	24	Frç.		Quiberon.	
17	BOUGAINVILLE, Henri	3-m.	313	5	L	31	»		« Havre.	DCV 37.
18	BOURBON, Brack	»	350	4	L	10	»		»	GR 36, DCV 34.
19	BOURBONNAIS, Belliard	brick.	224	4	L	26	»		Nantes.	GRDCV 37.
20	» Noblet	»	79	3	G	13	»		Antibes.	R 29, 30, 36.
21	BOUSSOLE, Rosé	»	98	5	A	33	»		« St.-Malo.	DCV.
22	BRAVE, Lemoulin	c.-m.	64	3	P	13	»		Port-Navalo.	GR 30.
23	» Praud	3-m.	330	4	L	00	»		Calais.	GRDCV 37.
24	» -BRETON, Galo	c.-m.	75	4	P	25	»		Nantes.	
25	» -LAMORICIÈRE, Moreau	3-m.	268	6	L	38	»		« »	Dbrz 38.
26	BRAZILIERO, Boristo, Frédéric	brick.	150	3	A	16	Brés.		Rio-Grande.	GRDZ 30.
27	BRÉSILIEN, Montblanc	»	207	4	A	25	Frç.		« Nantes.	GRDCV 33.
28	BRETAGNE, Lebreton	»	207	3	G	19	»		St.-Brieux.	

1	BRETONNE, Dau	brick.	74	4	G	1829	Frç.		St.-Malo.	
2	BRILLANTE, Cibils	»	160	3	A	10	Esp.		S-Yago Cuba.	GR DCV, 30.
3	» Gigancich	»	187	4	G	26	Autr.		Trieste.	
4	» Lombardo	»	190	3	A	28	Srd.		Gênes.	DZ 38.
5	» CATALANA, Sola	br.-g.	104	5	A	31	Esp.	cc.	St.-Reims.	
6	BRISEIS, Lalecho	brick.	180	6	G	35	Grec.	cc.	Ydra.	
7	BRICOLO, Laviosa	»	90	3	P	20	Srd.		Gênes.	
8	BRUTUS, Calbot	»	161	4	A	25	Esp.		Barcelonne.	DCV 35.
9	BUDURI, Sachini	3-m.	224	6	G	32	Grec.		Syra.	
10	BUEN-AMIGO, Echave	br.-g.	92	5	A	32	Esp.		Bilbao.	DCV.
11	BUFFON, Mainier	brick.	200	4	L	24	Frç.		Bordeaux.	DCV 30.
12	BUON-CITTADINO, Bona	»	260	4	A	25	Srd.		Gênes.	DCV.
13	» -CUORE, Matcovich	»	320	4	G	25	Autr.		Trieste.	
14	» -PADRE, Bertora	»	244	6	A	38	Srd.		Gênes.	DCV.
15	» » Minutto	br.-g.	65	3	P	19	»	cc.	Savonne.	
16	» » Vinelli	brick.	194	4	G	26	»	cc.	Gênes.	
17	BUONA-DEA, Martinovich	»	143	4	G	22	»	cc.	Venise.	DCV 29.
18	BUONA-ARMONIA, Moretti	br.-g.	146	4	G	26	Autr.		Trieste.	
19	» -CATHERINA, Bertamino	bb.	85	6	P	37	Srd.		Gênes.	
20	» -FRATELLIS Stuparich	brick.	151	4	G	29	Autr.		Trieste.	
21	» -INTELLIGENZIA, Lottoro	»	253	5	A	33	Srd.		Gênes.	DCV 34.
22	» -MARIA, Bellen	»	390	3	G	13	Autr.		Fiume.	
23	» » Enattino	3-m.	430	4	L	28	Srd.		Gênes.	DCV 30.
24	» -NINA, Stuparich	brick.	150	4	G	29	Autr.		Trieste.	
25	» -RACHEL, Radich	»	270	5	A	32	»		»	DZ 36.
26	» -SOCIETA, Runa	»	123	3	G	13	»		Venise.	
27	» -SORTE, Bexte	»	120	R		03	Tsc.		Livourne.	
28	» -SPERENZA, Arapi	»	200	5	G	28	Grec.		Spezzia.	

1	**Buona-Sperenza**, Giaccarino...	brick.	338	4	G	1826	Npl.		Sorrento.		
2	» -**Theresa**, Gandolfo......	»	241	2	G	19	Srd.		Gênes.		
3	**Buoni-Amici**, Calvo...........	»	146	3	G	15	»		»		
4	» -**Fratelli**, Degregori....	»	154	4	G	29	»		»		
5	» -**Genitori**, Acame.......	»	200	4	G	29	»		»		
6	**Bustamente**, Béarnais.........	goel.	89	6	A	37	Frç.		Bordeaux.	DZ.	
7											
8											
9											
10											
11											
12											
13											
14											
15											
16											
17											
18											
19											
20											
21											
22											
23											
24											
25											
26											
27											
28											

1
2
3
4
5
6
7
8
9
10
11
12
13
14
15
16
17
18
19
20
21
22
23
24
25
26
27
28

1	CACHALOT, Jules	3-m.	521	6	I.	1	33	Frç		Havre.	Dbrs.
2	CALCEDONIA, Vulich	brick	200	5	A		32	Autr		Trieste.	DCV.
3	CALCUTTA, Bélar	»	150	6	A		33	Frç		Bayonne.	DZ.
4	CALIBOR, Glendisiavich	»	190	4	G		28	Autr		Zara.	
5	CALISTE, Piquet	»	120	5	G		24	Frç		Honfleur.	
6	CALISTO, Corsiglia	»	176	4	A		21	Srd		Gênes.	DCV 34.
7	CALVADOS, Lebret	gls.	60	4	P		27	Frç		Caen.	
8	CALYPSO, Antonio	brick	120	4	G		26	Grec		Ydra.	
9	» Lafon	3-m.	218	5	A		25	Frç.		Bordeaux.	R 32, DCV 36.
10	» Mériel	goel.	80	4	P		16	»		Caen.	GR 34, 37.
11	CAMBRIA, Guillebert	3-m.	350	6	I.		34	»		Havre.	Dbrs.
12	CAMILLE, Amiel	bb.	60	4	P		20	»		Agde.	GR 37.
13	» Baudouin	3-m.	320	4	I.		17	»		Bordeaux.	DCV 33, GR 35.
14	» Belesine	brick	155	6	A		38	»		Marseille.	DCV.
15	» Hot	bb.	70	4	G		21	»		Toulon.	
16	» Marié	brick	186	4	G		16	»		Havre.	GR 36.
17	» Matoni	bat.	28	5	P		32	»		St.-Tropez.	
18	» Scolat	dog.	100	6	G		24	»		Honfleur.	
19	» Villeneuve	brick	148	5	G		33	»		Bayonne.	
20	CAMORENS, Villard	3-m.	310	5	I.		28	»		Havre.	DCV 31.
21	CAMPIDOGLIO, Baratini	goel.	195	8	G		34	Rom	cc	Ancône.	
22	CANARIS, Boullé fils	brick	155	4	G		20	Frç.	cc	St.-Malo.	GR 36, R 37, 38, DX 38
23	CANCHE, Flamé, Gaume	kof.	38	3	G		20	»		Boulogne.	GR 35.
24	CANDEUR, Salaun	slp.	70	2	P		17	»	c.	Port-Launay	
26	CANDITO, Chierichino	br.-g	115	3	G		30	Srd.		Gênes.	
26	» Minarich	brick	127	5	G		32	Grec	cc	Syra.	
27	» -Lussin, Gerolimich	»	150	5	G		31	Autr	cc	Lussin.	
28	CANEVETTO, Paxlot	br.-g	180	5	A		34	Esp.	c.	Barcelone.	DCV 38.

1	CACHALOT, Jules	3-m.	521	6	L	1833	Frç.		Havre.	Dbrz.
2	CALCEDONIA, Vulich	brick	200	5	A	32	Autr.		Trieste.	DCV.
3	CALCUTA, Bélar	»	150	6	A	35	Frç.		Bayonne.	DZ.
4	CALIBOË, Glendislavich	»	190	4	G	28	Autr.		Zara.	
5	CALISTE, Piquet	»	120	5	G	34	Frç.		Honfleur.	
6	CALISTO, Gorsiglia	»	176	4	A	21	Srd.		Gênes.	DCV 34.
7	CALVADOS, Lebret	gls.	63	4	P	27	Frç.		Caen.	
8	CALYPSO, Antonio	brick.	120	4	G	26	Grec.		Ydra.	
9	» Lafon	3-m.	218	5	A	26	Frç.		Bordeaux.	R 32, DCV 36.
10	» Mériel	goel.	84	4	P	16	»		Caen.	GR 34, 37.
11	CAMÉLIA, Guillebait	3-m.	356	6	L	34	»		Havre.	Dbrz.
12	CAMILLE, Amiel	bb.	61	4	P	20	»		Agde.	GR 37.
13	» Baudouin	3-m.	320	4	L	17	»		Bordeaux.	DCV 33, GR 35.
14	» Belessine	brick.	154	6	A	36	»		Marseille.	DCV.
15	» Hot	bb.	74	4	G	21	»		Toulon.	
16	» Marié	brick.	188	4	G	16	»		Havre.	GR 36.
17	» Matoni	bat.	28	5	P	32	»		St.-Tropez.	
18	» Scolat	dog.	109	6	G	34	»		Honfleur.	
19	» Villeneuve	brick.	143	5	G	33	»		Bayonne.	
20	CAMOENS, Villard	3-m.	310	5	L	28	»		Havre.	DCV 31.
21	CAMPIDOGLIO, Baratini	goel.	196	6	G	34	Rom.	cc.	Ancône.	
22	CANARIS, Boullé fils	brick.	153	4	G	20	Frç.	cc.	St.-Malo.	GR 36, R 37, 38, DZ 38.
23	CANCHE, Flame, Gaume	koff.	84	3	G	20	»		Boulogne.	GR 35.
24	CANDEUR, Salaun	slp.	70	2	P	17	»	c.	Port-Launay	
25	CANDITO, Chierichino	br.-g.	115	3	G	20	Srd.		Gênes.	
26	» Minarich	brick.	127	5	G	32	Grec.	cc.	Syra.	
27	» -LUSSIN, Gerolimich	»	150	5	G	31	Autr.	cc.	Lussin.	
28	CANEYCITO, Paxtot	br.-g.	180	5	A	34	Esp.	c.	Barcelone.	DCV 36.

1	CANTABRE, Duprat	3-m.	260	6	L	1835	Frc.			Bordeaux.	DCV.
2	CAPÉLAN, Lermet	brick.	155	6	A	34	»			Bayonne.	DZ.
3	CAPO-D'ISTRIA, Petala	»	290	3	G	20	Rss.			« Odessa.	
4	CAPRICIEUX, Chabaudy	»	79	5	G	30	Frc.			Nantes.	
5	CAPRICIOSA, Sclascot	»	214	4	G	28	Srd.			Gênes.	
6	CARA-FANNY, Varesse	»	146	4	G	27	»		c.	»	
7	CARILES, Aubin	»	144	6	G	37	Frc.			Nantes.	
8	CARLOTTA, Schaffino G	br.-g.	97	3	P	20	Srd.			Gênes.	
9	CARLETTO, Gellalia	brick.	207	2	G	10	Autr.			Trieste.	
10	CARLO, Sauran	»	318	R		93	Rss.			Odessa.	
11	» -ALBERTO, Pertica	»	232	3	A	22	Srd.			Gênes.	DCV 36.
12	» -FELICE, Buzzolini	»	217	4	A	22	»			»	DCV 26.
13	CARLOTTA, Dalorme	»	160	3	G	17	»			»	DZ 34.
14	» Riambau	3-m.	210	5	L	28	Esp.			« Havanc.	DCV.
15	CARMENE, Carbonnel	bb.	36	4	P	25	»		c.	Barcelone.	
16	CARMONATA, Mataron	brick.	150	6	A	34	»			»	DCV.
17	CARMONESSE, Nicollich	»	198	3	G	14	Autr.			Lus.-Piccolo	
18	CAROLINA, Baron ou Cassana	»	198	3	G	17	Srd.			Gênes.	
19	» di-Francisci	»	250	4	A	27	Scl.			« Palerme.	DCV.
20	» Frugone	»	133	3	G	21	Srd.			Gênes.	
21	» Laurens	blc.	33	6	P	34	Esp.			Cadaquez.	
22	» Laviosa	brick.	100	4	G	24	Srd.		cc.	« Gênes.	
23	» Longobardo	ttn.	56	3	P	24	Tsc.		cc.	Livourne.	
24	» Paris	blc.	60	4	P	25	Esp.		cc.	Denia.	
25	» Paturzo	brick.	180	4	G	23	Npl.			« Naples.	
26	» -PICCOLA, Lazarich	goel.	150	4	G	25	Autr.			« Venise.	
27	CAROLINE, Allain	loug.	78	4	P	28	Frc.			Nantes.	

1	CAROLINE, Bessac	c.-m.	70	5	P	1830	Frç.		Morlaix.	
2	» Bommelaer	brick.	120	4	G	20	»		Dunkerquc.	Rect. 34.
3	» Coppin	»	100	2	P	08	»		Havre.	R. 28, 30.
4	» Gauffre	gls.	149	4	A	25	»		Dunkerque.	DZ 30.
5	» Lamarque	3-m.	307	5	L	28	»		Bordeaux.	DCV 29.
6	» Leboneher	bsq.	79	5	G	35	»		Caen.	
7	» Legrand	3-m.	428	3	L	08	»		Nantes.	GR. 31, DCV 37.
8	» Lepeltier	brick.	189	3	G	18	»		Havre.	GR. 32, RDCV 36.
9	» Longobardo	1tn.	57	6	P	24	Tsc.		Livourne.	
10	» Montano	brick.	123	3	G	10	Srd.	c.	Gênes.	
11	» Puluken	loug.	71	5	P	31	Frç.		Brest.	
12	CAROLE, Ninuti	goel.	113	3	G	20	Srd.	c.	Gênes.	
13	CARRIDI, Cardillo	brick.	162	6	G	34	Npl.		Messine.	
14	CARUGGIOSO, Radivini	»	218	5	G	29	Autr.		Trieste.	
15	CASILDA, Demuria	goel.	120	5	G	32	Esp.		St.-Ander.	
16	» Urratia	loug.	40	4	P	27	»		Bilbao.	
17	CASIMIR, Bouis	bat.	39	4	P	28	Frç.	cc.	Narbonne.	
18	» Lecompte	brick.	230	5	L	27	»		Havre.	DCV 38.
19	» Lemonnier	»	260	4	L	27	»		»	DCV 34.
20	» Méric	bat.	47	2	P	11	»		Agde.	
21	» Ouel	brick.	280	4	G	27	»		Havre.	
22	» -DELAVIGNE, Lemoine	»	250	6	A	34	»		»	DCV.
23	» -PERRIER, Boulanger	3-m.	712	5	L	30	»		»	DCV 32, R. 36.
24	CASIOPEA, Matas	brick.	123	6	A	34	Esp.		Barcelonne.	
25	CASPIA, Bosilino	»	240	1	G	25	Ion.		Constantinple.	GRDCV. 29.
26	CASSARD, Cassard	»	96	5	G	33	Frç.	cc.	Nantes.	
27	» Largouet	c.-m.	75	4	P	28	»	cc.	Vannes.	
28	CASTOR, Baudy	brick	177	5	A	30	»		Toulon.	DZ.

1	CASTOR, Frédérick	dog.	101	3	G	1814	Frç.	Dunkerque.	
2	» Lanselin	brick.	184	6	G	34	»	St.-Malo.	
3	» Louvel	»	337	6	L	35	»	« »	DCV.
4	CASUALDIDAD, Benjota de Mendezona		131	6	A	31	Esp.	St-Sébastien	
5	CATHARINA, Castagno	»	101	R		00	»	Port-Mahon.	
6	» Galestris	»	95	5	G	32	»	Bilbao.	
7	» Lichiardopolo	»	430	4	G	26	Ion.	Céfalonie.	
8	» Olivari	bb.	99	3	G	14	Srd.	Gênes.	GR 33.
9	» Persich	brick.	183	4	G	28	Autr.	Fiume.	
10	CATHERINE, Bocquet		200	6	G	34	Frç.	Dieppe.	
11	» Gautier		288	4	A	25	»	Marseille.	R 35.
12	» Molle	br.-g.	70	3	P	17	»	Cette.	
13	» Reppe	brick.	90	3	P	30	Grec.	Syra.	
14	CATOLICO, Amadeo		230	4	G	25	Npl.	Castellamare	
15	CAVALIERE-STAHL, Lupie	« »	260	3	G	15	Autr.	Trieste.	
16	CAVALO-MARINO, Digiorgio	»	230	4	A	27	Grec.	Syra.	DCV 30.
17	» Graffione	3-m.	330	4	L	27	Srd.	Gênes.	DCV.
18	» Mercenarios	brick.	125	5	A	32	Esp.	Malaga.	DCV.
19	» Merenda	mff.	49	3	P	21	Srd.	Cagliari.	
20	» Viscondi	brick.	184	3	G	16	Autr.	Venise.	
21	CAYENNAIS, Hérault	»	205	5	A	29	Frç.	Nantes.	DCV.
22	CÉCILE, Delabarquery	»	170	3	A	16	»	Granville.	GR, DZ 30.
23	» Hochet	br.-g.	65	2	P	05	»	Cette.	GR 27, 32.
24	» Lehiboul	c.-m.	59	2	P	13	»	Lorient.	
25	» Leminily	3-m.	202	6	L	34	»	Bordeaux.	DCV.
26	» Pollio	brick.	238	2	G	10	Npl.	Naples.	
27	CECILIA, Bruneau	loug.	97	6	G	35	Frç.	Nantes.	

1	CECILIA, Lebesque	3-m.	350	4	L	1825	Frç.		Nantes.	DCV 35, R 37.
2	» Matbeo	br.-g.	80	4 «	G	29	Autr.		Lussin-Picᵒ.	
3	CÉLESTE, Autier	« »	83	6 «	P	36	Frç.	cc.	Agde.	
4	» Gibert	ttn.	56	4	P	24	»	cc.	»	
5	» Lauritano	brick.	180	5	G	31	Npl.	cc.	Naples.	
6	CÉLESTIN, Fontaine	»	114	4 «	G	20	Frç.		Dunkerque.	GR 36.
7	CÉLESTINE, Guellec	c.-m.	74	3 «	P	25	»		Belle-Ile.	
8	» Henry	brick.	79	4	G	30	»		La Rochelle.	
9	» Michel	ttn.	79	5	P	32	»		Marseille.	
10	» Parnet	brick.	163	4	G	27	»		St-Malo.	R 36.
11	CÉLIBATAIRE, Bertelot	»	183	4	A	14	»		Nantes.	GR 29, 31, DZ 31.
12	CÉLINA, Boulanger	»	113	6 «	A	37	»		St-Malo.	DCV.
13	» Daumas	»	172	5 «	G	34	»		Bordeaux.	
14	» Léguillon	c.-m.	70	3	P	18	»		Caen.	
15	CÉLINE, Bernard	3-m.	214	6	A	34	»		Bordeaux.	Dbrz.
16	» Ertaud	loug.	77	6	G	34	»		»	
17	» Tahier	brick.	212	5	A	28	»		Nantes.	DFtCV.
18	CELTE, Delahaye	»	115	6	G	37	»		Gravelines.	
19	» Lesidoner	3-m.	228	6	A	35	»		St-Malo.	DZ.
20	CENERENTOLA, Righetti	goel.	106	4	G	27	Autr.		Trieste.	
21	CENTORO, Copoetis	brick.	140	2	G	05	»		»	GR 22.
22	CERERE, Castellano	»	270	4	G	25	Npl.		Naples.	
23	» Scopinich	3-m.	370	R «		05	Autr.		Trieste.	
24	CÉRÈS, Bonnaut	ttn.	63	6 «	P	34	Frç.	cc.	La Nouvelle.	
25	» Bolicaut	c.-m.	77	4 «	G	28	»	cc.	Sarzeau.	
26	» Castellano	brick.	200	4 «	G	27	Npl.	cc.	Naples.	
27	» Chéris	»	78	4	G	23	Frç.	cc.	Lannion.	R 33.

1	CÉRÈS, Guilbaut	3-m.	551	6	L	37	Frç.		Nantes.	DCV 29.
2	» Lambert	»	350	4 «	L	24	»		Havre.	
3	» Lami	hour.	74	5 «	G	34	»		Fécamp.	
4	» Lemarchand	»	73	5 «	G	30	»		»	
5	» Ludovist	brick.	130	3 «	G	11	Rss.		Gam Carlby.	
6	» Novano	»	182	3 «	G	10	»		Odessa.	
7	» Pesquere	»	81	3 «	G	21	Frç.		St-Malo.	R 35.
8	CERF, Fatome		204	4 «	G	27	»		Havre.	R 35.
9	CÉSAR, Blaye	3-m.	270	5 «	L	35	»		Bordeaux.	DCV.
10	» Dubois	brick.	185	4 «	A	27	»		St-Malo.	GR 36, DCV 38.
11	» Jean ou Cochet	br.-g.	92	4 «	G	26	»		»	
12	» Josse	brick.	207	4 «	A	22	»		Marseille.	DZ 35.
13	» Taurel	»	228	3 «	A	17	»		» »	DCV 31.
14	CESARE, Enselme	»	145	4 «	A	25	Srd.	cc.	Gênes.	DCV 34.
15	» Buranelli	trb.	68	3 «	G	18	Ion.	c.	Ancône.	
16	» Costa	br.-g.	76	3 «	P	22	Srd.		Gênes.	
17	» Napoli	brick.	347	3 «	G	21	Npl.		Naples.	
18	» Verona	»	244	5 «	G	30	Autr.	cc.	Trieste.	
19	» -AUGUSTO, Ferraro	»	250	4 «	G	27	Srd.		Gênes.	
20	» -LE JEUNE, Mitonni	br.-g.	112	6 «	G	34	Frç.		St-Tropez.	
21	CÉSARINE, Barban	c.-m.	75	4 «	P	27	»		Brest.	
22	CETO, Krelich	brick.	287	6 «	G	36	Autr.		Trieste.	
23	CHARICLIA, Brusco	3-m.	250	6 «	G	34	Grec.	cc.	Ydra.	
24	» di-Giorggio	»	125	5 «	L	33	»		Syra.	
25	» Jannin	brick.	139	6 «	G	38	Frç.		Marseille.	
26	CHARITÉ, Folange	»	77	5 «	G	31	»		St-Malo.	
27	» Roux	»	72	4 «	G	26	»		»	
28	CHARLES, Airaud	»	220	4 «	A	26	»		Marseille.	DZ 37.

1	CHARLES, Coutras	brick.	144	4	A	1825	Frç.		Tréguier.	GR, DZ 38.
2	» Doublet	»	210	2	A	00	»		Havre.	DZ 30, R 35.
3	» Fauqueux	3-m.	450	6	L	33	»		Rouen.	DCV.
4	» Hamel	c.-m.	74	4	P	25	»		Redon.	
5	» Hamoneau	brick.	113	4	G	24	»		Richard.	
6	» Heno	c.-m.	75	4	P	25	»		Baden.	
7	» Homon	3-m.	213	3	G	00	»		Morlaix.	R DZ 36.
8	» Lion	brick.	160	4	A	29	»		Dunkerque.	DZ.
9	» Margollé	gls.	74	4	G	25	»		»	GR 30, 32.
10	» Sueur	brick.	150	6	G	33	»		Boulogne.	
11	» Talhouarne	c.-m.	76	4	P	25	»	cc.	Croisic.	
12	» Thomas	brick.	68	4	P	27	»		St.-Brieux.	
13	» Troude	»	157	2	A	00	»		Cherbourg.	GR DZ 32
14	» -ADOLPHE, Guignaux	»	250	4	A	25	»		Bordeaux.	R 34, DCV 36.
15	» -AUGUSTE, Videau	»	140	5	G	35	»		»	
16	» -CAROLINE, Gouin	slp.	60	5	G	32	»	cc.	P.-Audemer	
17	» -CORNIC, Gallays	brick.	78	3	P	20	»		Morlaix.	R 31.
18	» -EDOUARD, Hary	long.	95	4	G	25	»		Sables.	
19	» -FRÉDÉRIC, Largeteau	brick.	267	4	L	27	»		Bordeaux.	DCV 32.
20	» -LOUIS, Barbier	c.-m.	68	4	P	23	»	cc.	Port-Navalo	R 38.
21	» -MARIE, Lejosse	»	82	4	G	30	»	cc.	Hannebon.	
22	» -ET-VICTOR, Martin	3-m.	280	4	G	27	»		Havre.	
23	» -ET-VIRGINIE, Conniat	brick.	76	4	G	27	»	cc.	Lannion.	
24	CHARLOTTE, Consigliero	»	201	2	G	17	Srd.		Gênes.	
25	» Rival	ltn.	55	5	P	29	Frç.		Nouvelle.	
26	CHASSEUR, Gautier	brick.	102	3	A	14	»		St.-Malo.	DZ 35, GR 36.
27	CHÉRI, Such	br.-g.	101	6	G	34	»	cc.	Agde.	
28	CHÉRIE, Clémence	brick.	141	6	G	33	»		Dieppe.	

1	CHEVALIER-FLEURY, Senès	ttn.	68	5	P	1829	Frç.		Agde.	
2	CHICANEUR, Calvé	loug.	129	4 «	G	27	»	cc.	Vannes.	
3	CHIMONE, Calari	brick.	110	4 «	G	33	Grec.	cc.	Syra.	
4	CHRISTINA, Felozzo	bb.	70	3 «	P	20	Scl.		Palerme.	
5	» Osigano	brick.	150	6 «	A	33	Esp.		Bilbao.	DCV 36.
6	CHURRUCA, Arano	»	152	6 «	A	32	»		S.-Sébastien.	
7	CICERONE, Gamba	»	180	4 «	G	27	Srd.	cc.	Gênes.	
8	CID, Girard	»	97	5 «	G	30	Frç.		Nantes.	
9	CIMONE, Cottavich	»	269	4 «	G	28	Autr.		Venise.	
10	CINQ-FRÈRES, Boju	c.-m.	53	2 «	P	10	Frç.		Nantes.	R 27; 31.
11	» » David	dog.	79	4 «	G	31	»		»	
12	» » Largouet	c.-m.	74	2 «	P	21	»	cc.	Sarzeau.	
13	» » Marzin	brick.	176	6 «	G	37	»		Brest.	
14	» » Such	ttn.	30	4 «	P	24	»	cc.	Antibes.	
15	» -SOEURS, Combal	brick.	276	4 «	A	14	»		Toulon.	RDCV 36.
16	CINQUE-FRATELLI, Constantina	»	287	4 «	A	15	Npl.		Trapani.	GRDZ 35.
17	CIOTADIN, Durenti	3-m.	296	4 «	L	25	Frç.		Marseille.	DCV 36.
18	CIRCASSIENA, Giurassovich	»	287	4 «	A	23	Autr.		Trieste.	DCV 25.
19	CICONSTANCE, Coulomb fils	brick	249	5 «	A	31	Frç.		Marseille.	GRDCV 35.
20	CIRO, Vidovich	3-m.	375	5 «	A	28	Autr.		Fiume.	DCV 35.
21	CITTA-COSPICUA, Gaucci	br.-g.	55	2 «	P	21	Tsc.		Livourne.	
22	» -DI-SABAZIA, Baudini	brick.	423	3 «	A	18	Srd.		Savonne.	DCV 29.
23	CITTADINO-VIENNESE, Budinich	»	217	3 «	G	18	Autr.		Trieste.	
24	CITTO-DI-ODESSA, Bellità	»	321	4 «	G	27	Rss.		Odessa.	Ex *Posidone*.
25	CIVILE, Pana	»	294	3 «	G	17	Ion.		Céfalonie.	
26	CLAIRE, Artigues	goël.	62	5	G	29	Frç.	cc.	Narbonne.	
27	» Carl…	brick	161	6	A	33	»		Bordeaux.	RDZ 36.
28	» Peau	»	150	4 «	G	29	»		Sables.	

1	CLAIRE-MARIE, Aubriet	doug.	77	4	P	1827	Frç.		Nantes.	
2	» » Lillamant	ttn.	51	3 «	P	16	»	cc.	Arles.	
3	CLAIRON-ET-REINE, Garcin	brick.	177	3	A	18	»		Marseille.	DCV 29.
4	CLARA, Bonnetard	»	64	2	P	20	»		Havre.	R 33.
5	» Harismoadi	»	213	3	A	15	»		Bayonne.	GR 32, 33, DZ 35.
6	» Débonnaire	»	274	3 «	G	24	»		St.-Malo.	
7	CLARISSE, Leprestre	goel.	131	4	G	28	»		Boulogne.	
8	» Leroy	br.-g.	80	6	G	33	»		Caen.	
9	» Poupart	3-m.	235	4	L	18	»	cc.	Cherbourg.	GR 29, TGR 34 DCV.
10	» Provost	brick.	111	6	G	36	»		Brest.	
11	» Touret	3-m.	298	4	A	05	»		Havre.	GR 34, 35, DZ 35.
12	» Udin	brick.	220	4 «	A	23	»		Nantes.	DCV 31.
13	» -AIMÉE, Versaille	goel.	91	4	G	25	»		Dunkerque.	
14	CLAUDE, Denoël	dog.	55	3	P	24	»		Nantes.	GR 31.
15	» Marius	brick.	163	5	G	33	»		Marseille.	
16	CLAUDINE, Blouel	3-m.	236	4	L	22	»		Havre.	GR 34, DCV 37.
17	» Jourdan	bb.	83	3	P	20	»		Marseille.	Allg. 30.
18	CLAUDIUS-ET-ZÉLIA, Chauvet	brick.	75	4	G	29	»		Nantes.	
19	CLÉMENCE, Bristol	»	110	6	G	37	»	cc.	Agde.	
20	» Doeuvre	slp.	63	5	P	34	»		Honfleur.	
21	» Jorrequiberry	3-m.	250	5	L	33	»		Bordeaux.	DCV 36.
22	» Massere	brick.	101	4	G	29	»		Dieppe.	
23	» Prat	goël.	79	4	P	24	»		Brest.	
24	» -ET-JULIA, Gueynet	brick.	137	6	A	34	»		Nantes.	DZ.
25	CLÉMENT, Gimié	br.-g.	80	6	G	36	»	cc.	La Nouvelle.	
26	CLEMENTE, Fraticelli	trb.	116	4	P	26	Autr.		Trieste.	
27	» -FILIPO, Triscornia	brick.	260	4 «	A	10	Srd.		Gênes.	GR 28, DZR 36.
28	CLEMENTINA, Cenevaro	»	207	4	A	27	»		»	

1	CLEMENTINA, Dasso	brick.	184	4	A	1822	Srd.		Gênes.	RDZ 33.
2	» Falconi	goel.	49	R «		19	»		Spezzia.	
3	CLÉMENTINE, Ardouin	brick.	151	4 «	A	28	Frç.		Havre.	DCV 33, R 35.
4	» Brégeon	»	151	6	A	37	»		« »	DZ 37.
5	» Borel	bb.	87	2	P	10	»		Agde.	
6	» Brun	« »	77	2 «	P	12	Srd.		Nice.	
7	» Comte	dog.	72	6	P	37	Frç.		Nantes.	
8	» Guilbert	brick.	180	3 «	A	16	»		Havre.	GR 26, DZ 29
9	» Guihomet	»	79	4 «	G	26	»		St.-Malo.	
10	» Meau	»	125	6	G	35	»	cc.	Agde.	
11	CLEMENZIA-HEPPINA, Totaro	»	203	3	G	10	Scl.		Messine.	
12	CLÉOPATRE, Papapetro	br.-g.	80	4	P	25	Grec.		Ydra.	
13	» Roustan	brick.	220	4	A	25	Frç.		Marseille.	DCV 36.
14	» Vidulich	3-m.	380	4 «	G	20	Autr.		Venise.	
15	CLEOVONO, Burro	bb.	82	3	P	22	Grec.	cc.	Syra.	
16	CLIO, Fouque	balg.	120	6 «	P	36	Frç.	cc.	Agde.	
17	» Harouard	3-m.	287	4 «	A	06	»		Havre.	Rect. 25, GRDZ 32, R 38.
18	CLISSON, Calvé	2-m.	70	3 «	P	14	»	cc.	Vannes.	GR 29, R 38.
19	CLORI, Andricivich	br.-g.	67	5 «	P	28	Autr.	cc.	Fiume.	
20	CLORINDE, Collet	3-m.	292	4 «	L	17	Frç.		Dunkerque.	GRDZ 34.
21	» Goirant	brick.	223	2 «	G	17	Srd.		Nice.	GR 29, 31.
22	» Superville	3-m.	300	4 «	L	26	Frç.		Bordeaux.	GRDCV 37.
23	CLOTILDE, Cruchon	brick.	268	6 «	A	36	»		Granville.	DZ.
24	» Rival	bb.	90	4 «	P	25	»	cc.	Agde.	
25	COCCODRILLO, Lombardo	brick.	275	5 «	G	34	Srd.		Gênes.	
26	COELINA, Chambord	»	172	6	A	34	Frç.		Bordeaux.	DCV 34.
27	COLANDRINA, Saracondeguy	loug.	44	4	P	27	Esp.		Bilbao.	
28	COLBERT, Dely	3-m.	248	5	L	30	Frç.		Havre.	DCV.

1	COLIBRI, Gouet	brick.	286	3	L	1818	Frç.		Havre.	DCV 34.
2	COLIGNI, Olivier	»	149	6	G	34	»		Dieppe.	
3	COLOMBA, Coppola	»	96	4	G	26	»		Gênes.	RDZ 38.
4	» Granetto	»	307	5	G	29	Autr.		Trieste.	
5	» Maricani	»	255	3	G	14	Srd.		Gênes.	R 35.
6	» Murzi	bb.	105	6	P	34	»		»	
7	COLOMBE, Guignou	brick.	160	4	A	17	Frç.		Toulon.	Rect. DZ 36.
8	» Pivert aîné	»	160	6	G	36	»		St.-Malo.	
9	COLOMBIEN, Chevallier	3-m.	209	6	L	37	»		Nantes.	DCVFt.
10	COLOMBO, Cardillo	brick.	220	4	G	24	Scl.	cc.	Messine.	
11	» Cavannes	»	275	6	A	35	Esp.	cc.	Palma.	DCV 35.
12	» Fardella	»	140	5	G	29	Scl.	cc.	Palerme.	
13	» Preve	»	195	5	G	29	Srd.	cc.	Gênes.	
14	» -DELLA-LIGUERA, Guarello	»	200	5	G	30	»		»	
15	COLON, Lebailly	3-m.	430	3	L	19	Frç.		Havre.	Ret. 32, DCV 33.
16	COLOSSE, Gorce	brick.	78	4	G	25	»		Bordeaux.	
17	COMETE, Cavanet	loug.	79	6	G	35	»		Bayonne.	
18	COMMERÇANT, Romainer	3-m.	296	4	A	25	»		Marseille.	DCV 36.
19	COMMERCE, Digard	»	308	3	A	1790	»		Havre.	GR 29, DZ 31.
20	» Figueron	»	200	4	A	24	»		Bordeaux.	DCV 29, GR 32.
21	» Groult	slp.	90	6	P	37	»		Cherbourg.	
22	» Palfray	goël.	106	6	G	37	»		Honfleur.	
23	» Saufenaye	»	105	4	G	24	»		Dunkerque.	GR 36.
24	» -DE-CAEN, Lecoupé	3-m.	243	4	G	26	»		Granville.	
25	» -DE-PARIS, Dufour	»	431	5	L	29	»		Havre.	RDGV 32.
26	COMMERCIO, Beizo	»	125	4	A	24	Tsc.		Livourne.	GRDCV 36.
27	» Fassio	»	146	4	G	26	Srd.		Gênes.	
28	» -DI-TRIESTE, Guirahovich	»	324	3	G	16	Autr.		Trieste.	GR 32.

1	COMTE-D'ESTOURNEL, Alix	3-m.	250	2	G	1812	Frç.		Granville.	R 28, 33, DZ 28.
2	» -DE-CHAZELLAS, Martin	»	255	6	L	37	»		Nantes.	DCV.
3	» -FOY, Chevallier	brick.	111	3	A	26	»		Bordeaux.	DZ 32.
4	CONCEPTION, Cervoni	bb.	106	2	P	17	»		St.-Florent.	
5	» Faume	mtc.		6	P	33	Esp.		Mistadt.	
6	» Font	bb.	41	5	P	28	»		St.-Felieu.	
7	» Fouque	br.-g.	45	5	P	29	»		Mistadt.	
8	» Gregori	»	65	2	P	10	Frç.		Bastia.	
9	» Gregori Simon	bb.	68	3	P	19	»		St.-Laurent.	
10	» Guetala	ttn.	38	5	P	33	»		Bastia.	
11	» Lemos	goel.	60	4	P	20	Esp.		Figuerria.	Rct. 34.
12	» Martini	»	41	4	P	24	Frç.		Ile de Corse.	
13	» Mauri	bb.	51	5	P	30	»		Bastia.	
14	» Mauri	»	84	5	P	30	Esp.		St.-Felieu.	Alg, 37.
15	» Michelini	goel.	41	2	P	24	Frç.		Maccinaggio	
16	» Medina	brick.	200	6	A	36	Esp.		Malaga.	DCV.
17	» Meneglia	mtc.	60	4	P	20	Frç.		Bastia.	Rct. 34.
18	» Pedro	goel.	83	6	G	33	Esp.		Bilbao.	
19	» Rouvière	cutt.	38	3	P	26	Frç.		La Ciotat.	
20	» Santi	goel.	27	4	P		»		Bastia.	Rct. 35.
21	» Saragosse	brick.	130	5	G	34	Esp.		Villageoso.	
22	» Serra	br.-g.	55	3	P	22	»		St.-Félieu.	
23	» Sisco	ttn.	29	5	P	31	Frç.		Ile-Rousse.	
24	» Vencitelli	bat.	35	3	P	22	»		id »	
25	» Zuani	mtc.	60	4	P	24	»		Bastia.	
26	CONCEZZIONE, Astrendo	goel.	108	5	A	35	Srd.		Gênes.	
27	» Babes	mtc.	51	5	P	34	Esp.		Villageoso.	
28	» Bianchi	br.-g.	112	6	G	35	Srd.	cc.	Savone.	

1	Concezzione, Bisso........	bb.	61	4«	P	18	10	Srd.	c.	Gênes...	Rct. 37
2	» Buonavia........	br.-g.	100	5«	P		31	»		Alassio.	
3	» Buthler........		120	4«	G		30	Esp.		Séville..	
4	» Cacace........	brick.	289	3«	G		20	Npl.		Naples..	
5	» Cafferato........	»	199	5«	G		30	Srd.		Gênes...	
5	» Cantazo........	»	120	3«	G		16	Scl.		Palerme.	DCV 37........
7	» Cavassa........	»	209	3«	G		28	Srd.	cc.	Gênes...	
8	» Cavasso........	bb.	120	4«	G		24	»	cc.	« »...	
9	» Chiappella........	brick.	171	4«	G		24	Srd.		»...	
10	» Ciameo........	»	150	3«	G		25	Tsc.		Livourne..	
11	» Cichero........	bb.	120	4«	G		27	Srd.		Gênes...	
12	» Cogiola........	brick.	171	4«	G		24	»		« »...	
13	» Cinnadière........	bb.	65	5«	G		30	Esp.	cc.	St-Félieu..	
14	» Figoro........	brick.	118	2«	P		16	Srd.	cc.	Gênes...	
15	» Fiode........	»	242	3«	G		20	Npl.		Sorrente..	
16	» Frugoni-P-A........	»	164	4«	G		27	Srd.		Gênes...	
17	» Gemdolfe........	»	90	2«	P		10	»	cc.	»...	
18	» Ganturo........	»	180	4«	G		21	»	cc.	»...	
19	» Gazolle-J-B........	»	136	5«	G		35	»	cc.	»...	
20	» Gazolle........	»	120	4«	G		29	»	cc.	»...	
21	» Lavarello........	»	95	3«	G		17	»		»...	
22	» Leboffe........	brick.	81	3«	P		23	Npl.		Gaeta...	
23	» Martino........	chb.	60	3«	P		23	Srd.	cc.	Savonne..	
24	» Melazzo........	bb.	112	4«	P		27	Npl.		Gaeta...	
25	» Mella........	brick.	90	6«	A		35	Srd.	cc.	Gênes...	DCV 37........
26	» Merello........	»	190	6«	A		33	»	cc.	»...	DCM
27	» Nocitara........	»	103	4«	G		29	Npl.		Trapani..	
28	» Otero........	goel.	120	4«	G		30	Esp.	cc.	Séville...	

1	CONCEZZIONE, Pieruzzini	ttn.	60	5	P	1832	Tsc.	cc.	Livourne.	
2	» Penco	pinque	130	4	G	28	Srd.	cc.	Gênes.	
3	» Pertuzio	brick.	110	5	A	35	»	cc.	»	DCV.
4	» Rasetto	»	230	5	G	32	»	cc.	»	
5	» Sanguinetti	»	140	4	G	27	»	cc.	»	
6	» Scalla	ttn.	95	4	P	29	Npl.		Naples.	
7	» Sicardi	brick.	65	2	P	15	Srd.	cc.	Final.	
8	» Sperito	»	190	5	A	33	»		Gênes.	DCV.
9	» Treplia	bb.	103	3	P	16	Npl.		Naples.	GR 29, 36.
10	» Vallaro	br.-g.	112	4	G	24	Srd.	cc.	Gênes.	
11	» -E-MARIA-DELLE-VIGNE									
12	Chiapella	chbc.	134	4	G	31	Npl.		Naples.	
13	» -E-S.-MICHELE, Copolo	brick.	240	4	G	27	»		»	
14	CONCORDE, Bignon	dog.	97	3	P	15	Frç.		Cherbourg.	R 37.
15	» Chalambert	brick.	190	3	G	16	»		St.-Brieux.	GR 31, 33.
16	» Pivert	»	231	4	G	29	»		St.-Malo.	RDZ 36.
17	CONCORDIA, Buranelli	»	165	4	G	26	Rom.		Ancône.	
18	» Sicard N	»	254	5	A	31	Srd.		Gênes.	DCV.
19	» Testa	goel.	80	3	P	26	Tsc.		Livourne.	
20	CONCURRENCE, Livret	»	70	5	G	32	Frç.		Martigues.	
21	CONCURRENT, Chapuy	3-m.	310	4	L	27	»		Marseille.	DCV 33.
22	CONDOTIERO, Maresca	brick.	296	4	G	21	Npl.		Naples.	GR 36.
23	CONFIANCE, Buret	br.-g.	77	6	G	36	Frç.	cc.	St.-Martin.	
24	» Charbonnais	brick.	120	3	G	22	»		Binic.	R 31.
25	» Couture	»	257	4	A	25	»		Marseille.	DCV 38.
26	» Guyoma	»	73	2	G	12	»		St.-Servan.	GR 29, R 38.
27	» Lefebvre	doug.	92	4	G	28	»		Dieppe.	
28	» Monnier	c.-m.	79	3	G	22	»	cc.	Billiers.	

1	CONFIANCE, Reveille		brick.	128	3	G	1817	Frç.		Marseille.	R 30.
2	» Viaud		3-m.	72	4	P	27	»		Nantes.	
3	» -EN-DIEU, Gouin		« bb.	81	4 «	P	13	»		Agde.	Alg. 33, TGR 36.
4	» » Sauron		« »	140	3 «	G	18	»		Marseille.	
5	» -EN-MARIE		brick.	115	3 «	P	18	»		Dieppe.	
6	CONSOLA, Laurette		ttn.	42	3	P	21	Esp.	cc.	Villaregeose	
7	CONSOLATEUR, Reclus		brick.	212	3	G	23	Frç.		La Ciotat.	RDZ 36.
8	CONSOLATION, Renaud		3-m.	306	4 «	L	26	»		Bordeaux.	
9	CONSTANCE, Degaye		bat.	85	6	P	37	»		Martigues.	GR 38, DCV 34.
10	» Dugay		3-m.	458	4	L	18	»	cc.	Havre.	GR 30, 37, DCV 37.
11	» Lebreton		brick.	139	4	G	22	»		Redon.	GR 31.
12	» Leroux		bri-g.	102	4	A	24	»		Havre.	GRDZ 34.
13	» Rogliano		«goel.	46	5 «	P	34	»		Bastia.	
14	» Sorreau		3-m.	367	4	A	24	»		Nantes.	GR 28, 32, DCV 32.
15	CONSTANCIA, Tolosans		»	650	3 «	L	10	Esp.		Cadix.	DCV 36, GR 36, 38.
16	CONSTANT, Berthoine		brick.	221	6 «	G	38	Frç.		Sables.	
17	» Chaigneau		»	213	5	A	33	»	cc.	Nantes.	DZ.
18	» Even		»	157	6	G	36	»		Pontrieux.	
19	CONSTANTE, Vichini			200	3	A	19	Srd.	cc.	Gênes.	DZ 34.
20	CONSTANTIA, Dealmany Elcheveria			119	5	G	31	Esp.		Bilbao.	
21	CONSTANTINA, De Cruz		»	160	5 «	G	35	Ptg.		Lisbonne.	
22	CONSTANTINO, Chevasco		cabc.	119	5	G	34	Srd.		Gênes.	
23	» Lappo		brick.	210	5	G	31	Grec.	cc.	Syra.	
24	CONSTANTINOPLE, Defonsio		»	220	4 «	G	26	Rss.	cc.	Constantinple.	
25	CONSTANZA, Demeo, G.		»	195	5 «	G	31	»	cc.	Odessa.	
26	» Pesante		»	235	3 «	G	19	Srd.		Nice.	GR 26, R 35.
27	» Piaggio		bri-g.	100	4 «	G	29	»		Spezzia.	
28	CONTO-CAPO-D'ISTRIA, Caliglia		brick.	270	4 «	G	32	Rss.		Tangarock.	

1	CONTO-COTEK, Civellari	brick.	235	3	G	1820	Autr.		Venise.	
2	» -CZIRAKI, Medanich	»	195	5	G	29	»		Fiume.	
3	» -DANDOLO, Viscovich	»	139	4	G	28	»		Trieste.	
4	» DIEBITCH SABALKANSKI, Cupa	»	481	5	G	30	Grec.	cc.	Kersin.	
5	» -D'ORTENBERG, Iovancovich	»	364	4	A	27	Autr.		Trieste.	DCV. 34.
6	» -DE-GOSS, Ranna	»	320	4	A	28	»	cc.	Venise.	DZ. 34.
7	» -DI-SAURAN, Guirovich	br.-g.	136	4	G	22	»		Cattaro.	
8	» -HAYDEM, Zarb	brick.	200	4	A	24	Rss.		Odessa.	DCV. 29.
9	» -LAZANSKI, Biondi	»	270	2	G	14	Autr.		Trieste.	
10	» -MAYLOT, Mohovich	»	342	4	G	24	»		Fiume.	
11	» -PASKEWICH-ERIVANSKI, Lambiri	»	300	4	G	27	Rss.		Tangarock.	
12	» -PORCIA, Zotti	»	290	2	G	04	Autr.		Trieste.	GR. 26.
13	» -REVZIEZKI, Medanich	»	317	4	G	26	»		Fiume.	
14	» -RUGGIERO, Bonici	»	139	5	G	30	Ang.		Malte.	
15	» » Fardella	»	104	5	G	31	Scl.		Palerme.	
16	» -SIMONETTI, Martola	»	141	6	G	35	Srd.		Camogli.	
17	» -WORONZOFF, Christoval	»	385	4	G	28	Rss.		Caffa.	
18	» » Guiranovich	»	365	4	G	29	»		Odessa.	
19	CONTR'AMIRaglio PAOLUCCI, Romano	»	289	4	A	25	Autr.		Raguse.	DCV.
20	COPERNICO, Gorlero	»	230	6	G	36	Srd.	cc.	Gênes.	
21	COQUETTE, Madaille	3-m.	300	6	L	38	Frç.		Marseille.	DCV.
22	CORA-ET-NELLY, Claro	»	280	4	L	25	»		Bordeaux.	GR. 32, RDCV. 36.
23	CORAGIOSO, Radich	brick.	234	R		03	Autr.	cc.	Trieste.	GR. 31.
24	» Rodemiri	»	234	4	G	27	»		»	
25	CORAI, Zacharia	»	250	5	G	33	Grec.		Syra.	
26	CORALIE, Coric	»	75	5	G	33	Frç.	cc.	Port-Launay.	
27	» Rival	br.-g.	107	4	G	27	»	cc.	Marseille.	

C

1	CORALIE ET FLORESTINE, Sodini	bb.	108	3	P	1812	Frç.		Marseille.	GR 29, 35.
2	CORDOUAN, Dupeyron	3-m.	400	6 «	L	37	»		Bordeaux.	DCV.
3	CORE-DI-AMICI, Ciancale	brick.	243	4 «	G	26	Npl.		Naples.	
4	CORINE, Tillé	loug.	70	6	G	35	Frç.		Nantes.	
5	CORMENCITA, Mataro	brick.	210	5	G	35	Esp.		Barcelonne.	
6	CORNELY, Boissel	3-m.	250	6 «	L	35	Frç.		Bordeaux.	
7	COROMANDEL, Hery	»	331	4 «	L	28	»		»	GRDZ 38.
8	CORREO DE BILBAO, Fulando	loug.	41	5	P	31	Esp.		Bilbao.	
9	CORRIERE, Garzilio	brick.	105	4	G	29	Npl.		Naples.	
10	» Lavezari	»	211	3 «	A	24	Srd.	cc.	Gênes.	DCV 30.
11	» Kipparissi	»	200	4	G	32	Grec.	cc.	Syra.	
12	» Nicolo	»	190	5	G	31	»	cc.	Spezzia.	
13	» Vadala	»	80	2	P	15	Scl.		Messine.	
14	» Zanetti	»	198	6 «	G	32	Rom.		Ancône.	
15	» -AFRICANO, Dipalma	»	90	5	G	35	Tsc.		Livourne.	
16	» -AMERICANO, Oberti	»	207	3	A	16	Srd.		Gênes.	RDZ 35.
17	» -D'ODESSA, Vinelli	»	394	3	A	10	»		»	DZ 35.
18	» -D'ORIENTE, Girovich	»	188	1	G	1796	Autr.		Venise.	R 32.
19	» -DI-BARCELONNE, Fardella	goel.	81	2 «	P	1821	Scl.		Palma.	Exbs.
20	» » -BRAZIL, Deleonardi	brick.	239	1	A	06	Srd.		Gênes.	DCV 26.
21	» » -CAFFA, Consulich	»	314	4	G	26	Autr.		Lussin.	
22	» » -GENOVA, Hatfield	»	225	4	A	25	Srd.	cc.	Gênes.	DCV 33.
23	» » -MESSINA, Minah	»	221	4 «	G	27	Autr.	cc.	Trieste.	
24	» » -MEMPIS, Ciraso	3-m.	220	3	G	21	Tsc.		Livourne.	
25	» » -NAPOLI, Paotillo	brick.	133	5 «	G	31	Scl.	cc.	Messine.	
26	» » -SMIRNE, Belbono	goel.	95	4	G	28	Tsc.		Livourne.	
27	» » -TRIPOLINO, di-Palma	brick.	86	5	A	32	»		»	
28	CORTESE, Pastour	»	138	3 «	G	10	Srd.		Nice.	GR 27.

1	COSMOPOLITA, Rigas	brick.	187	5	A	1834	Srd.		Gênes.	DZ 36.
2	COSMOPOLITE, Demœurant	»	143	4	A	29	Frç.		Nantes.	DZ 33.
3	» Dubut	3-m.	267	6	A	35	»		St.-Malo.	RDZ 36.
4	» Gourdin	brick.	93	5	G	32	»		Lorient.	
5	» Laiscau	»	217	4	A	16	»		»	GR 32, DCV 33.
6	» Leroy	3-m.	580	6	L	35	»		Rouen.	DCV.
7	» Rivière	ttn.	76	6	P	35	»		Marseille.	
8	CONSTANTA, Bognagnino	brick.	227	5	A	32	Srd.		Gênes.	DZ.
9	» Cinao	»	124	4	G	26	Tsc.	cc.	Livourne.	
10	» Cotroneo	»	139	4	G	25	Scl.	cc.	Messine.	
11	» Martinago	»	158	2	G	10	Npl.		Castellamare	
12	» Martinolich	»	243	4	G	16	Autr.		Trieste.	RDZ 34.
13	» Vizini	»	232	3	A	19	Srd.		Gênes.	DZ.
14	CONSTANZA, Gustavino	»	200	4	G	29	Autr.		Odessa.	
15	» Pesante	»	235	3	G	15	Srd.	cc.	Nice.	GR 35.
16	» Piaggio	goel.	100	4	G	29	Autr.		Spezzia.	
17	COUP-D'ESSAI, Boyer	loug.	79	4	P	27	Frç.		Lorient.	
18	COURAGE, Grue	brick.	228	4	A	18	»		Marseille.	R 38, GRDZ 36.
19	COURAGEUSE-EUGÉNIE, Avenel	»	198	6	G	38	»		Fécamp.	
20	COURAGEUX, Gatineau	c.-m.	65	3	P	26	»		Nantes.	
21	» Guedon	3-m.	264	6	G	34	»		Dieppe.	
22	» Jego	c.-m.	77	4	P	32	»	cc.	Vannes.	
23	» Legoffe	»	79	4	P	26	»	cc.	»	
24	» Mènes	brick.	79	3	G	17	»		St.-Servan.	
25	» Olivier	c.-m.	121	6	G	36	»		St.-Malo.	
26	» Radimiri	brick.	214	5	G	30	Autr.		Venise.	
27	» Vicari	»	228	4	A	18	Frç.		Marseille.	TGR, DZ 36.
28	COUREUR, Thomas-jeune	»	68	2	P	16	»		Libourne.	GR 30.

1	COURONNE-SAINTE-PHILOMÈNE, Savarezzo	brick.	284	4	G	1826	Npl.		Sorento.	
2	COURRIER, Meurisse	gls.	68	5 «	G	34	Frç.		Dunkerque.	
3	» Lalanne	brick.	200	4 «	A	27	»		Bordeaux.	RDCV 36.
4	» Maréchal	»	200	4 «	A	18	»		Honfleur.	GR 25, 33, RDCV 38.
5	» Martin	c.-m.	114	5	G	34	»	cc.	Vannes.	
6	» Pomelec	brick.	165	6 «	G	27	»		Brest.	
7	» Rival	bat.	44	4	P	07	»	cc.	Nouvelle.	Rect. Allg. 30
8	» Terrier	brick.	496	5	G	34	»		Dieppe.	
9	» -BASQUE, Miguelena	loug.	76	6	G	37	»		Bayonne.	
10	» -BORDEAUX, Dubois	brick.	200	4	L	27	»		Bordeaux.	DCV 34.
11	» -D'ABBEVILLE, Urbain	»	76	5	G	35	»	cc.	Vannes.	
12	» -D'ALGER, Luciano	br.-g.	78	R		14	»		Rogliano.	
13	» -DE-CAEN, Blondeau	loug.	68	4	P	26	»		Bordeaux.	
14	» » -CAYENNE, Boisnard	3-m.	281	6	A	35	»		»	DCV.
15	» » -DUNKERQUE, Morel	c.-m.	74	6	P	37	»	cc.	Vannes.	
16	» » -GUATIMALA, Neuts	br.-g.	150	4	A	26	»		Havre.	GRDCV 36.
17	» » -LA-GUAYARA, Papin	brick.	150	5 «	A	34	»		»	DCV.
18	» » -LA-MANCHE, Ker	c.-m.	74	5 «	G	35	»	cc.	Locmariaque	
19	» » -LA-MARTINIQUE, Abry	brick.	212	4 «	A	25	»		Nantes.	DZ 31.
20	» » -LA-SEINE-INFÉRIEURE, Bonzan	»	483	6 «	A	35	»	cc.	Rouen.	DCV 38.
21	» » -LISBONNE, Grandin	»	464	2 «	G	13	»		Nantes.	
22	» » -MANILLE, Geoffroi	3-m.	350	5 «	L	29	»		Bordeaux.	RDCV 33.
23	» » -MIQUELON, Bucaille	»	142	2 «	G	16	»		St.-Malo.	
24	» » -MONTEVIDEO, Sergent	brick.	240	4	A	29	»		Bordeaux.	DZ 35.
26	» » -NANTES, Blanchet	»	207	4	A	20	»		St.-Malo.	DZ 29.
26	» » -RANCE, Leroy	»	104	6 «	A	37	»		Dinan.	Dbrz 38.

1	COURRIER-DE-RIO, Blond	3-m.	187	4	A	1827	Frç.		Nantes.	RDCV 32.
2	» -DE-ROUEN, Martin	c.-m.	114	5	G	34	»	cc.	Vannes.	
3	» » » Rousse	dog.	81	6	G	36	»		Rouen.	
4	» » -ST.-DENIS, Gautier	3-m.	362	5	L	28	»		Nantes.	Dbrz. Ft 34.
5	» » -ST.-PAUL, Fiteau	»	380	5	L	28	»		»	DCV 33.
6	» » -ST.-PIERRE, Lebesque	brick.	104	6	A	37	»	cc.	Dinan.	Dbrz.
7	» » -TERRENEUVE, Elloye	»	130	3	A	14	»		St.-Malo.	GR 27, 38; DZ 38.
8	» » -TEMPICO, Goise	br.-g.	150	5	A	35	»		Bordeaux.	DCV.
9	» » -LANOUVELLE, Rouquette	bat.	29	3	P	17	»	cc.	La Nouvelle.	
10	» » -VERACRUZ, Bolabratz	brick.	150	4	A	22	»		Bordeaux.	GRDCV 35.
11	» » » Guidon	3-m.	250	4	A	22	»		« »	DCV.
12	» -DES-ANTILLES, Themoy	brick.	197	6	A	35	»		St.-Malo.	BZ 35.
13	» -DES-INDES, Béliard	3-m.	416	4	L	22	»		Havre.	DVC 34.
14	» -DU-CONQUET, Pommelec	brick.	165	6	G	37	»		Brest.	
15	» » -BANC, Bichet	»	156	5	G	34	»		Dieppe.	
16	» » -BRÉSIL N° 1, Grimart	»	161	4	A	25	»		Bordeaux.	DCV 29.
17	» » » N° 3, Roturier	»	162	4	A	29	»		« »	DCV 30.
18	» » -FORT-ROYAL, Maréchal	»	184	3	A	18	»		»	DCV 28.
19	» » -HAVRE, Labbé	»	74	4	G	25	»		»	
20	» » -MIDI, Amice	»	137	4	G	26	»		Nantes.	
21	» » -MOULE, Milh	»	229	4	A	25	»		Havre.	DCV 37.
22	» » -NORD, Vincent	»	170	6	G	38	»		Dunkerque.	
23	» » -SÉNÉGAL	br.-g.	78	5	G	32	»		Bordeaux.	
24	COUSIN, Lebourgeois	3-m.	391	5	L	29	»		Cherbourg.	DCV 36.
25	CROGNOLINO, Revello	trbc.	104	4	G	29	Rom.	cc.	Ancône.	
26	» Tiozzo	»	100	2	P	23	Autr.	cc.	Venise.	
27	CRÉOLE, Boussée	3-m.	250	4	L	24	Frç.		Bordeaux.	DCV 37, GR 38.

1	CRISTOFORO-COLOMBO, Costa....	brick.	216	4	A	1829	Srd.		Gênes.	DCV.
2	» » Parodi..............	»	187	4	A	25	»		»	DZ 34.
3	CROCIFISSO-E-TRINITA, Diluca..	bb.	90	3	P	16	Npl.	cc.	Gaeta.	
4	CROCIFIX, Delonis..............	blc.	65	4	P	26	»		»	
5	CROIX-DU-SUD, Leclairq........	3-m.	350	2	A	00	Frç.		Havre.	RDCV 35.
6	CUORE-DELL'AMICI, Assante....	brick.	282	5	G	29	Npl.	cc.	Naples.	
7	CUPIDO, Maresca N..............	»	273	5	G	33	»		»	
8	» Ucropina..................	»	398	5	A	31	Autr.		Trieste.	DCV 31.
9	CURIEUSE, Blanc................	goel.	91	5	A	30	Frç.		Marseille.	DZ 37.
10	CURIEUX, Batman................	brick.	208	4	A	27	»		Dunkerque.	GRDCV 37.
11	CYBÈLE, Guibert................	»	200	3	A	18	»		Paimpol.	GR 28, DZ 29.
12	CYCLOPE, Lafont................	»	218	4	A	26	»		Bordeaux.	GRDCV 36.
13	CYGNE, Chausse.................	3-m.	303	4	L	27	»		Marseille.	DCV 35.
14	» Piel.........................	brick.	79	6	G	34	»		Granville.	
15	» Roullet......................	»	120	6	G	34	»		Bordeaux.	
16	CYRUS, Ledo....................	»	193	4	L	23	»		»	DCVFt 26.
17	CZAR-PIERRE, Ribaux...........	»	170	5	A	30	»		Rouen.	DZ 31.
18	CZARINE, Bardout...............	loug.	75	4	P	27	»		Nantes.	
19										
20										
21										
22										
23										
24										
25										
26										
27										
28										

C

1	
2	
3	
4	
5	
6	
7	
8	
9	
10	
11	
12	
13	
14	
15	
16	
17	
18	
19	
20	
21	
22	
23	
24	
25	
26	
27	
28	

C

1		1
2		2
3		3
4		4
5		5
6		6
7		7
8		8
9		9
10		10
11		11
12		12
13		13
14		14
15		15
16		16
17		17
18		18
19		19
20		20
21		21
22		22
23		23
24		24
25		25
26		26
27		27
28		28

C

1
2
3
4
5
6
7
8
9
10
11
12
13
14
15
16
17
18
19
20
21
22
23
24
25
26
27
28

1	**Daly**, Pichard	3-m.	250	4	L	1826	Frç.		Bordeaux.	R 32 34, DCV 34.
2	**Danese**, Stella	brick.	210	4	A	30	Srd.		Gênes.	DCV 36.
3	**Daniel-Aimée**, Bavilly	loug.	60	3	P	25	Frç.		Nantes.	
4	**Daniele**, Denegri	brick.	213	6	G	34	Srd.		Gênes.	
5	**Danubio**, Razetto	br.-g.	89	2	P	20	»		»	
6	**Darius**, Crelich	brick.	288	3	G	00	Autr.		Fiume.	GR 31, 34.
7	**Dauphin**, Azibert	ttn.	67	5	P	34	Frç.	cc.	Nouvelle.	
8	» Bonnetard	dog.	77	4	G	27	»		Cherbourg.	
9	» Lecarré	c.-m.	75	5	G	33	»	cc.	Port-Navalo	
10	» Lesene	brick.	116	4	G	24	»		St.-Malo.	
11	» Taynac	br.-g.	79	R		00	»		Bordeaux.	GR 31.
12	**David**, Dillars	brick.	143	2	G	12	»		St.-Servan.	GR 32, R 33.
13	» -**Henri**, Gimié	ttn.	75	6	P	34	»		Marseille.	
14	**Davide**, Piozzo	brick.	133	2	G	14	Srd.	cc.	Gênes.	
15	» Ropetto	»	171	3	G	19	»		»	
16	**Dea-Pallade**, Capuro	»	175	4	A	26	»		»	DCV 35.
17	» Pana	»	172	2	G	20	Ion.		Cafalonie.	
18	**Décidé**, Flamand	br.-g.	110	4	G	24	Frç.		Dieppe.	GR 35.
19	» Tricard	3-m.	164	3	A	05	»		Granville.	GRDZ 36.
20	**Decoro**, Magud	brick.	218	4	G	25	Autr.	cc.	Raguse.	
21	**Dedalo**, Buselo	»	343	5	G	29	»	cc.	Venise.	
22	» Matarese	chbc.	74	3	P	18	Npl.	c.	Naples.	
23	**Delfino**, Capello	goel.	89	4	G	28	Tsc.	cc.	Livourne.	
24	» Pietra, Negro	brick.	178	4	A	22	Srd.		Gênes.	DZ 34.
25	» Scotto, di Galletta	»	260	3	G	19	Npl.		Naples.	
26	**Delir**, Boju	c.-m.	76	5	G	34	Frç.		Nantes.	
27	**Delire**, Maristani	brick.	130	5	G	34	Esp.	cc.	Barcelonne.	
28	**Delisia**, Mir	»	180	6	A	35	»	cc.	»	

1	**Delphine**, Bouin	brick.	67	3	P	1820	Frç.		Nantes.	GR 32.
2	» Chauvelon	dog.	78	4	G	27	»		»	
3	» Doublet	3-m.	324	4	L	20	»		Havre.	GR 32, RDZ 34.
4	» Laviale	goel.	100	6	G	37	»	cc.	Agde.	
5	» Rappon	ttn.	29	4	P	20	»	c.	Antibes.	
6	**Delta**, Raumier	brick.	236	4	A	25	»		Marseille.	DCV 33.
7	**Démosthène**, Coggia	»	210	3	G	23	Grec.		Tino.	
8	» Codjia	»	320	4	G	24	Rss.		Odessa.	
9	» Jadrossich	»	326	3	G	16	Autr.	cc.	Fiume.	
10	**Denis**, Amène	»	117	3	A	21	Frç.		Marseille.	DZ 33, R 35.
11	» Gaubert	ttn.	43	4	P	27	»	cc.	Nouvelle.	
12	**Denise**, Thébauld	3-m.	287	6	L	34	»		Nantes.	Dbrz.
13	**Desiderato**, Cammillieri	cutt.	41	R		1795	Rom.		Ct-Vecchia.	
14	**Desiderio**, Tixe	brick.	156	3	G	1820	Srd.		Gênes.	
15	**Désir**, Brest	»	199	4	G	29	Frç.		Marseille.	GR, 38.
16	» -de-la-Paix, Leluc	ct-m.	74	5	P	31	»		Auray.	
17	**Désirée**, Briand	brick.	176	2	G	15	»		Binic.	GR 32.
18	» Demestric	dog.	92	R		22	»		Dunkerque.	
19	» Durand	c.-m.	60	3	P	26	»		Nantes.	
20	» Letimbre	brick.	151	5	G	33	»		St-Malo.	
21	» Thomaseau	c.-m.	70	2	P	14	»	cc.	Vannes.	
22	» Trevedick	»	70	4	P	15	»		»	GR 37.
23	» -Ste.-Anne, Gibert	bat.	48	4	P	24	»	cc.	Narbonne.	
24	**Destin**, Mouton	brick.	288	4	L	26	»		Marseille.	
25	» Postel	dog.	71	3	P	14	»		Dunkerque.	GR 22.
26	**Destina-Filiće**, Villa	brick.	180	6	A	37	Srd.		Gênes.	DCV.
27	**Deux-Adèle**, Damiens	»	171	4	G	27	Frç.		Nantes.	
28	» -Adolphe, Martin	br.-g.	147	6	G	34	»		»	

1	DEUX-AIMÉE, Barbes	brick.	76	3	A	1816	Frç.		Nantes.	GR 30, R 33
2	» -AIMABLES-SOEURS, Granier.	bb.	96	3	P	21	»		Cette.	
3	» -AMÉLIE, Masse	brick.	198	4	A	21	»		Marseille.	DCV 29.
4	» -AMIS, Damand	dog.	84	2	P	14	»		Havre.	R. 17.
5	» » Descamps	»	70	3	P	19	»		Tourville.	
6	» » Ferret fils	gls.	68	4	P	09	»		Charente.	Rect. 32.
7	» » Fournaire	bat.	29	4	P	22	»		La Seyne.	Allg. 34.
8	» » Gravereau	3-m.	311	4	L	27	»		Bordeaux.	GRDCV. 37.
9	» » Imbert	brick.	79	2	P	16	»	cc.	Noirmoutier	GR 26, 31.
10	» » Joli	bsq.	78	5	P	30	»		La Hougue.	
11	» » Leberigot	loug.	79	4	P	26	»	cc.	Vannes.	
12	» » Leconniat	brick.	116	3	G	14	»		Dunkerque.	
13	» » Leflock		85	3	G	24	»		Hennebon.	
14	» » Maréchal	dog.	88	4	G	14	»		Dunkerque.	Alg. GR 25, 33.
15	» » Pastour	bat.	54	4	G	29	»	cc.	Marseille.	
16	» » Sabatini	pinque	83	2	P	14	»		Bastia.	R. 32.
17	» » Valot	tln.	55	R		00	»		Agde.	
18	» -ANNETTE, Marin	bat.	28	4	P	27	»		St.-Maxime.	
19	» -AUGUSTE, Icard	brick.	225	4	A	24	»		Marseille.	R. 35, DZ. 34.
20	» -BEAUX-FRÈRES, Gibert	tln.	43	3	P	14	»	cc.	La Nouvelle.	
21	» -COUSINES, Folange	brick.	138	4	A	27	»	cc.	St.-Malo.	DZ.
22	» » Mancel	alg.	83	6	G	30	»		Arles.	
23	» -COUSINS, Cavoti	br.-g.	89	4	A	16	»		Marseille.	GRDZ 37.
24	» » Lachaud	»	130	6	G	37	»	cc.	Agde.	
25	» -ÉDOUARD, Legoanic	brick.	110	6	G	35	»		Nantes.	
26	» » Merelle	»	150	4	A	24	»		Bordeaux.	GR 37, DCV. 35.
27	» -ÉMILIE, Hédouin	»	94	4	G	27	»		Nantes.	GR 31, 34, 35.

1	Deux-Emilie, Gambié	brick.	201	5	G	1831	Frç.		St.-Malo.	
2	» » Turbé	»	140	6	G	36	»		La Rochelle.	
3	» -Fanny, Saillant	»	123	4	G	19	»		Nantes.	GRDZ 38.
4	» » Satre	»	214	4	L	26	»		»	DZ 31.
5	» -Frères, Aussant	»	76	3	P	21	»		Oleron.	
6	» » Barbay	göel.	75	4	P	22	»		Trouville.	
7	» » Benigi	bb.	72	4	P	19	»	cc.	Ajaccio.	GR 38.
8	» » Bibault	brick.	165	4	G	26	»		Granville.	
9	» » Bourget	c.-m.	111	6	G	35	»	cc.	Auray.	
10	» » Collet	slp.	59	2	P	09	»	cc.	Honfleur.	R 33.
11	» » Dupont	brick.	181	4	G	26	»		Marseille.	DZ 30.
12	» » Guichon	»	222	4	L	20	»		Bordeaux.	DCV 35.
13	» » Lébat	göel.	104	4	G	26	»		Bayonne.	
14	» » Morel	br.-g.	102	4	G	26	»	c.	Dunkerque.	
15	» » Percet	göel.	84	6	G	37	»		Honfleur.	
16	» » Perronet Fçois.	bb.	78	3	P	10	»	cc.	Cette.	R 36.
17	» » Perronet	br.-g.	108	6	G	36	»	cc.	»	
18	» » Rivière	c.-m.	61	5	P	30	»		Nantes.	
19	» » Rouquette	ttn.	75	6	P	37	»	cc.	Gruissan.	
20	» » -unis, Bureau	loug.	75	4	P	29	»		Nantes.	
21	» » » Leport	c.-m.	75	5	P	30	»		Vannes.	
22	» » » Stephani	»	78	4	P	29	»	cc.	Port-Navalo.	
23	» -Henriette, Garagnon	br.-g.	185	4	A	26	»	cc.	Marseille.	DCV.
24	» -Heureuses-Soeurs, Michon	ttn.	54	6	P	33	»		Toulon.	
25	» -Joseph, Brun	blc.	29	6	P	36	»		Marseille.	
26	» -Julie, Guegen	br.-g.	155	3	G	24	»		St.-Malo.	
27	» -Marie, Courtois	brick.	173	6	G	37	»		»	
28	» -Mathilde, Sarazin	»	130	6	A	37	»		Bordeaux.	DCV.

1	DEUX-MÉLANIE, Robert	brick.	143	4 «	G	1823	Frç.		Nantes.	
2	» -PAULINE, Blondel	»	72	4 «	G	23	»		Marenne.	
3	» -ROSALIE, Galant	br.-g.	75	5 «	G	35	»		Vannes.	
4	» -Stes-MARIE, Montagnie	bat.	40	4 «	P	26	»	cc.	Agde.	
5	» -SOEURS, Allies	bb.	50	3 «	P	12	»	cc.	Cannes.	
6	» » Azibert	blr.	55	5 «	P	30	»		Nouvelle.	
7	» » Brindjone	3-m.	334	4 «	A	28	»	cc.	Havre.	
8	» » Coste	goel.	99	5 «	G	32	»		Honfleur.	GR 30, RDZ 34.
9	» » Deconihout	»	79	5 «	G	32	»		Rouen.	
10	» » Lefranc	brick.	116	6 «	G	34	»		Vannes.	
11	» » Martin	ttn.	61	4 «	P	16	»	cc.	Antibes.	
12	» » Mourre	br.-g.	46	2 «	P	16	»		Cannes.	Rect. 37.
13	» » Pedemonde	ttn.	60	6 «	P	36	»		Toulon.	
14	» » Pillard	brick.	133	2 «	A	04	»		St-Malo.	
15	» » Rebaut	ttn.	55	5 «	P	29	»		Toulon.	GR 27, R 36, DZ 34.
16	» » Rivière	c.-m.	61	4 «	P	24	»	cc.	Nantes.	
17	» -FORTUNÉES, Martin	ttn.	30	5 «	P	29	»		Antibes.	Ex *Théodore*.
18	» -UNIES, Cadiou	gls.	66	2 «	P	18	»	cc.	Havre.	
19	» » Videau	dog.	79	3 «	G	12	»		Bordeaux.	
20	» -SOPHIE, Roso	brick.	183	4 «	G	26	»		Vannes.	GR 30.
21	DEY'D'AMA, Rabot	»	260	6 «	A	35	»	cc.	Bordeaux.	
22	DIAMANT, Lachaud	»	288	4 «	L	27	»		Marseille.	DCV.
23	DIANA, Guirovich	br.-g.	110	4 «	A	26	Tsc.		Livourne.	TGR 34, RDCV 38.
24	» Mazzino	brick.	235	4 «	G	27	Srd.	cc.	Gênes.	GRDCV 32.
25	» Muro	»	224	4 «	G	25	Npl.		Prosceda.	
26	DIANE, Gautreau	3-m.	285	6 «	L	34	Frç.		Nantes.	
27	» Irelande	»	450	6 «	L	37	»		Bordeaux.	DCV.
28	DIATI, Jacqué	tr.-m.	65	6 «	P	35	Esp.	cc.	Villaréal.	DCV.

1	Dichose-e-S.-Jose, Aveno		br.-g.	65	5 «	P	1830	Esp.	cc.	Villageoso.	
2	Dieppois, Morrut		brick.	225	4 «	G	27	Frç.		Dieppe.	
3	Diligent, Bessac		c.-m.	76	5 «	G	31	»		Nantes.	
4	» Chevallier		br.-g.	60	4 «	P	00	»		Pontrieux.	Rct. 34.
5	» Darvois		brick.	180	3 «	A	27	»		Bordeaux.	Faible. DCV.
6	» Frappaz		3-m.	299	4 «	L	15	»		Havre.	GR. 32, 35, DCV 37. «
7	» Légier		alg.	116	4 «	P	20	»		Arles.	
8	» Lesjonec		c.-m.	59	3 «	P	16	»		Douarnenez.	
9	» Lespinec		tin.	48	4 «	P	28	»	cc.	Bandol.	
10	» Picault		loug.	98	5 «	G	33	»	cc.	Auray.	
11	» Risoulier		bat.	39	4 «	P	27	»		Narbonne.	
12	» Rochard		brick.	131	5 «	G	14	»		St-Brieux.	Rct. 38.
13	Diligente, Brussano		»	366	3 «	G	18	Npl.		Naples.	
14	» Crozan		br.-g.	124	4 «	G	28	Frç.	cc.	Douarnenez.	
15	» Fedrigo		3-m.	300	6	A	34	Autr.		Trieste.	DCV.
16	» Ferrari		brick.	130	3 «	G	20	Srd.	cc.	Gênes.	
17	» Gamba		»	130	3 «	G	22	»		»	
18	» Grantiago		»	150	5 «	A	32	Esp.		Barcelonne.	DCV.
19	» Grasso		»	80	3 «	P	24	Srd.		Gênes.	
20	» Repetto		»	200	4 «	G	24	»		»	
21	» Rizzo		»	150	4 «	A	24	Scl.		Palerme.	
22	Dinannais, Miguot		»	151	5 «	G	35	Frç.	cc.	Dinan.	
23	Diomède, Jancich		»	240	5 «	G	29	Rss.		Odessa.	
24	Dion, Ferrat		»	180	5 «	A	32	Esp.		Mayorque.	DCV.
25	Dioniza, Zurtarga		»	152	4 «	A	27	»		St.-Ander.	DCV.
26	Diophante, Guenego		c.-m.	61	4 «	P	1780	Frç.	cc.	Vannes.	Rect. 36.
27	Dio-Providò, Bramellat		bat.	30	3 «	P		Srd.		Gênes.	
28	Dispachio, Sbutega		goel.	180	3 «	A	1815	Autr.		Trieste.	DCV.

1	**Distinto**, Giadrosich	brick.	147	3	G	1815	Autr.		Trieste.	
2	» Massone	»	200	5	G	34	Srd.		Gênes.	DCV
3	» Tarabotto	»	150	4	G	24	»	cc.	»	
4	**Discori**, Goicovich	»	375	3	G	19	Autr.		Trieste.	
5	**Divina-Providenzia**, Cianna	bb.	107	4	P	26	Tsc.		Livourne.	
5	» » Cosulich	br.-g.	117	3	G	19	Autr.		Venise.	Alg, R 32.
7	» » De Stefani	trbc.	74	3	P	20	Rom.	cc.	Ancône.	R 35.
8	» » De Traponi	brick.	218	3	G	18	Npl.		Naples.	
9	» » Guillemo	bb.	61	3	P	25	Srd.	c.	Gênes.	
10	» -**Volere**, Assante	brick.	270	6	G	36	Npl.		Naples.	
11	**Divine-Providence**, Baussier	»	206	4	A	24	Frç.		Marseille.	DZ.
12	» » Bellagamba	bat.	46	3	P	18	»		Bastia.	GR 30.
13	» » Cavaillon	tln.	71	5	P	19	»		Arles.	
14	**Docile**, Pretrina	brick.	214	3	A	12	Autr.		Raguse.	GRDZ 31, R 36.
15	**Dolce-Nombre-de-Maria**, Bibenas	bat.	42	3	P	01	Esp.	cc.	Villageoso.	Rct. 32.
16	**Dolmant**, Floch	brick	145	6	G	34	Frç.		Morlaix.	
17	**Dolorue**, Agosto	goel.	66	6	P	34	Esp.		St.-Julien.	
18	» Avegno	blc.	48	5	P	31	»		Malaga.	
19	**Doloratta**, Bertuolence	bb.	130	4	A	26	Srd.		Loano.	DDZ 35.
20	**Dominante**, Rossi	brick	113	5	G	31	Autr.		Trieste.	
21	**Dominique-Eugène**, Gasquet	»	134	2	A	18	Frç.		Marseille.	DCV 32, R 35, 38.
22	**Dom-n'Ader**, Radice	»	110	6	A	37	»		»	DZ 38.
23	**Don-de-Dieu**, Caffornie	cs-m.	75	4	P	26	»	cc.	Sarzeau.	
24	» Lorho	»	62	2	P	12	»		Méans.	R 28.
25	**Dorade**, Darlan	goel.	79	5	G	33	»		Bordeaux.	
26	» Dubosc	gls.	74	2	P	18	»		Rouen.	R 32, 33.
27	» Languigne	br.-g.	77	3	P	23	»		Calais.	

1	**Dorade**, Lebesque	brick	131	4	A	1825	Frç		Nantes.	DZ 37.
2	» Poisson	goel.	63	5	P	33	»		Sables.	
3	» Vanboutte	»	149	4	G	27	»		Dunkerque.	GR 37.
4	**Dordogne**, Leroy	3-m.	300	4	L	27	»		Bordeaux.	GRDCV 33.
5	**Doré-et-Antoinette**, Girard	ttn.	55	6	P	34	»	cc.	Antibes.	
6	**Dorilos**, Dodero	brick	116	3	P	18	Srd.	cc.	Gênes.	
7	**Dorothea**, Millet	»	88	6	A	34	Esp.		Barcelonne.	DCV.
8	» Radimiri	»	260	4	G	25	Aut.	cc.	Fiume.	
9	**Dos-Amigos**, Alba	»	140	3	G	20	Esp.		Barcelonne.	
10	» » Cauto	bri-g.	80	6	P	34	»		Ivice.	
11	» -**Dossilher**, Popavich	brick	280	5	P	31	Autr.		Trieste.	
12	» -**Hermanos**, Calafell	br.-g.	90	3	P	12	Esp.		Barcelonne.	Roct. Exb. 32.
13	» » De Etchevarria	loug.	100	5	G	31	»		St-Ander.	
14	» -**Marias**, popovich	brick	180	3	G	28	»		Cadix.	
15	**Dossetery**, Cernogorcevich	»	318	4	G	13	Autr.		Triestre.	GR 35.
16	**Doucereuse**, Lebaron	c.-m.	74	4	G	25	Frç.	cc.	Vannes.	
17	**Dous-Irmaos**, Pestana	br.-g	108	4	G	28	Ptg.		Libonne.	
18	**Doux-Zéphyr**, Chauvelon	c.-m.	79	3	G	26	Frç.		Nantes.	
19	**Dragos**, Obilovich	brick	398	5	A	29	Autr.		Trieste.	DCV,
20	**Dramadorio**, Vidolich	»	363	5	G	29	»	cc.	Fiume.	
21	**Druide**, Agasse	»	192	6	G	38	Frç.		Rouen.	
22	» Marzin	»	165	6	G	35	»		Morlaix.	
23	**Dryas**, Postel	»	230	4	G	26	»		Hayre.	DZ 38,
24	**Duc-d'Aumale**, Duquesne	»	171	6	G	37	»		St-Valery.	
25	» » Ricoux	»	246	4	A	26	»		Marseille.	DCV 36.
26	» -**d'Orléans**, Garnier	»	140	5	A	30	»		Honfleur.	DZ.
27	» » Bally	3-m.	445	5	L	31	»		Granville.	DCV.
28	» -**de-Reichtadt**, Fourmentin	br.-g.	80	5	G	36	»	cc.	Dunkerque.	

1	DUC-DE-TRÉVISE, Gillard.	brick.	144	6	G	1836	Frç.		Dunkerque.	. . . . . .
2	DUCA-DE-SUSSEX, Dessutovich.	»	129	4	G	26	Tsc.	cc.	Livourne. .	. . . . . .
3	» -DI-GENOVA, Ardito . . .	»	190	3	E	20	Srd.		« Gênes. . .	. . . . . .
4	» » -LEOPOLDO, Piaggio. .	»	260	6	A	34	»		»	DCV. . .
5	» » -REICHTADT, Medanich.	»	260	3	G	20	Autr.		Trieste. .	GR 31.
6	» » » Morteo.	»	220	3	G	20	Srd.		Gênes. . .	. . . . . .
7	» » -SAVAJO, Bacigalupa	»	320	4	G	26	Autr.		Trieste. . .	GR 35.
8	DUCHESSE-ANNE, Lozach.	»	174	4	G	25	Frç.		Morlaix. . .	. . . . . .
9	» -D'ORLÉANS, Vagnon.	3-m.	260	5	G	37	»		« Rouen. . .	. . . . . .
10	DUCONÉDIC, Barbedienne.	»	300	6	L	37	»		-Havre. . .	Dbrz 37. .
11	DUE-AMICI, Galiardi	trb.	122	6	P	34	Rom.	cc.	Ancône. . .	. . . . . .
12	» » Gairola.	brick.	197	5	G	34	Srd.	cc.	-Gênes. . .	. . . . . .
13	» » Raveno	-bb.	64	2	P	16	»	c.	»	. . . . . .
14	» » Schiaffino	brick.	117	4	G	27	Tsc.		Livourne. .	. . . . . .
15	» » Tarobotto.	»	108	4	G	24	Srd.	cc.	« Gênes. . .	. . . . . .
16	» -CUGINI, Famular	»	351	5	G	36	Angl.		-Malte. . .	. . . . . .
17	» » Pavani.	trbc.	92	5	P	28	Rom.		-Ancône. .	. . . . . .
18	» -FRATELLI, Bernatti.	br.-g	100	6	G	37	Tsc.		Livourne. .	. . . . . .
19	» » Carmarotta.	brick.	350	2	G	35	Npl.		Naples. . .	. . . . . .
20	» » Guovanni	»	240	6	G	37	Srd.	cc.	« Gênes. . .	. . . . . .
21	» » Maresco J.-Bte.	3-m.	300	5	A	34	»		« »	DCV 38. .
22	» » Mivaro.	brick.	155	4	G	32	Grec.	cc.	« Syra. . . .	. . . . . .
23	» » Scotto	»	269	3	G	20	Npl.		« Naples. . .	. . . . . .
24	» » Tancredi.	br.-g.	94	5	G	33	Tsb.		Livourne. .	. . . . . .
25	» -JOMELLI, Diego.	»	200	4	G	26	Scl.		Messine. . .	. . . . . .
26	» -DI-LEVANTE, Puradi	brick.	101	4	G	25	»		« »	. . . . . .
27	» -LUGLIA, Fontana.	»	100	4	G	29	Srd.		-Gênes. . .	. . . . . .
28	» » Fontana.	»	175	6	A	38	»		»	DZ

1	DUE-MARIA, Magiovelli	bat.	58	4	P	1827	Tsc.		Livourne.	
2	» » Matenaro	br.-g.	78	6	G	37	Srd.		Gênes.	
3	» -SORELLA-ENRICHETTA-ELEDINA, Moussion	»	110	4	G	28	»	cc.	Spezzia.	
4	» -SORELLI, Bosio	3-m.	330	6	L	36	»		Gênes.	DCV.
5	» » Calluro	bb.	68	6	P	35	Scl.		Palerme.	
6	» » Campiano	brick.	80	3	G	28	Srd.		Cance.	
7	» » Goachetti	»	217	5	G	33	Rom.		Ancône.	
8	» -THERESA, Degregori	»	190	6	G	37	Srd.		Gênes.	
9	DUGUAY-TROUIN, Roussel	»	200	4	G	17	Frç.	cc.	St.-Malo.	GR 27, 30, 33, DZ 37.
10	DUGUESCLIN, Guyon	»	120	4	G	25	»		Nantes.	
11	DULCE-NOMBRE-DE-JESUS, Echezeiria	c.-m.	54	4	P	28	Esp.		Bilbao.	
12	DULCINEA, Menchaca	brick.	216	4	G	28	»		S.-Ander.	
13	DUNKERQUOISE, Lecosanel ou Radou	3-m.	353	4	L	28	Frç.		Havre.	DCV.
14	DUPERRÉ, Guizo	brick.	205	1	A	15	»		Marseille.	TGR 34, GRDZ 37.
15	DUQUESNE, Duteau	3-m.	300	3	L	19	»		Cherbourg.	DCV 28.
16	» Vivier	goel.	112	6	G	36	»		Dieppe.	
17	DUSAN, Spagnolo	3-m.	400	5	G	29	Autr.	cc.	Trieste.	
18	DUVIVIER, Giraud	»	201	6	L	37	Frç.		Rochefort.	DCV.
19										
20										
21										
22										
23										
24										
25										

1	
2	
3	
4	
5	
6	
7	
8	
9	
10	
11	
12	
13	
14	
15	
16	
17	
18	
19	
20	
21	
22	
23	
24	
25	
26	
27	
28	

1
2
3
4
5
6
7
8
9
10
11
12
13
14
15
16
17
18
19
20
21
22
23
24
25
26
27
28

1	ECCE-HOMO, Camarota	brick.	230	3	G	1825	Npl.		Naples.	
2	» » De Napolli	»	136	3	G	26	Scl.		Palerme.	
3	» » Pinelli	»	125	3	G	14	»		»	
4	» » Rallo	bb.	155	2	P	01	»		»	
5	» » Vadalla	brick.	82	3	P	25	»		Messine.	
6	ECCO-LA-BELLA-TERESA, Fava	»	105	6	P	34	Srd.	cc.	Gênes.	
7	ECLAIR, Mainier	»	240	3	L	13	Frç.		Havre.	GRDCV 36.
8	ECLIPSE, Blanchard	»	195	3	A	17	»		Marseille.	GR 35, DCV 36.
9	» Leroy	»	129	6	G	34	»	cc.	Bordeaux.	
10	» Trubert	goel.	134	6	A	35	»		Havre.	DCV 36.
11	ECLISSE, Milonovich	brick.	333	5	G	30	Autr.	c.	Trieste.	
12	ECO, Guerry	goel.	60	4	P	29	Tsc.		Livourne.	GR 33.
13	ECONOMIA, Cerda Rafaël	brick.	137	3	A	24	Esp.		Mayorque.	DCV 35.
14	ECONOMIE, Grenier	»	160	4	G	25	Frç.		Cette.	
15	» Juchel	»	78	4	G	26	»		St.-Malo.	
16	» Maignan	»	188	4	G	26	»		»	
17	EDITH, Sire	3-m.	223	6	L	38	»		Nantes.	DCV 38.
18	EDME, Evrard	dog.	79	4	G	18	»		Dunkerque.	Alg. 24, GR 33.
19	EDMOND, Audibert	3-m.	307	3	A	15	»	cc.	Cette.	RDZ 34.
20	» Bernard	brick.	174	5	G	28	»	cc.	Nantes.	
21	» Chaudière	3-m.	446	6	L	33	»		Granville.	DCV.
22	» Duchêne	brick.	78	2	G	17	»		Paimpol.	DZ 33.
23	» Harry	loug.	67	4	P	24	»		Sables.	
24	» L'hoste	brick.	127	4	G	24	»		Rouen.	
25	» Mestre, fils	3-m.	287	2	L	15	»		Bordeaux.	DCV 28.
26	EDOUARD, Alix	brick.	192	4	G	05	»		Granville.	GR 37.
27	» Avril	»	222	4	G	25	»		St.-Servan.	
28	» Barbe	»	152	6	G	35	»		Nantes.	

1	EDOUARD, Chapu	loug.	92	5	G	1828	Frç.		Charente.	
2	» Clémence	3-m.	291	4	A	63	»		Havre.	GR 28, 35; DCV 32.
3	» Cordier	gls.	117	4	G	27	»		Dunkerque.	
4	» Duram	3-m.	294	5	L	28	»		Bordeaux.	DCV.
5	» Jouenne	br.-g.	79	3	G	25	»		Brest.	
6	» Mehonas	brick.	78	4	G	27	»		St-Malo.	
7	» Mériadec	[illegible]	156	6	A	35	»		Bayonne.	DZ 38.
8	» Negret	3-m.	313	5	A	31	»		Dunkerque.	DCV. 33.
9	» Poissonnier	brick.	113	4	G	25	»		Dieppe.	
10	» -JOSEPH, Turbé	loug.	77	3	G	26	»		Marennes.	R 33.
11	» -LAURE, Petit	brick.	181	5	G	29	»		Bayonne.	
12	» -MARIE, Dupart	»	75	6	G	35	»		St-Malo.	
13	» -ET-MARIA, Barraud	»	148	6	A	36	»		Bordeaux.	DCV.
14	EFTICHI, Laleko	»	90	3	P	30	Grec.	cc.	Hydra.	
15	» Minakoudi	»	135	5	G	35	»	cc.	Cassos.	
16	EFTICHIA, Tavernaki	»	90	4	P	32	»	cc.	Syra.	
17	EGERIA, Roman, Alva	goel.	100	3	A	23	Esp.		Barcelonne.	DZ 38.
18	EGIDE, Peltier	3-m.	335	4	L	24	Frç.		Nantes.	RDCV 33.
19	EGLANTINE-MARIE, Dexamondy	brick.	85	5	G	28	»		»	DZ 35.
20	EGLÉ, Tortel	»	117	3	A	21	»		Marseille.	GR 35, DZ 33.
21	EGYPTIEN, Blanc	»	220	5	A	30	»		»	DCV 32.
22	EHISIAS, Vassilato	»	190	5	G	29	Rss.		Odessa.	
23	ELENA, Crisch	»	217	4	G	22	»		»	
24	» Dabinovich	3-m.	280	4	G	24	Autr.		Trieste.	
26	» Gigni	»	100	5	G	32	Grec.	c.	Spezzia.	
26	» Lauro	br.-g.	162	4	G	26	Rss.		Odessa.	
27	» Villissevich	brick.	256	3	G	18	»		»	
28	» -ET-GIORGIO, Macopata	»	150	4	G	27	»		»	

1	ELÉONORE, Oliva	brick.	112	3	G	1825	Esp.		Ste-C. de Tén	
2	ELEZÉAR, Dattie	alg.	123	6	G	32	Frç.		Arles.	
3	ELIE-MARIE, Joubert	c.-m.	72	2	P	18	»		Binic.	
4	» -NICOLAS, Jaumel	brick.	180	6	A	37	»		Marseille.	DCV.
5	ELISA, Audier	bat.	37	6	P	37	»	cc.	Martigues.	
6	» Bouget	brick.	230	1	A	08	»		St.-Malo.	GRDZ 28.
7	» Darlan	goel.	70	4	G	11	»		Bordeaux.	GR 27, 35.
8	» Diraison	brick.	136	6	G	34	»		Landerneau	
9	» Driand	dog.	62	2	P	17	»		Cherbourg.	
10	» Flock	goel.	70	4	P	23	»		Morlaix.	GR 37.
11	» Flouet	loug.	70	5	P	34	»		St.-Valery.	
12	» Giteau	ttn.	63	5	P	32	»	cc.	Agde.	
13	» Hathaway	3-m.	492	6	L	34	»		Havre.	DCV.
14	» Leroux	goel.	78	2	P	17	»	cc.	Sarzeau.	
15	» Lestonnat	3-m.	285	3	L	28	»		Bordeaux.	DCV 35.
16	» Morachon	ttn.	30	3	P	16	»		Toulon.	R 32.
17	» Odié	»	90	6	P	37	»		Martigues.	
18	» Rodrigues	3-m.	200	5	A	32	Esp.		Malazan.	DCV 37.
19	» Roussel	brick.	136	6	G	36	Frç.	cc.	Auray.	
20	» Spanet	»	167	2	A	16	»		Marseille.	DZ 35, R 34.
21	» -ERNEST, Bigue	br.-g.	79	6	G	37	»		La Rochelle.	
22	» -MARIA, Bourge	brick.	79	6	G	35	»		St.-Malo.	
23	» -MATHIDA, Lestrade	goel.	88	3	A	27	Esp.		La Guayra.	
24	ELISABETH, Ange	ttn.	50	3	P	19	Frç.	cc.	Narbonne.	
25	» Béliment	brick.	212	3	A	15	»		Havre.	DZ 26, R 30.
26	» Bronnais	3-m.	374	2	L	28	»		Nantes.	RDCV 33.
27	» Cordonnet	brick.	174	5	A	33	»		St.-Servan.	DZ.
28	» Damaritz	3-m.	482	6	L	37	»		Havre.	Dbrz.

1	ELISABETH, Ebrard	br.-g.	69	2		G	1843	Frç.		St.-Malo.	GR 31., R 32.	
2	» Gay	brick.	116	2	«	G	25	»		Rouen.	GR 31, R. 34, 37.	«
3	» Girard	3-m.	456	4	«	L	1793	»		Nantes.	GRDCV 36.	«
4	» Latapie	»	450	4	«	L	1824	»		Bordeaux.	Dbrz 35.	«
5	» Pons	ttn.	57	3	«	P	19	»	cc.	Nouvelle.	R. 32.	«
6	» Provostic	brick.	192	4	«	G	24	»		Brest.	Rect. 37.	«
7	» Vuignier	3-m.	338	4	«	L	18	»		Havre.	TGR 38, DZ 31.	«
8	» -ET-CLARA, Drouillard	brick.	130	4	«	G	27	»		Bordeaux.		«
9	» -MATHILDE, Preve	br.-g.	180	6	«	G	36	»		Marseille.		«
10	ELISABETTA, Airaldo	brick.	150	2	«	G	18	Srd.		Gênes.		«
11	» Barilaro	»	190	3	«	G	20	»		»		«
12	» Divary	br.-g.	106	5	«	G	35	Grec.	cc.	Syra.		«
13	» Dottone	ttn.	108	4	«	P	29	Npl.	cc.	Naples.		«
14	ELISE, Palette	goel.	109	4	«	G	09	Frç.		Boulogne.	Rect. 37	«
15	ELMIRE-MALVINA, Foussat	brick.	170	6	«	G	37	»		Bordeaux.		«
16	ELODIE, Barbot	»	120	6	«	A	36	»		« »	DCV.	«
17	» -ANTONIA, Corfmat	»	490	6	«	G	37	»		Nantes.		«
18	ELOISE, Brun	bb.	100	3	«	P	21	»		Agde.	R. 34.	
19	» Héron	3-m.	276	6	«	L	36	»		St.-Malo.	DCV.	«
20	ELPIS, Anogosti Tezzi	brick.	320	2	«	G	16	Grec.		Ydra.		«
21	ELSSON, Papanicolo	»	270	4	«	G	25	»		Tino.		«
22	ELVEZIA, Ferrajolo	»	250	3	«	G	15	Npl.		Naples.		«
23	ELVINA, Ganteline	»	135	2	«	A	18	Frç.		Marseille.	GR 29, 31, DZ 35.	«
24	» Huet	»	191	4	«	A	26	»		St.-Servan	DZ. 35.	«
25	ELVIRE, Ambert	br.-g.	135	4	«	G	25	»		Marseille.	TGR. 37.	«
26	ELZÉARD, Datty	alg.	124	5	«	P	32	»		Arles.		«
27	EMAGLIA, Morteo	goel.	70	6	«	P	34	Srd.	cc.	Gênes.		«
28					«							«

1	EMILE, Avenel	brick.	175	4«	G	1826	Frc.		Fécamp.	
2	» Bertaud	»	130	4«	G	22	»	cc.	Sables.	TGR 37.
3	» Blanc	3-m.	350	4«	L	25	»		Bordeaux.	DCV 29.
4	» Caminé	c.-m.	71	6«	P	33	»	cc.	Redon.	
5	» Daumas	brick.	231	4«	A	24	»		Marseille.	DCV 35.
6	» Félieu	br.-g.	80	6«	G	37	»	cc.	Cette.	
7	» Flocks	brick.	103	6«	G	37	»	ce.	Roscoff.	
8	» Guyodot jeune	3-m.	231	5«	L	34	»	cc.	Nantes.	DCV.
9	» Leclaire	brick.	75	4«	G	26	»		Cherbourg.	
10	» Leguimener	cl.-m.	71	5«	P	33	»	cc.	Mesquier.	
11	» Leraiste	3-m.	182	6«	A	35	»		Nantes.	DCV.
12	» Massé	goel.	102	4«	G	30	»		Boulogne.	GR 37.
13	» Montagnier	tln.	52	2«	P	15	»		Agde.	
14	» -ET-ALFRED, Lebras	brick.	156	3«	A	20	»		Nantes.	GR 31, DZ 36.
15	» -ET-MARIE, Demay		168	3«	G	17	»		St-Valery.	
16	» » Gaultier	»	163	4«	A	27	»		Nantes.	DZ 35.
17	» » Lezour	cl.-m.	77	2«	P	25	»	cc.	Sarzeau.	
18	EMILIE, Bon	gls.	61	3«	G	18	»		Marennes.	GR 29.
19	» Boulet	3-m.	300	4«	L	29	»		Bordeaux.	DCV.
20	» Chaniau	brick.	131	4«	G	20	»		Rochefort.	
21	» Cormier	»	164	5«	A	35	»		St.-Malo.	DZ.
22	» Dauget	»	178	4«	A	25	»		Granville.	DCV 36.
23	» Daumas		251	4«	A	24	»		Marseille.	DCV 34.
24	» Dumontel		84	5«	G	33	»		Bayonne.	
25	» Félieu	brig.	62	6«	G	37	»	cc.	Cette.	
26	» Garache	Atn.	48	6«	P	36	»	cc.	Agde.	
27	» Puget	bb.	111	3«	P	19	»	cc.	Cette.	
28	» Sauvester	3-m.	350	5	L	30	»		Bordeaux.	Dbrz.

1	EMILIE-GABRIELLE, Léard	3-m.	230	5	L	1834	Frç.		Bordeaux.	DCV.
2	» -ET-LOUISE, Fenouillière	brick.	157	4 «	G	26	»		Fécamp.	
3	» -MARIE, Corvec	c.-m.	77	3 «	P	25	»		Sarzeau.	
4	EMILIENNE, Blondel	brick.	144	3 «	G	18	»		Dunkerque	TGR 36,
5	» Lourillard	»	130	5	A	32	»		Havre.	DCV.
6	EMILIO, Cosuolich	»	295	3 «	G	15	Autr.		Trieste.	
7	» Justo	»	150	6	A	38	Esp.		Barcelonne.	DCV 37.
8	» Zanetti	trbc.	77	5	P	32	Rom.		Ancône.	
9	EMMA, Bonamour	3-m.	464	6	L	35	Frç.		Marseille.	DCV 38.
10	» De Coster	brick.	162	4 «	A	28	»		Dunkerque.	DZ 32.
11	» Frigoult	»	132	4	G	24	»		Caen.	
12	» Lavergne	»	160	6 «	A	37	»	cc.	Dunkerque.	DZ.
13	» Noël	»	174	6	G	37	»		St.-Malo.	
14	» Ricq	»	155	6	A	37	»		Havre.	DCV.
15	EMMANUEL, di-Palma	br.-g.	106	3 «	G	26	»		Livourne.	
16	» Gillard	brick.	161	3	A	16	»		Dunkerque.	GR 29, DZ 32.
17	» Morin	»	76	2 «	G	14	»		Pouliguen.	R 29.
18	EMMENOCLIS, Gavera	»	73	5 «	P	34	Grec.	cc.	Anbaca.	
19	EMPICO, Pittaluga	»	318	5 «	G	31	Srde.		Gênes.	
20	ENCORNET, Samorat	»	180	5 «	A	35	Frç.		Bayonne.	DZ.
21	ENDUMONE, Berberovich	»	226	2 «	A	03	Autr.		Trieste.	GRDCV 28.
22	» Grillo	»	224	2 «	G	19	Npls.		Naples.	
23	ENÉE, Pion	»	146	6 «	G	36	Frç.		Nantes.	
24	ENEA, Mirabili	»	250	3 «	G	20	Npls.		Naples.	
25	ENEZBAZ, Lemoal	»	113	5 «	G	34	Frç.		Morlaix.	
26	ENFANT-CHÉRI, Dechaud	c.-ttn.	40	4 «	P	29	»		Antibes.	
27	ENFANTS-CHÉRIS, Bacon	brick.	194	3	A	17	»		Marseille.	DZ 29.
28	» Baigne	br.-g.	108	4	G	29	»	cc.	Port-Navalo.	

1	ENFANTS-CHÉRIS, Duchamp	bat.	29	5	P	1831	Frç.		Marseille.	
2	» Klignard	c.-m.	79	5	G	31	»	cc.	Port-Navalo.	
3	» Liron	loug.	77	5	G	34	»	cc.	Méans.	
4	» -PRODIGUES, Martin	c.-m.	66	2	P	12	»		Auray.	
5	ENIÉMA, Orzero	brick.	172	6	G	37	Srd.		Gênes.	
6	» Pittaluga	»	220	5	G	28	»		« »	
7	ENRICHETTA, Landri	goel.	94	4	G	24	Tsc.		Livourne.	
8	» Lazzolo	3-m.	310	5	L	31	Srd.		Gênes.	
9	» Scheelen	brick.	180	4	G	22	Autr.		Trieste.	
10	» -CLEMENTINA, Astolfi	»	260	4	A	28	»		»	DZ.
11	ENRICO, Ferria	»	157	6	G	35	Srd.		Gênes.	
12	» Guerrello	»	354	3	A	18	»		« »	DCV 32.
13	» Pacchesi	»	171	5	G	32	Autr.		Venise.	
14	» Seriolo	»	209	3	2	16	Srd.		Gênes.	
15	ENTELLA, Dolorso	br.-g.	130	6	A	37	»		»	DCV.
16	ENTHIMÈNES, Chapius	brick.	147	6	G	38	Frç.		Antibes.	
17	ENTREPRENANT, Leguené	3-m.	249	2	L	10	»		Nantes.	GRDCV 33.
18	» Nicolas	brick.	170	2	G	14	»		St.-Malo.	
19	ENTREPRISE, Vallier	3-m.	350	6	L	37	»		Bordeaux.	DCV.
20	EOLE, Agusse	c.-m.	73	5	P	31	»		Nantes.	
21	» Butat	»	77	3	P	25	»	cc.	Redon.	
22	» Conniat	dog.	95	2	P	08	»		« Caen.	
23	» Courffon	brick.	199	4	G	25	»		St.-Brieux.	
24	» Cruchon	»	67	2	P	16	»		Croisic.	R 28, 33.
25	» Guillaume	»	125	4	G	10	»		Lorient.	Rect. 34.
26	» Leroy	»	164	3	G	26	»		St.-Malo.	
27	» Pesathie	cutt.	50	2	P	26	Grec.	c.	Tino.	
28	» Rechel	brick.	65	2	P	16	Frç.		Croisic.	

1	**Eole**, Saunier	3-m.	300	6	A	1836	Frç.		Havre.	DCV.
2	» Scholan	brick.	150	4	G	28	»	cc.	Rouen.	
3	» Thomas	»	117	2	G	17	»		Binic.	
4	**Eolo**, Castellano	»	223	4	G	23	Srd.		Gênes.	
5	» De Urrutia	»	121	4	A	32	Esp.		St.-Ander.	DCV.
6	» Janello	3-m.	317	3	L	27	Srd.		Gênes.	DCV.
7	» Sopranich	brick.	303	4	G	10	Autr.		Fiume.	Rect. 33, DCV 36.
8	**Epaminondas**, De Antonio	»	260	5	G	34	Grec.	cc.	Spezzia.	
9	» Diassachi	»	360	5	G	30	»	cc.	Syra.	
10	» Mazarovich	»	280	5	G	30	Rss.	cc.	Tangarock.	
11	» Vignale	bb.	123	4	G	25	Srd.		Gênes.	
12	**Epirò**, Raggio	brick.	325	3	A	17	»		»	GRDGV 30.
13	**Erato**, Papparoli	»	80	4	G	28	Grec.	cc.	Spezzia.	
14	**Ercech**, Chezzovich	»	270	3	G	24	Autr.		Trieste.	
15	**Erck**, Ckezzevich	»	260	4	G	22	»		»	
16	**Ercolo**, Barbagelata	»	343	R		16	Srd.		Gênes.	
17	» Baralino	»	100	3	P	24	»		»	
18	» Canevaro	»	225	3	A	20	Npl.		Naples.	DCV 32.
19	» Genaro	»	104	2	G	13	Scl.		Palerme.	GR 24.
20	» Vierci	»	176	3	G	15	Srd.	cc.	Gênes.	GR 28.
21	» Vocco	3-m.	250	3	G	18	Grec.	cc.	Ydra.	
22	» -e-S.-Franuisco, Licetti	brick.	150	4	G	26	Srd.		Gênes.	
23	**Ereditario-di-Toscano**, Licetti	»	285	4	A	14	»		»	GRDGV 37.
24	**Eremita**, Garibaldo	3-m.	265	2	G	16	»		»	
25	**Erico**, Vernenos	brick.	196	4	G	24	Npl.		Naples.	
26	**Eridon**, Sigur	»	215	2	G	02	Rss.		Odessa.	R 31.
27	**Erini**, Bertolomeo	»	110	4	G	29	Grec.	cc.	Sfacbia.	

1	Ermino, Biego	brick.	108	3	P	1818	Autr.		Trieste.		
2	» -Fortunato, Millassenovich.	»	360	5	A	31	»		Venise.	DZ 36.	
3	» -e-St.-Antonio, Maresca	»	275	4	G	24	Npl.		Naples.		
4	Ermis, Cosma	»	130	3	G	30	Grec.	cc.	Hydra.		
5	» Secca	»	105		G		»	cc.	Spezzia.		
6	Ernest, Cambrière	3-m.	436	6	L	35	Frç.		Havre.	Dbrz.	
7	» Dornel	brick.	293	6	A	37	»		Dinan.	DZ 36.	
8	» Lefrançois	»	193	4	G	23	»		Granville.	R 33.	
9	» Lissonde	»	223	6	G	35	»		Bayonne.		
10	» Mournaud	»	110	4	G	27	»		Sables.	R 32.	
11	Ernestine, Boisnard	»	106	3	G	25	»		Brest.	GR 33.	
12	» Malescot	3-m.	315	5	L	26	»		Nantes.	GR 32, Dbrz. 38.	
13	Ernesto, Lazarich	brick.	279	5	G	30	Autr.		Fiume.		
14	Eroé, Gotusso	»	129	4	G	28	Srd.		Gênes.		
15	» Tripani	»	260	4	A	26	Scl.		Palerme.	DCV 29.	
16	Esato, Cosulich	»	300	6	G	35	Autr.		Trieste.		
17	Escualdina, Passement	»	160	6	A	37	Frç.		Bordeaux.	DZ.	
18	Espérance, Albert	pttn.	63	2	P	12	»		Cette.		
19	» Berthomé	brick.	120	3	G	20	»		Rochefort.		
20	» Bezier	3-m.	60	3	P	20	»		Caen.		
21	» Bulot	»	86	2	P	10	»		Vannes.		
22	» Exart	brick.	152	3	A	18	»		Havre.	GR. 34, DZ 37.	
23	» Forelli	br.-g.	78	5	P	35	»		St.-Tropez.		
24	» Hubert	dog.	125	3	G	16	»		Dunkerque.	GR 29.	
25	» Leblanc	3-m.	290	2	A	34	»		Marseille.	DCV.	
26	» Lebreton	»	280	3	A	05	»		Granville.	GR 25, 33, DZ 33.	
27	» Lecocq	brick.	169	3	G	19	»		St.-Servan.	GR 31.	
28	» Leconniat	»	118	2	G	12	»	cc.	Paimpol.		

1	ESPÉRANCE, Lemonier	c.-m.	79	3	P	1824	Frç.	c.	Billiers.	
2	» Leprete	brick.	152	3	G	18	»		Dieppe.	
3	» Leroux	»	78	4	G	29	»		St.-Malo.	
4	» Loubatier	bb.	75	3	P	12	»		Agde.	GR. 27, 34.
5	» Martin	dog.	59	3	P	21	»		Charente.	GR. 32.
6	» Michaud	brick.	99	6	G	36	»		Nantes.	
7	» Nardiri	ttn.	60	6	P	37	»		Viarreggio.	
8	» Pileur	honr.	79	6	G	35	»		Fécamp.	
9	» Piquenay	brick.	191	4	G	25	»		Pontrieux.	
10	» Proux	3-m.	212	5	L	25	»		Bordeaux.	DCV.
11	» Rolland	brick.	212	6	G	36	»		Lorient.	
12	» Soutenaye	»	209	4	A	18	»		Dunkerque.	GR. 30, RDbrz. 37.
13	» Théhouart	3-m.	300	4	L	25	»		Nantes.	DCV. 33.
14	ESPERENZA, Astol	brick.	200	6	A	37	Esp.		Barcelonne.	DCV.
15	» Carpena	chb.	74	2	P	22	Srd.		Spezzia.	
16	» Dodero	brick.	220	5	A	30	»		Gênes.	DCV. 32.
17	» Inzerello fils	»	298	2	G	02	Scl.		Palerme.	GR. 36.
18	» Olivero	goel.	55	4	G	27	Ptg.		Porto.	
19	» Nervi	»	84	4	P	22	Srd.		Gênes.	
20	» Silva	»	55	4	P	27	Ptg.		Porto.	
21	» Villalonga	brick.	210	4	A	28	Esp.		Mahon.	DZ. 37.
22	ESPIÈGLE, Témoin	»	140	4	A	26	Frç.		St.-Servan.	DCV. 28.
23	ESPIRITO-SANTO, Ferriera	»	300	3	G	20	Brés.		Bahia.	
24	ESPOIR, Boisgilet	»	163	5	G	34	Frç.	cc.	St.-Servan.	
25	» Buffet	»	203	5	G	30	»	cc.	Sables.	
26	» Fauchet	c.-m.	69	5	P	34	»		Méans.	
27	» Lebourgeois	br.-g.	79	3	G	23	»		Caen.	
28	» Lefebvre	brick.	129	4	G	18	»		St.-Valéry.	GR. 33.

1	ESPOIR, Mulot du Rivage	brick.	136	2	G	1817	Frç.		Granville.	R. 33, 37.
2	» Serré	loug.	65	5	P	35	»		St.-Valery.	
3	ESSEDE-BACHRÉ, Commenaki-			«						
4	Emesli	brick.	200	5	G	35	Turc.		Smyrne.	
5	ESTAFETTE, Rossé	»	115	5	A	31	Frç.		Marseille.	DCV 35.
6	ESTATUDO-RÉAL, Sensat	»	100	6	G	34	Esp.		Barcelonne.	
7	ESTELLA, Dolorso	br.-g.	130	6	A	37	Srd.		Gênes.	
8	» Piro	brick.	200	3	G	26	Npl.		Naples.	
9	» -MATUTINA, Morice	»	210	4	G	27	Srd.		Gênes.	
10	ESTELLE, Chabon	gls.	127	5	G	28	Frç.		Boulogne.	R. 37.
11	» Guedon	flb.	96	5	G	31	»		Dieppe.	R. 37.
12	» Loirat	c.-m.	60	4	P	27	»		Bayonne.	
13	ESTHER, Bourdast	brick.	230	6	L	35	»		Nantes.	DVC.
14	» Ledibault	bsq.	60	6	P	35	»		Lahougue.	
15	» Lelong	dog.	64	3	P	24	»		St.-Valery.	R. 34.
16	ESTICHI, Jallury	3-m.	150	5	G	32	Grec.	cc.	Syra.	
17	» Vaizzi	brick.	150	5	G	34	Srd.		Gênes.	
18	ESTECQ, Audibert	»	174	3	A	15	»		Marseille.	DZ. 33, R. 35.
19	ESTRELLA, Estrape	goel.	75	5	G	30	»		Mataro.	
20	ETHIOPIA, Morter	brick.	92	4	G	24	»		Gênes.	
21	ETIENNE, Duchon	br.-g.	99	4	P	29	Frç.		Sables.	
22	ETINCELLE, Garagnon	»	101	4	A	20	»		Marseille.	TGR DCV 36.
23	ETNA, Fleury	brick.	156	5	A	30	»		« »	DCV 37.
24	ETO, Zotti	»	273	5	G	33	Autr.		Lucianno.	
25	ETOILE, Dalmas	bat.	49	5	P	32	Frç.	cc.	Martigues.	
26	» Stalla	3-m.	203	3	A	24	»		Marseille.	R. 33.
27	» Tessière	brick.	380	4	A	27	»		»	RDZ 34.
28	» -DE-LA-MER, Lematelot	c.-m.	68	3	P	23	»	cc.	Belle-Ile.	

1	ETOILE-DU-NORD, Demestre	dog.	85	3	G	1816	Frç.	Dunkerque.	GR 25.
2	» d'Hondt	brick.	77	3 «	G	21	»	Havre...	R. 29, 31, 31
3	ETRURIA, Frastrame	bb.	77	3	P	10	Tsc.	Livourne..	GR 35.
4	ESTRUSCA-RONDINELLO, Luxardo	»	70	4	P	29	»	»	....
5	ESTRUSCO, Seneig	brick.	295	2 «	A	06	Autr.	Trieste...	GR 23. ....
5	ETTARÉ, Ferrare	bb.	130	3 «	G	20	Npl.	Naples...	R. 34. ....
7	EUCHARIS, Coste	3 m.	280	4 «	L	25	Frç.	Bordeaux..	RDCV. 32. ....
8	» Deschamp	brick	77	4 «	G	29	»	Libourne..	....
9	» Maurin	»	187	4 «	A	19	»	Havre...	DCV 33. ....
10	EUDORE-ANTOINETTE, Artaud	ttn.	57	6 «	P	34	»	Antibes..	....
11	EUDOXIE, Charrnaud	loug.	75	3 «	P	26	»	Noirmoutier	....
12	EUGÈNE, Batinan	slop.	84	4 «	G	27	»	Dunkerque.	....
13	» Cardaret	brick.	114	4 «	G	26	»	Nantes..	R. 28. ....
14	» Constantin	»	74	5 «	G	28	»	Caen..	....
15	» Floch		135	3 «	G	15	»	St.-Malo..	GR 24, 32. ....
16	» Fournaire	bb.	105	3 «	P	23	»	Cette..	....
17	» Gout	»	76	4	P	26	»	Agde...	....
18	» Hervé	loug.	78	6	G	36	»	Bayonne.	....
19	» Hochet	slop.	68	6 «	P	36	»	Origny.	....
20	» Josse	goel.	62	4	P	26	»	Lorient.	....
21	» Lancel	loug.	153	6	G	34	»	Dieppe.	....
22	» Ledantec	brick.	130	6 «	G	34	»	Brest.	....
23	» Leflock	»	71	5	G	31	»	St.-Malo.	....
24	» Pierre	»	65	3	P	00	»	Bordeaux.	GR 28.
25	» Roustan	bat.	33	4 «	P	23	»	Cette...	GR 34
26	» Vanhaverbeck	gls.	75	4	G	27	»	Dunkerque.	....
27	» -ET-AMÉLIE, Ricoux	brick.	243	3	A	13	»	Marseille.	DZ. 34. ....
28	» -DELPHINE, Plancheur	bat.	29	6	P	33	»	Antibes..	....

1	EUGÈNE-ET-JOSÉPHINE.	ttn.	53	5	P	1830	Frç.		Antibes.	
2	» -PAULINE, Saillant.	brick.	120	4 «	G	35	»		Redon.	Ecoutille d'allège.
3	EUGENIA, Carusso	goel.	92	4	G	25	Npl.		Naples.	
4	EUGÉNIE, Ardeven	loug.	79	6 «	G	35	Frç.		Bayonne.	
5	» Bérard	brick.	91	3.	G	19	»		Toulon.	GR 35.
6	» Carro	c.-m.	78	3	P	24	»		Bordeaux.	
7	» Colombel	loug.	130	5	G	36	»		Dieppe.	
8	» Corfmat	c.-m.	73	5 «	G	30	»	cc.	Ile aux moins.	
9	» Donkers	goel.	94	4 «	P	22	»		Dunkerque.	GR 32.
10	» Fortin	»	97	6 «	G	35	»		Rouen.	
11	» Grimart	»	91	4 «	G	25	»		Bordeaux.	
12	» Laurent	brick.	72	3 «	G	22	»		Noirmoutier	GR 32.
13	» Léguillon	loug.	63	6 «	P	36	»	cc.	Méans.	
14	» Loirat	brick.	78	2 «	G	14	»		Bordeaux.	GR 32.
15	» Lombard	»	148	6 «	G	36	»		Marseille.	
16	» -ET-AMÉLIE, Combes	»	270	4 «	L	26	»		»	DCV 33.
17	EUGENIO, Tallaro	»	315	3 «	G	22	Scl.		Messine.	
18	EULALIE, Coinnet	3-m.	361	5 «	L	30	Frç.		Hâvre.	DCV.
19	» Gingan	loug.	76	6 «	G	35	»	cc.	Quiberon.	
20	EULIA, Andrigli	brick.	198	5 «	G	32	Srd.	cc.	Gênes.	
21	EUPHÉMIE, Bugot	»	103	6 «	G	38	Frç.		St.-Servan.	
22	» Cochet	»	144	3 «	G	24	»		»	
23	EUPHRASIE, Palazio	»	151	5 «	A	31	Srd.		Gênes.	
24	EUPHROSINA, Alix	»	194	2 «	G	00	Frç.		Granville.	R 31.
25	EUPHROSINE, Aubert	3-m.	261	5 «	G	31	»		Caen.	
26	EURO, Jancovich	brick.	498	5 «	L	28	Autr.		Trieste.	DCV 30.
27	EUROPA, Raffo	3-m.	420	4 «	A	26	Srd.		Gênes.	DZ.
28	EURIALE, Pion	brick.	188	5 «	G	33	Frç.		Nantes.	

EUXÈNE, Bodet	brick.	113	5	G	1834	Frç.		Nantes.	
EVENGELISTA, Izardopolo	»	182	4	G	27	Ion.	cc.	Céfalonie.	
EVENGELISTE, Matteo	»	136	5	G	36	Grec.	cc.	Spezzia.	
EVENGELISTREA, Fronta	»	150	4	G	33	»	cc.	Ydra.	
» Racolo	goel.	80	2	P	27	Srd.	cc.	Gênes.	
EVELINA, Delaporte	3-m.	340	3	L	16	Frç.		Cherbourg.	RDCV 30.
» Pascal	brick.	174	3	G	14	»		Dunkerque.	
EWONE, Cernotich	»	217	2	G	10	Autr.		Raguse.	GR 29.
EXCELLENT, Riquier	»	177	3	G	14	Frç.		Marseille.	RDZ 35.
EXPÉRIENCE, Girard	goel.	79	6	G	38	»		Bordeaux.	
EZIO, Longobardo	br.-g.	51	3	P	10	Tsc.	c.	Livourne.	Rect. 32.
» Scoplnich	brick.	266	5	G	30	Autr.	cc.	Trieste.	

1	Fabre, Courbet	brick.	155	6	G	1836	Frç.		Bordeaux.	
2	Fama, Bilafer	3-m.	720	4	A	18	Autr.		Triestre.	DCV 35.
3	» Taures	br.-g.	400	4	G	26	Esp.		Barcelonne.	
4	Famosa-Estrella, Frexus	»	150	6	A	36	»		S.-Yago.	DCV.
5	Famarlaki, Andrea	brick.	170	3	G	22	Grec.		Syra.	
6	Fanny, Azibert	br.-g.	80	6	P	36	Frç.	c.	Narbonne.	
7	» Barache	brick.	131	R		19	»		Brest.	
8	» Bonnefoi	3-m.	300	6	A	37	»		Marseille.	DCV.
9	» Bremand	»	280	3	A	08	»		Havre.	GR 31, R 32, DZ 29.
10	» Condroyer	ttn.	40	5	P	28	»	cc.	St.-Tropez.	
11	» Fabre	3-m.	300	5	L	32	»		Marseille.	DCV 34, GR 38.
12	» Got	bat.	35	3	P	19	»		Collioure.	
13	» Guiraud	bb.	115	4	G	21	»	cc.	St.-Tropez.	
14	» Hautaway	3-m.	491	6	L	35	»		Havre.	DCV.
15	» Henri	brick.	166	2	G	29	»		»	DZ 32.
16	» Lalande	»	121	5	A	35	»		Bordeaux.	DCV 35.
17	» Leturc	»	179	2	A	05	»		Havre.	
18	» Menes	»	106	2	G	15	»		St-Servan.	R 33, DZ 32.
19	» -Bona, Raicich	»	219	6	G	36	Autr.		Fiume.	
20	Faone, Mitrovich	»	240	3	G	15	»		Trieste.	
21	Faune, Delamuse	»	128	2	G	16	Frç.		Granville.	R 30.
22	» Granseigne	3-m.	482	5	L	31	»		Havre.	Dbrz 35.
23	Fauvette, Michel	»	280	6	L	33	»		St-Malo.	DCV.
24	Favori, Terruse	br.-g.	105	4	G	15	»		Marseille.	TGR 35.
25	Favorite, Laroque	3-m.	350	6	L	37	»		Bordeaux.	DCV.
26	Favorito-Buchesi, Bonicelli	brick.	297	4	G	24	Autr.	cc.	Venise.	
27	Febo, Arrado	»	280	4	G	26	Srd.	cc.	Gênes.	
28	» Di Martino	»	293	5	G	33	Npl.		Naples.	

1	FEBO, Scarpato	brick.	201	3	G	1820	Npl.		Naples.	
2	» Sgobelo	»	220	4	G	22	Scl.		Palerme.	
3	» Zan	»	245	3	G	24	Autr.	cc.	Trieste.	
4	FECONDA, Riviera	»	174	3	A	20	Esp.		Barcelonne.	DCV 30, R 33.
5	FÈDE, Maresca	»	240	3	G	15	Npl.		Sorento.	
6	FÉDÈLE, L'ami	goel.	70	5	G	32	Tsc.	cc.	Livourne.	
7	» -AMICO, Miovich	brick.	300	4	G	25	Autr.		Trieste.	
8	» -ICHNUSA, Corvetto	»	121	4	G	25	Srd.		Cagliari.	
9	FEDERICO, Bontà	»	212	4	G	24	»		Gênes.	
10	» Choino	»	104	3	A	23	»		»	DZ 35.
11	» De Gennaro	»	281	3	G	22	Npl.		Naples.	
12	» -IL GRANDI, Marchese	»	189	4	G	26	Srd.		Gênes.	
13	FELICE, Costa	»	140	3	G	26	»		»	
14	» Elefterie	»	130	5	G	30	Grec.		Syra.	
15	» Testa	br.-g.	64	3	P	17	Srd.		Gênes.	
16	» Uzzovich	brick.	247	R		00	Autr.		Trieste.	
17	» -AUGURIA, Barcechievich	br.-g.	130	4	G	27	»		»	
18	FÉLICIE, Azibert	tin.	67	6	P	37	Frç.		Gruissen.	
19	» Gas	3-m.	245	6	L	35	»		Marseille.	DCV,
20	» Rogeras	brick.	112	R		00	»		St.-Malo.	R 33.
21	FELICITA, Lorello	»	290	4	G	27	Scl.		Palerme.	
22	» Malaludi	goel.	90	4	P	29	Grec.		Syra.	
23	» Posiglionne	bb.	64	4	P	29	Srd.		Savonne.	
24	FÉLICITÉ, Collet	brick.	132	5	G	30	Frç.	cc.	Auray.	
25	» David	»	166	5	A	30	»	cc.	Cette.	DZ 31.
26	» Lancelot	c.-m.	60	3	P	25	»		Nantes.	
27	» Lienard	brick.	196	3	A	18	»		Marseille.	R 34, DZ 36.
28	» Meiffred	bat.	63	6	P	33	»		»	

1	FÉLICITÉ, Moizan	c.-m.	109	6	G	1834	Frç.	cc.	Lorient.	
2	FÉLIX, Berrho	brick.	124	4	A	27	»		Bayonne.	DZ 38.
3	» Bourdet	»	188	6	G	33	»		Dieppe.	
4	» Cassare	c.-m.	60	4	P	25	»	c.	Nantes.	
5	» Lemauff	brick.	138	4	G	27	»		« Rouen.	
6	» Leport	c.-m.	78	3	P	25	»	cc.	Belle-Ile.	
7	» Sevrie	brick.	130	R		05	»		Granville.	
8	» -SYDONIE, Boucand	loug.	60	4	P	28	»		Méans.	
9	FÉLIZ-L'EMBRACA, Ignacio	goel.	60	3	P	23	Esp.		Porto.	
10	FÉLOMÉLA, Cantazano	bb.	104	6	G	35	Npl.		Gaëta.	
11	FÉNÉLON, Boone	brick.	123	6	G	35	Frç.		Dunkerque.	
12	» L'hôtellier	»	132	4	A	26	»		Havre.	GR 33, DZ 37.
13	FENICE, Campodomico	goel.	133	6	G	36	Srd.		« Gênes.	
14	» Faridonne	flq.	51	3	P	16	»	cc.	Lirichi.	
15	» Ferra	brick.	138	4	G	24	»		Gênes.	
16	» Vicini	bb.	119	2	P	18	»		« »	R 31.
17	FENICIA, Costa	goel.	80	6	P	35	Esp.		Barcelonne.	
18	FENICIO, Napoli	brick.	170	4	A	24	Scl.		Palerme.	
19	FENOMENO, Ferro	»	145	3	G	17	Srd.		« Gênes.	
20	FERDINAND, Denis	»	71	3	G	07	Frç.		Granville.	GR 32.
21	» Ernault	»	296	4	L	30	»		St.-Malo.	RDCV. 36.
22	» Huet	3-m.	275	5	L	35	»		Nantes.	Dfet. CV.
23	» Jacob	c.-m.	77	3	P	25	»	cc.	Mariger.	
24	» Tropel	3-m.	478	6	L	36	»		Rouen.	DCV.
25	FERDINANDO, Suttaro	brick.	342	4	G	24	Autr.		Venise.	
26	» -RE-D'UNGUERIA, Leva	»	267	5	L	30	»		Trieste.	DCV. 33.
27	FERRO, Casabona	»	267	2	A	14	Srd.		Gênes.	DCV. 23.
28	FERRERO, Castellano	»	159	3	A	24	Npl.		Naples.	DCV 29.

1	FERROFANO, Di Echevarria	3-m.	250	4	A	1835	Turc.		Constantinple. DCV 36.
2	FESBY, Eschevarria	brick.	130	5	A	35	Esp.		Ferrol. DCV.
3	FETHOUÉ, Gazan	»	170	6	G	38	Frç.		Marseille.
4	FIAMETTA, Scotto	»	172	4	G	26	Srd.		Gênes.
5	» Vigo A.	»	150	4	A	29	»	cc.	» DCV 31.
6	» Vigo L.	»	170	6	A	35	»	cc.	» DCV.
7	FIDÈLE-DÉSIRÉ, Jouaud	loug.	78	4	G	26	Frç.	cc.	Méans.
8	FIDÉLITÉ, Dimaeo	ttn.	63	6	P	33	»		Marseille.
9	FIERA-MOSCA, Gattorno	brick.	128	4	A	27	Srd.		Gênes. DCV 36.
10	FIERA-DI-SENEGALLIA, Moroni	trb.	111	5	G	28	Rom.		Vatticano.
11	Figaro, Bertalone	ttn.	99	5	P	30	Srd.		Camoing.
12	» Peltier	brick.	186	3	G	15	Frç.		Nantes. GRDCV 28, R 35.
13	FILADELFO, Tomanovich	»	300	4	A	26	Autr.		Trieste. DCV.
14	FILADELFIA, Kalos	goel.	80	4	P	30	Esp.	cc.	Palamos.
15	» Avarello	brick.	128	6	G	36	Srd.		Gênes.
16	FILELEFTHEROS, Vazos	»	105	4	G	34	Grec.	cc.	Syra.
17	FILS-UNIQUE, Goua	slp.	66	5	P	33	Frç.		Rouen.
18	» » Nicolas	brick.		6	G	37	»		St.-Malo.
19	FINETTE, Fabre	»	260	4	A	27	»		Marseille. GRDCV 38.
20	FIRMIN, Couedel	c.-m.	78	3	P	22	»		Port-Navalo.
21	FIUME, Gasser	3-m.	466	3	G	1799	Autr.		Fiume. Rect. 23, GR 34.
22	FLAVIA, Fortes	goel.	79	4	G	1825	Ptg.		Porto.
23	FLAVIE, Courbière	3-m.	381	5	L	29	Frç.		Havre. DCV 33.
24	FLÈCHE, Di Lucchi	br.-g.	182	4	A	22	Srd.		Gênes. DCV 34.
25	FLÉRUS, Guyot	brick.	177	5	G	35	Frç.		Pontrieux.
26	FLEURY, Avignon	T.bat.	69	4	P	24	»	cc.	Arles. Allg. R 34.
27	FLORA, Francisco	brick.	210	4	G	27	Rss.	cc.	Odessa.

1	FLORE, Altazin	br.-g.	65	4	G	1832	Frç.		Boulogne.	
2	» Auriot	3-m.	232	4	A	14	»		Havre.	DCV 31, GR 35.
3	» Tessen	goel.	104	6	G	37	»		Rouen.	
4	» -ET-DELPHINE, Guichon	brick.	200	2	A	16	»		Calais.	RDZ 27.
5	FLORENTIA, Esquijaga	goel.	63	4	P	28	Esp.		Bilbao.	
6	FLORENTINO, Thomas	brick.	180	6	G	32	»		Barcelonne.	
7	FLORIANO, Balarino	trbc.	154	4	G	28	Autr.		Chiozza.	
8	FLORIDO, Spopanich	br.-g.	92	2	G	14	»		Trieste.	
9	FLORIO, Minbilli	3-m.	370	5	G	30	»		Raguse.	
10	FOI, Bondon	brick.	135	4	G	26	Frç.		St-Malo.	GR 35.
11	» Magnan	dog.	60	4	P	29	»		St-Valory.	
12	FONTAINEBLEAU, Malsé	loug.	130	3	G	26	»		Bordeaux.	
13	FONTENELLE, Adam	brick.	173	6	A	33	»		Rouen.	
14	FOQUE, Ridel	»	74	6	G	37	»		Nantes.	
15	FOREST, Nicolino	»	184	3	G	28	Srd.		Gênes.	
16	FORHS, Lucovich	»	109	3	G	10	Autr.		Venise.	
17	FORTUNA, Accama	»	263	5	G	28	Srd.	cc.	Gênes.	
18	» Areguini	»	110	3	G	23	Tsc.	cc.	Livourne.	
19	» Bonta	br.-g.	75	2	P	17	Srd.		Gênes.	
20	» Cacace	brick.	328	3	G	26	Npl.		Sorrento.	
21	» Caffiero	»	234	2	G	17	»		Naples.	
22	» Dighero	»	152	5	G	34	Srd.	cc.	Gênes.	
23	» Reys	»	125	3	G	17	Esp.		Mahon.	GR 32.
24	» Stagno	»	125	4	G	27	Srd.		Gênes.	
25	» Testa	br.-g.	113	6	A	37	»		»	DCV.
26	» Vila	brick.	103	4	G	20	Esp.		Séville.	
27	» -DI-LEBEUR, Sconacre	ttn.	52	4	P	23	Rom.		Carlaochie.	
28	FORTUNATA, Galano	br.-g.	113	4	G	37	Npl.		Castellamare	

1	FORTUNATO, Amadeo	brick.	153	4	G	1827	Scl.		Messine.	
2	» Cacace	»	328	4	G	25	Npl.		Naples.	
3	» Capella	»	303	2	G	15	Srd.	cc.	Gênes.	
4	» Capiello	»	230	3	G	24	Npl.		Sorento.	
5	» Diogardi	»	99	4	G	28	Scl.		Palerme.	
6	» Julia	»	228	3	A	20	Esp.		Barcelonne.	DCV 34.
7	» Lavarello	br.-g.	120	3	G	20	Srd.	cc.	Gênes.	
8	» Mazzio	»	100	3	G	27	»	cc.	»	
9	» Morteo	»	123	3	G	24	»	cc.	»	GR 32.
10	» Padovani	chbc.	66	4	P	24	Rom.		C.-Vecchia.	
11	» Peire	brick.	200	6	G	30	Srd.	cc.	Gênes.	
12	» -RISOLTO, Scarpa	»	232	4	A	27	Autr.		Venise.	RDZ 34.
13	FOUDRE, Betaux	goel.	125	3	G	18	Frç.		St.-Malo.	
14	FOURGON, Talva	c.-m.	76	4	P	26	»		Nantes.	
15	FOURMI, Dutot	goel.	75	6	A	37	»		Rouen.	DCV.
16	FRANC-BRETON, Gehsanino	c.-m.	68	4	P	24	»	cc.	Vannes.	
17	» -PICARD, Morin	goel.	79	6	G	37	»	cc.	La Rochelle.	
18	FRANCE, Denis H.	alg.	80	6	P	37	»		Arles.	
19	» Hugues	3-m.	300	4	L	24	»		Havre.	GR 32, RDbrz 36.
20	» Welch	»	550	6	L	34	»		»	DCV.
21	FRANCESCO, Grissich	brick.	356	4	G	28	Rss.		Caffa.	
22	» Canevaro	3-m.	300	5	L	30	Srd.		Gênes.	DCV.
23	» -CATHERINA, Buzano	goel.	116	4	A	29	»	cc.	« »	DCV 36.
24	FRANCHELINO, Delpino	brick.	130	3	G	20	»	cc.	« »	
25	FRANCINE, Lemarchand	slp.	74	3	P	24	Frç.		Rouen.	R 29.
26	FRANCISCA, Bourra	brick.	140	5	A	33	Esp.		Barcelonne.	DCV.
27	» Grisich	»	320	4	G	29	Turc.		Constantinple	

1	François, Armange	brick.	79	3	G	1805	Frç.		St.-Malo.	Rect. 25.
2	» Braulot	»	172	6	G	36	»		Nantes.	
3	» Collet	»	137	6	G	36	»		St.-Malo.	R 37.
4	» Raymond	»	161	4	G	27	»		St.-Brieux.	
5	» -Courageux, Pidard	loug.	65	6	P	37	»		St.-Waast.	
6	» -de-Salles, Flotte	brick.	128	4	G	22	»		Marseille.	R 34.
7	» -Désiré, Allazin	»	165	3	A	10	»		Havre.	GR 25, RDCV 33.
8	» -Etienne, Vidal	bat.	85	6	P	37	»	cc.	Martigues.	
9	» -Honoré, Godefroi	3-m.	266	5	A	34	»		Rouen.	DCV 34, R 35.
10	» -Marie, Hurtman	dog.	93	5	G	35	»		Nantes.	
11	» -Mathurin, Aubin	loug.	75	4	P	29	»	cc.	« »	
12	Françoise, Beryer	ttn.	49	4	P	26	»	cc.	Narbonne.	
13	» Groult	brick.	86	2	G	16	»		Granville.	GRDZ 34.
14	» Paoli	goel.	77	4	G	38	»		Antibes.	
15	» -et-Victorine, Canusse	bat.	57	5	P	32	»		Toulon.	
16	Frasquita, Hervichont	3-m.	414	4	A	26	»		St.-Malo.	R 33, DZ 35.
17	Fratellanza, Barbarovich	brick.	140	4	G	24	Autr.		Trieste.	
18	» Buratini	trbc.	76	4	P	24	Rom.		Ancône.	
19	Fratelli-Elena-e-Geogio, Stuparich	br.-g.	150	4	G	29	Autr.		Trieste.	
20	» -uniti, Guirassovich	brick.	450	5	L	29	»		»	DCV.
21	Frédéric, Duret	goel.	78	6	G	37	Frç.		Bordeaux.	
22	» Gimié	brick.	205	4	A	22	»		Marseille.	DCV 36.
23	» Gorce	loug.	68	4	G	29	»		Bordeaux.	
24	» Legoff	c.-m.	60	3	P	18	»	cc.	Trinité.	R 26.
25	» Letellier	brick.	113	3	G	21	»		Caen.	R 34.
26	» Pilleur,	loug.	89	5	P	34	»		Fécamp.	
27	» -Adolphe, Duperat	brick.	140	5	G	34	»		Bordeaux.	

1	Frederico, Chioino	brick.	232	4	A	1824	Srd.		Gênes.	GRDZ 33.
2	Frère-et-Soeur, Letellier	»	120	6	G	37	Frç.		Caen.	
3	Frères, Peyronnet	bb.	78	R		03	»	cc.	Cette.	
4	» -unique, Esnol	brick.	75	3	P	21	»		Darneville.	
5	» -unis, Argilas	»	212	3	G	23	»		Marseille.	R 13.
6	» » Calvé	c.-m.	77	5	P	30	»	cc.	Vannes.	
7	» » Duhamel	»	100	6	G	37	»	cc.	La Hougue.	
8	» » Stéphanie	»	112	4	G	28	»	cc.	Vannes.	
9	» » Terrier	brick.	62	3	G	19	»		Requeville.	GR 30, 35.
10	Fulgor, Frémont	»	221	5	A	27	»	cc.	Rouen.	DZ 31.
11	Furet, Bernard	»	79	5	G	30	»		Nantes.	
12	» Bestaux	dog.	140	6	G	38	»		St.-Malo.	
13	» Coulin	brick.	140	6	A	36	»		Marseille.	DCV.
14	Furieux, Hamon	dog.	77	4	G	26	»		St.-Malo.	
15	Furla, Mancino	brick.	248	3	G	22	Npl.		Naples.	
16										
17										
18										
19										
20										
21										
22										
23										
24										
25										
26										
27										
28										

1
2
3
4
5
6
7
8
9
10
11
12
13
14
15
16
17
18
19
20
21
22
23
24
25
26
27
28

1	GABAONNE, Barbagelata.........	ttn.	51	4	P	1826	Frç.		Marseille.	
2	GABRIEL, Aubert..............	brick.	154	4	A	9	»		Bordeaux.	DZ.
3	» Audibert...............	alg.	82	3	P	1797	»		Arles.	Rect. 27
4	» Broard	brick.	140	4	G	29	»		Nantes.	
5	» Doulen..................	ttn.	60	3	P	15	»		Agde.	
6	» Guise....................	3-m.	385	5	L	30	»		Marseille.	RDCV 38.
7	» Rouquette...............	bat.	50	4	P	30	»	cc.	Agde.	R 36.
8	GABRIELLE, de Berlotto	brick.	262	4	A	26	Scl.		Palerme.	DCV 35.
9	» Doulieu..................	ttn,	60	3	P	15	Frç.		Agde.	TGR 33
10	» Espelet	brick.	194	4	A	18	»	cc.	Marseille.	R 34, 37, DZ 31,
11	» Guizard..................	bb.	94	2	P	10	»	cc,	»	GR 31.
12	» Guzenec.	3-m.	400	5	L	29	»		Bordeaux.	DCV.
13	GALIARDO, Galiardo...........	brick.	112	6	G	34	Srd.		Chiavari.	
14	GALILEA, Cofiero	»	276	5	G	36	Npl.		Naples.	
15	GALLO, Palomba...............	»	263	3	G	23	»		Proceda	
16	GALLIZIANO, Uzovich..........	»	228	3	G	20	Autr.		Trieste.	
17	GAMBIE, Baradeau..............	»	110	5	A	30	Frç.		Nantes.	DZ.
18	GANDOLFO, Cullotta............	»	280	5	A	33	Scl.		Palerme.	DCV 37.
19	GANGE, Amiel..................	3-m.	500	5	L	29	Frç.		Bordeaux.	DCV 33.
20	» Chaudière	»	571	5	L	29	»		Havre.	DCV 33, R 37,
21	GABA, Premuda	»	287	4	A	25	Autr.		Trieste.	DCV.
22	GARANTE, Letterio.............	brick.	138	5	G	30	Scl.		Messine.	
23	GARBINO, Pilcovich.............	»	326	2	G	03	Autr.		Triestre.	GR 32.
24	GARD, Lesauvage	3-m.	366	6	L	37	Frç.		Bordeaux.	DCV.
25	GARDE-NATIONAL, Montfort.....	brick.	151	5	G	33	»		Nantes.	
26	GAROF-ALIZATA, Magoiani......	br.-g.	105	4	G	30	Grec.		Syra.	
27	GASCON, Filliol	brick.	160	6	G	37	Frç.		Marseille.	
28	GASONE, Marengo..............	»	201	5	A	31	Srd.		Gênes.	DCV 33,

1	GAULOIS, Châtelain........	brick.	151	5	A	1830	Frç.	cc.	Fécamp.	DZ 34, GR 37.
2	» Darras............	»	218	4	A	18	»		Havre.	GR 31, DZ 32.
3	GAZELLE, Besnard........	»	116	6	G	37	»		St-Servan.	....
4	» Lombard............	»	98	4	A	27	»		Marseille.	DZ 35, R 36.
5	» Rosse............	»	93	4	A	23	»	cc.	Nantes.	DCV 30, exh. 34.
6	» Vivien............	br.-g.	100	6	G	37	»		Honfleur.	....
7	GELENGICK, Bratelich........	brick.	297	4	G	28	Autr.		Trieste.	....
8	GÉNÉRAL-BORGELA, Maréchal.	»	147	4	A	26	Frç.		Dieppe.	DZ 36.
9	» -CARNOT, Pinaud........	»	131	6	G	38	»	cc.	Nantes.	
10	» -DOSASCIO, Martin........	»	169	2	G	17	Srd.		Nice.	GR 34.
11	» -DJINAJOLT, Smerdel........	»	300	4	G	25	Rss.		Tangarock.	....
12	» -FOY, Boulanger........	3-m.	263	4	L	26	Frç.		Havre.	DCV 32.
13	» » Bienvenu........	»	300	5	L	26	»		Bordeaux.	GR 36, 37, DCV 37.
14	» » Corcel........	brick.	186	5	A	26	»		Havre.	RDZ 34.
15	» » Guistaud..	loug.	79	3	G	26	»		Sables.	....
16	» » Legarrec........	br.-g.	79	3	G	22	»	cc.	Quimper.	....
17	» » Nicole........	brick.	114	3	G	15	»		Paimpol.	....
18	» » Vasse........	c.-m.	61	3	P	11	»		Audierne.	GR 35.
19	» -GUILLEMINOT, Anicol........	gls.	124	4	G	28	»		Dunkerque.	....
20	» -LALLEMAND, Allemand....	c.-m.	77	5	G	33	»	cc.	Croisic.	....
21	» -KASNACIEJEW, Antonof....	brick.	345	4	G	26	Grec.	cc.	Syra.	....
22	» -PAOLI, Mondicelli........	ttn.	54	6	P	38	Frç.	cc.	Ile-Rousse.	....
23	» -ROUËLLE, Gueroult........	brick.	185	3	G	21	»	cc.	Havre.	GR 33.
24	» -SERCEY, Leffloch........	»	156	4	G	29	»		Lorient.	....
26	GENEROSO, Landanza........	»	247	2	G	25	Npl.		Naples.	....
26	» Ghirardi........	bb.	76	4	P	27	Srd.	cc.	Savone.	....
27	GENEVIÈVE n° 2, Bignoricaie....	3-m.	268	6	G	37	Frç.		Nantes.	....
28	» Gigoux........	»	450	5	L	32	»		Bordeaux.	DCV 35.

1	GENEVIÈVE, Mainguet	3-m.	243	3	L	1822	Frç.		Nantes.	DCV 30, R 31.
2	GÉNIE, Lavallée	»	282	3	L	18	»		Bordeaux.	GR DCV 32.
3	» Recourse	»	250	5	A	33	»		Rouen.	DCV.
4	GENIO, Burazzo	brick.	100	4	G	28	Scl.		Palerme.	
5	» Constantin	»	273	4	G	20	»		»	
6	» Cosulich	brbc.	136	4	G	30	Autr.	cc.	Venise.	
7	» Negovitrich	brick.	380	4	G	28	»		Fiume.	
8	» Tuminatia	»	128	3	G	20	Rom.	cc.	Ancône.	
9	» -SPECULATORE, Marcovich	»	358	4	A	25	Autr.		Venise.	DCV 25.
10	GEORGE, Gasper	3-m.	503	5	L	35	Frç.		Havre.	Dbrz.
11	» -CUVIER, Techoir	»	362	6	L	37	»		Bordeaux.	DCV.
12	GEORGETTE, Clémence	brick.	169	5	G	28	»		Dieppe.	
13	» Dubos	dog.	62	3	P	22	»		Rouen.	
14	» Lebesque	goel.	101	4	A	28	»		Nantes.	DCV.
15	GERMAINE, Bourish	brick.	154	6	G	35	»	cc.	Brest.	
16	GESU-GUESEPPA-ET-MARIA, Di-Jovanni	»	58	6	P	35	Srd.	cc.	Launo.	
17	» -ET-MARIA, Chazzari	bb.	56	4	P	29	»	cc.	Pra.	
18	» » Froc	brick.	102	5	G	29	»	cc.	Gênes.	
19	» -MARIE, Noaillos	mtq.	80	4	P	29	Esp.	cc.	St.-Félieu.	
20	GIACCONNO, Camalich	brick.	312	3	G	25	Autr.		Venise.	R 34.
21	GIACINTO, Cafiero	»	188	2	G	17	Npl.	cc.	Naples.	
22	GIACOMO, Tarabocchia	»	312	3	G	16	Autr.		Venise.	
23	» -ET-GIORGIO, Chizotto	br.-g.	187	4	G	25	»		»	
24	GIASSONE, Dodero	brick.	240	6	A	33	Srd.		Gênes.	DCV.
25	» Fiorillo	»	210	4	G	21	Npl.		Naples.	
26	» Lauro	»	247	4	G	25	»		»	
27	» Marengo	»	210	5	A	31	Srd.		Gênes.	DCV 33.

1	Giassone, Michele	3-m.	330	3	A	1818	Grec.		Syra.	DCV. 34.
2	Gibraltalino, Fravigo	brick.	164	6 «	A	38	Srd.	cc.	Gênes.	DCV.
3	Giglio, Boiti	»	284	2	G	05	Autr.		Trieste.	
4	» Scotto Salvator	»	288	4	G	23	Npl.		Naples.	
5	Gilblas, Alcibert	»	245	4	A	20	Esp.		St.-Ander.	
6	Giocochino, Quintavala	»	108	5	G	33	Autr.		Venise.	
7	Gioabjo, Gavagnimo	goel.	132	3 «	G	20	»		« »	
8	Gioja, Obradivich	3-m.	261	4 «	G	05	»	cc.	Raguse.	Rect. 28.
9	Giojello, Rossi	brick.	278	4 «	A	24	Srd.		Gênes.	DCV. 28
10	» Taiani	»	130	5	G	32	Autr.		Fiume.	
11	Giorgiano, Molovich	»	266	2	G	16	Rss.		Odessa.	
12	Giorgo, Bondiri	»	150	3	G	29	Grec.	cc.	Syra.	
13	» Manegaki	goel.	60	3	P	26	»	cc.	« »	
14	Gioseppina, Dodero	brick.	130	3 «	P	25	Srd.		Gênes.	
15	» Garbagna	»	146	3 «	G	21	»		« »	
16	Giovanni-Batista, Cullera	chbc.	72	6 «	P	35	Scl.	cc.	Palerme.	
17	Giove, Chiozza	brick.	160	4	A	27	Srd.	cc.	Gênes.	DCV.
18	Girafe, Clément	»	150	3	G	04	Frç.		St.-Malo.	Rect. 29, GR 34.
19	» Esmiol	»	257	4	A	28	»		Marseille.	RDCV 34, R 35
20	Girasole, Chersich	»	240	4 «	G	28	Autr.		Trieste.	
21	Gironde, Passily	3-m.	412	6	L	35	Frç.		Havre.	DCV.
22	Giulia-Ragli, Angoli	brick.	346	4	A	26	Grec.		Egina.	DCV 30.
23	Giullietta, Dodero	3-m.	393	3	L	14	Srd.		Gênes.	DCV. 27.
24	Giunone, Gerbani	»	329	3	G	15	Autr.		Trieste.	
25	Giuseppa, Luciano	brick.	101	5	G	32	Scl.		Palerme.	
26	Giuseppina, Casanova	»	146	4	G	21	Srd.		Gênes.	
27	» Carttza	»	150	3	G	14	Rss.		Odessa.	GR 31.
28	» Dodero	»	130	3	G	25	Srd.		Gênes.	

1	GIUSEPPINA, Devoto		goel.	108	6	A	1835	Srd.		Gênes.	DVC.
2	» Prene		3-m.	378	5	L	34	»		»	DCV.
3	GIUSTA, Verano		goel.	58	4	P	27	Esp.		Alicante.	
4	GIUSTO, Bubinich		brick	320	2	G	10	Autr.		Trieste.	
5	GLANEUR, Brejon		»	187	5	G	35	Frç.		St.-Malo.	
5	GLANEUSE, Joulin		»	241	5	A	35	»		»	DZ.
7	GLOBE, Gaillard		»	240	5	A	28	»		Nantes.	GRDCV 32, GR 33.
8	» Lautier		3-m.	425	6	L	34	»	cc.	Marseille.	DCV
9	GLOIRE, Fourneau		»	300	4	L	27	»	cc.	Bordeaux,	DCV 35, GR 33, 37.
10	GLORIA, Bava		»	288	3	A	24	Srd.		Gênes.	DCV 28.
11	GLORIOSO, Candelari		trbc.	70	R		12	Rom.		Ancône.	
12	» Spinelli, d.		brick.	280	4	G	30	Npl.		Naples.	
13	GODEFROY, Grillet		»	236	3	G	20	Frç.		Marseille.	DCV 30, R 32.
14	GOELAND, Bernard		»	149	4	A	30	»		St.-Brieux.	DZ 34.
15	» Greloux		»	78	6	G	37	»		Nantes.	
16	GOL, Lespert		3-m.	389	5	L	29	»		Havre.	Dbrz 33.
17	GOLUPCHIK, Bernedos		brick.	170	4	A		Rss.	cc.	Odessa.	TGR DCV 38. (Esp.)
18	GONZAVE-HENRI, Bezot		»	117	6	G	36	Frç.		Toulon.	
19	GORIZIANO, Lucovich		»	248	4	G	24	Autr.		Trieste.	
20	GOVERNATORE-KISS, Medanich		»	196	6	G	38	»	cc.	Fiume.	
21	GRACE-DE-DIEU, Thomas		bb.	50	2	P	16	Frç.	cc.	St.-Tropez.	
22	GRAF, A KIMFY, DEMIDOFF, Raditch		brick.	352	5	G	28	Rss.		Tangarock.	
23	GRAMONTE, Persich		trbc.	124	2	P	10	Autr.	cc.	Fiume.	
24	GRAN-DUKA-LÉOPOLDO, Campodomico		brick.	160	5	A	35	Srd.		Gênes.	DCV.
25	» -TICIANO, Penessich		»	130	4	G	30	Autr.		Trieste.	
26	GRAND-CONDÉ, Aubert		3-m.	260	6	G	36	Frç.	cc.	Caen.	

1	GRAND-DUQUESNÉ, Olivier	3-m.	309	4	L	1824	Frç.		Dieppe.	RDCV 28.
2	» -FRÉDÉRIK, Forget	c.-m.	75	3	P	12	»	cc.	Vannes.	R 29.
3	» -NAPOLÉON, Brun	ttn.	80	6	P	34	»	cc.	Arles.	
4	» » Calliga-Foccio	brick.	204	4	G	22	Rom.		Ancône.	
5	» » Quellec	3-m.	310	6	L	34	Frç.		Bordeaux.	Dbrz.
6	» -ORIENT, Faucher	alg.	137	3	P	1787	»		Arles.	
7	GRATITUDE, Dubut	brick.	197	3	A	1800	»		St.-Malo.	GR 31, DZ 33.
8	GRAVOSA, Despot	»	351	3	G	17	Autr.		Venise.	R 33.
9	GRAZÍA, Camarota	bb.	160	3	G	16	Npl.	cc.	Proceta.	
10	» Dimai	brick.	254	3	G	22	»		Naples.	
11	» DE-DIO, Medanich	3-m.	408	6	G	36	Autr.		Fiume.	
12	GRAZIATA, Premudá	brick.	246	3	G	15	»		»	
13	GRAZIOSA-CORINNA, Danigni	»	215	4	G	24	Tsc.		Livourne.	GR 35.
14	» -FANNY, Tiscarino	»	108	5	A	30	Srd.		Gênes.	DCV 31.
15	GREGORIANO, Stupanich	»	274	R		00	Autr.		Trieste.	GR 25.
16	GREGORIO (paquebot), Boucary	»	203	4	G	29	Grec.		Spezzia.	
17	GRENADIER, Chauvette	»	182	6	G	36	Frç.	cc.	Nantes.	
18	GRÉTRY, Foullon	3-m.	442	6	L	36	»		Havre.	Dbrz.
19	GRUSSANAIS, Gimie	goel.	78	6	G	36	»	cc.	Gruissen.	
20	GUADELOUPE, Julien	3-m.	338	4	L	27	»		Marseille.	DCV 32, R 37.
21	» Lacouture	»	240	4	L	27	»		Bordeaux.	DCV 32.
22	GUATIMOZIN, Grenot	»	170	6	A	37	»		»	DCV.
23	GUGLIELMO, Miali	brick.	258	6	G	36	Srd.		Gênes.	
24	GUGLIEMO, Cavachich	»	225	4	A	25	Autr.		Trieste.	DCV, GR 31.
25	GUGLEMO-TELL, Piaggio	»	460	4	A	29	Srd.		Gênes.	DCV.
26	GUILLIELMO-LUIS, Fermendez	»	275	6	L	32	Frç.		Bordeaux.	DCV.
27	GUILLAUME, Esnolo	»	187	4	L	28	»		Dieppe.	
28	» Simonneau	»	75	2	G	14	»		Nantes.	R 29.

1	GUILLAUME-ALEXIS, Boyer	3-m.	320	4	L	1826	Frç.		Marseille.	RDCV 34.
2	» -SAUVAGE, Lhoot	brick.	168	4	G	20	»		Boulogne.	
3	» -TELL, Bastard	bat.	80	6	P	37	»		Martigues.	
4	» » Brinot	3-m.	290	4	A	22	»		St.-Malo.	DCV 36.
5	» » Buchon	»	409	6	L	33	»		Havre.	DCV.
6	» » Ravilly	loug.	76	5	G	34	»	cc.	Port Launay	
7	GUILLETTA, Longobardo	brick.	225	2	G	21	Npl.		Naples.	
8	GUISEPPINA, Baroue	»	147	4	G	24	Srd.		Gênes.	
9	» Dodero	»	150	4	G	28	»		»	
10	» Prefumo	3-m.	378	5	A	34	»	cc.	»	DCV.
11	GUSTAVE, Berthelot	»	357	4	A	26	Frç.		Havre.	DZ 33.
12	» Couteau	brick.	158	3	A	04	»		Bordeaux.	DZ 32.
13	» Demeure	»	232	4	L	29	»		Toulon.	DCV.
14	» Dronet	3-m.	292	4	L	26	»		Cherbourg.	DCV 30.
15	» Gaillard	brick.	90	3	G	15	»		Marseille.	R 29.
16	» Gaspart	»	75	3	G	24	»		Bordeaux.	
17	» Gauchet	»	128	5	G	30	»		St.-Servan.	
18	» Grenot	»	139	4	A	29	»		Bordeaux.	DZ 32.
19	» Guenon	»	150	2	A	15	»		Marseille.	RDCV 32.
20	» Harry	loug.	68	4	P	24	»		Sables.	
21	» Kraoult	brick.	169	3	A	26	»		St.-Malo.	DZ 29.
22	» Langlois	3-m.	496	6	L	35	»		Havre.	Dbrz.
23	» Moré	loug.	72	4	P	28	»		Dieppe.	
24	» Moisseau	c.-m.	78	6	G	35	»		La Rochelle.	
25	» Rounois	brick.	139	4	A	25	»	cc.	Bordeaux.	DZ 32.
26	» -HYPOLITE, Coste	»	77	2	P	17	»		Nantes.	
27	GUYANNE, Simon	»	221	5	A	32	»		»	DZ.

1
2
3
4
5
6
7
8
9
10
11
12
13
14
15
16
17
18
19
20
21
22
23
24
25
26
27
28

1	**Hardito**, Barbarovich	brick.	192	3	G	1814	Autr.		Trieste.	
2	**Hariclia**, Montane	bb.	72	6	G	36	Frç.	cc.	Agde.	
3	**Harmonie**, Baexter	3-m.	430	5	L	30	»		Havre.	DCV.
4	» Bernard	loug.	79	4	G	24	»		Bordeaux.	
5	» Delewyck	brick.	150	4	A	28	»		Dunkerque	DZ.
6	» Duille	3-m.	222	3	L	19	»	cc.	St-Valery.	GR 29, DZ 34.
7	**Harpe**, Tugnizza	brick.	319	3	A	16	Autr.		Trieste.	DCV 30.
8	**Havre**, Doucet	3-m.	373	4	L	19	Frç.		Havre.	RDCV 36.
9	» Plagne	brick.	229	4	L	24	»		»	GRDCV 32.
10	» -**et-Guadeloupe**, Sire	3-m.	352	6	L	35	»		»	DCV.
11	**Hazard**, Caric	brick.	74	3	G	»	»		Bayonne.	GRDZ 29.
12	» Clinet	loug.	77	3	G	18	»		Bordeaux.	R 37.
13	» Marchand	brick.	97	4	G	31	»	cc.	Sables.	GR 34.
14	» Menne	loug.	60	4	P	29	»		Bordeaux.	
15	**Hécla**, Amicoti	goel.	114	6	G	37	»		Dunkerque.	
16	**Hector**, Cilerto	brick.	150	3	G	22	Npl.	c.	Naples.	
17	» Guinemont	»	145	6	G	35	Frç.		Sables.	
18	**Helena**, Lanro	br.-g.	160	4	G	28	Rss.		Odessa.	
19	» Vassilio Gheni	3-m.	100	5	G	32	Grec.		Biroti.	
20	**Hélène-Marie**, Cornillot	c.-m.	96	4	G	22	Frç.	cc.	Quiberon.	GR 34.
21	**Hellas**, Caffari	brick.	220	5	G	33	Grec.	cc.	Ypsara.	
22	» Drissa	3-m.	214	6	G	35	»	cc.	Spezzia.	
23	» Guzzi	brick.	130	4	G	32	»	cc.	Syra.	
24	**Héloïse**, Brun	bb.	100	3	G	19	Frç.		Agde.	GR 35.
25	» Coquet	brick.	234	3	A	17	»		Havre.	RDZ 32.
26	» Couyère	goel.	74	6	G	37	»		Marseille.	
27	» Héron	3-m.	276	6	L	35	»		St.-Malo.	DCV.
28	» Levigoureux	c.-m.	78	5	G	37	»	cc.	Sarzeau.	

1	HENRI, Arnaud	bat.	29	4	P	1828	Frç.		Marseille.	
2	» Bertrand	brick	161	3	A	26	Angl.		« Malte.	DCV.
3	» Bulot	dog.	78	4 «	G	27	Frç.		Lorient.	
4	» Maes	»	73	3 «	G	1797	»		Dunkerque.	Alg. GR 30, R 32.
5	» Milson	brick	230	4	A	1826	»		Marseille.	DCV. 35.
6	» Morachia	bat.	55	6 «	P	30	»		« »	
7	» Niolon	brick	160	8	A	10	»		Havre.	GRDZ 33.
8	» Norine	flb.	72	3 «	P	27	»		Dieppe.	
9	» Owin	»	78	5 «	G	29	»		»	
10	» -ALFRED, Maurachon	bat.	28	6	P	35	»		Marseille.	
11	» -GONZAGUE, Bezot	brick	120	6	G	36	»		Toulon.	
12	» -LOUISE, Geflot	goel.	69	4	G	25	»		Dinan.	
13	» -MARIE, Autissier	loug.	78	3 «	G	22	»		St.-Malo.	
14	» « Razoul	»	73	5	G	34	»		La Nouvelle.	
15	» -ET-LOUISE, Gantier	3-m.	226	6 «	A	36	»		Cette.	DZ.
16	HENRIETTA-CLEMENTINA, Astolfi	brick	257	4 «	A	27	Autr.		Trieste.	DZ 33.
17	HENRIETTE, Caramagnac	»	138	6 «	G	35	Frç.		Sables.	
18	» Descamps	»	134	5 «	G	34	»		Granville.	
19	» Gombert	3-m.	232	4 «	A	00	»		Dunkerque.	GR 26, 33, 35, DZ 35.
20	» Gossin	brick	120	4 «	A	15	»		Marseille.	GR 35, 37, DCV 37.
21	» Portes	br.-g.	130	4 «	A	26	»	cc.	La Nouvelle.	DZ 34.
22	» Rochefort	brick	244	4 «	A	20	»		St.-Malo.	GR 35, R 36, DZ 32.
23	» Salmon	»	103	4 «	G	25	»		»	
24	» -ET-LOUISE, Portal	br.-g.	139	3 «	G	23	»		« Cette.	
25	» -ET-MARIE, Laurent	3-m.	358	3 «	L	25	»		St.-Malo.	Exb. DZ 30.
26	HÉRACLÉE, Dijasfachi	brick	240	5 «	G	29	Grec.	cc.	Syra.	
27	» Mitilla	»	115	5 «	G	35	»	cc.	»	
28	HERACLIA, Constantino Dijassaki.	»	159	5	G	33	»	cc.	Egina.	

1	**Heraclia**, By	brick	190	4	G	1831	Grec.	cc.	Syra.	
2	**Hercule**, Altazin	»	150	4	A	26	Frç.		Havre.	DCV 33, R 37.
3	» Andrac	3-m.	354	6	L	36	»		Marseille.	Dbrz.
4	» Bachoelet	brick.	289	3	A	17	»		Havre.	GR DCV 32, R 33.
5	» Cousouka	»	115	4	G	32	Greç.	cc.	Syra.	
6	» Dyassaki	»	250	4	G	32	»	cc.	»	
7	» Epivan	3-m.	246	6	G	37	Frç.		Paimpol.	
8	» Grenier	»	257	6	G	35	»		»	
9	» Pesqui	bat.	55	5	P	32	»	cc.	Nouvelle.	
10	» Scandoli	trbc.	84	3	P	22	Rom.		Ancône.	
11	» Sorel	goel.	74	4	G	26	Frç.		Cherbourg.	
12	» Valenti	brick	200	5	G	31	Grec.	cc.	Syra.	
13	**Hermes**, Elefterie	»	120	4	G	28	»		Ydra.	
14	» Guisolphe	br.-gi	90	6	G	37	Frç.		Martigues.	
15	**Hermine**, David	brick.	192	4	G	26	»		Paimbœuf.	
16	» Lenindre	»	166	3	G	19	»		Vannes.	GR 35.
17	» Lenoir	»	174	4	G	29	»	cc.	Nantes.	GR 35, 38.
18	**Herminie**, Soret	»	190	4	A	25	»		»	DCV 32.
19	**Hermosa-Haranero**, de Scheipo	»	135	3	A	23	»		Havanne.	DCV GR 31.
20	**Héros**, Bunses	»	124	4	G	25	»		Calais.	
21	» Beillard	3-m.	352	4	L	26	»		Havre.	DCV 31
22	**Heureuse**, Bedexe	brick.	125	6	G	36	»		Belle-Ile.	
23	» -**Anais**, Lus	bat.	46	4	P	25	»		Marseille.	
24	» -**Antoinette**, Flotte	»	29	4	P	29	»		St.-Nazaire.	
25	» -**Clara**, Roussin	brick	120	3	G	15	»		Marseille.	GR 31, 33, 37.
26	» -**Delphine**, Fouque	3-m.	77	4	P	29	»		Bandol.	
27	» -**Jean-Marie**, Chieust	bat.	45	5	P	31	»	cc.	Arles.	

1	Heureuse-Joséphine, Morrut	Hn.	58	4	P	1825	Frç.	Narbonne.	....
2	» -Julienne, Leveux...	brick	77	4	G	26	»	Vannes...	....
3	» -Louise, Carcassone .	alg.	94	4	P	27	»	Agde...	....
4	» » Guysot........	bb.	92	2	P	16	»	Marseille..	....
5	» -Marie, Cecuygis..	bat.	56	4	P	29	»	Bandol...	....
6	» » Maufret..........	brick	141	5	G	34	»	Nantes...	....
7	» » Nivière	bat.	29	3	P	22	»	Toulon...	....
8	» » Pons..............	bt.-g	85	4	G	25	»	Nouvelle..	Alg. R 33.
9	» -Mélanie, Machefaux	c.-m.	76	4	G	29	»	Vannes...	....
10	» » Rapon	bb.	87	R		00	»	Cannes...	R. 33......
11	» -Mère, Coudèle.......	c.-m.	74	4	P	25	»	Port-Navalo	
12	» -Pauline, Bourdé	brick	128	4	G	35	»	Auray...	....
13	» -Soeurs, Michon.....	bat.	51	«	P	[illegible]	»	«	....
14	» -Victorine, Gibert...	bb.	117	3	G	15	»	Marseille..	GB. 31.
15	» -Vierge, Rouquette....	Hn.	67	3	P	20	»	Nouvelle..	....
16	Heureux, Azibert	blc.	56	1	P	14	»	Collioure..	....
17	» Boone	gls.	110	2	G	17	»	Dunkerque.	GR 27.......
18	» Yaloury..............	brick	120	5	G	33	Grec.	Syra...	....
19	» -Adolphe, Henry..........	»	166	3	A	20	Frç.	Havre...	RDZ 32.
20	» -Benjamin-Edmond, Bouis	cutt.	99	6	P	37	»	Gruissan..	....
21	» -Edmon, Rodes.........	bat.	45	5	P	29	»	Toulon...	....
22	» -Jean-Marie, Chicast..	-alg.	55	5	P	31	»	Arles...	....
23	» -Joseph, Augier......	brick	126	3	A	18	»	Marseille..	RDZ 34.
24	» » Mayfray..............	»	128	2	G	05	»	».....	....
25	» -Ménage, Vachier........	alg.	82	3	P	1798	»	Arles...	GB 27, 34.
26	» -Pierre, Dejoibout.....	dog.	122	3	G	1825	»	Toulon...	GB.37.
27	» -Retour, Coudel	c.-m.	78	2	P	21	»	Port-Navalo	
28	» -Victor, Funels	bb.	60	2	P	27	»	Marseille.	Rect. 36.

1	HEVA, Ridel............		3-m.	466	5	L	1829	Frç.	Havre.	RDCV 35.
2	HIPPOLYTE, Chaperon.....		c.-m.	82	5	G	34	»	Nantes..	
3	» Féchant............		»	78	4	P	24	»	Belle-Ile.	
4	» Pons............		brig	115	6	G	36	»	La Nouvelle.	
5	HIRAM, Frebourg.........		brick	133	6	A	35	»	Havre...	DCV.
6	» Lagana............		»	118	4	G	27	Srd.	Messine..	
7	HIRONDELLE, Calamina....		br.-g	116	3	P	27	Grec.	Scopello.	
8	» Chéron............		dog.	64	5	P	30	Frç.	Rouen.	
9	» Gazan............		br.-g	115	6	G	35	»	Marseille.	
10	» Tongard............		3-m.	236	4	L	23	»	Havre...	DCV 33.
11	HOMINEM-QUERO-JUSTINI,	Tassos	brick	216	3	G	16	Srd.	Gênes...	GR 29.
12	HONORINE, Blancheur....		bb.	64	3	P	12	Frç.	Antibes.	
13	» Claris............		»	73	2	P	06	»	St.-Tropez.	
14	HORIZON, Simian.........		3-m.	301	4	L	27	»	Marseille.	Dbrz. 35.
15	HORTENSE, Gaudreuil.....		[illegible]	330	5	L	30	»	Havre...	DCV.
16	» Lemoël............		brick	117	5	G	34	»	Roscof..	
17	» Pons............		tart.	75	4	P	28	»	La Nouvelle.	
18	» -EUGÉNIE, Lacroix.....		goel.	76	4	P	23	»	St.-Valery.	GR 34.
19	HOUGLY, Jeansolin.......		3-m.	408	6	L	35	»	Marseille..	DCV.
20	HOURIS, Leborgne........		bq.	75	4	G	28	»	Fécamp.	
21	HUDSON, Vatel...........		brick	193	4	L	23	»	Bordeaux.	GRDCV 28.
22	HUIT-AVRIL, Gugun.......		»	163	3	G	26	»	St.-Malo.	R 38.
23	HUSSARD, Lereddé........		3-m.	218	4	G	26	»	Granville.	
24	HYDRA, Cirma............		brick	130	4	G	30	Grec.	Hydra..	
25	» Michaele............		3-m.	185	5	G	34	»	»	
26	HYMEN, Collet...........		c.-m.	79	3	G	18	Frç.	Auray...	GR 26, R 33.
27										
28										

1	Iberia, Tixi		brick	1	5	G	18	21	Srd.		Gênes.		
2	Ibis, Rameau		»	2	5	G		35	Frç.		Marseille.		
3	Icaro, Busetto		»	3	6	G		29	Autr.		Venise.		
4	Icnusa, Monticelli		»	2	3	G		20	Srd.		Gênes.		
5	Ida, Boucher		laug.	5	6	G		35	Frç.		Fécamp.		
6	» Noel		brick	19	4	A		27	»		Nantes.	GRDZ 38.	
7	Ioanno, Mattovich		»	16	3	G		27	Autr.		Trieste.		
8	Ignazio, Demoro		»	31	4	G		17	»		Fiume.		
9	Iles-de-Groix, Noël		»	19	4	A		27	»		Havre.	GR 34, DZ 28.	
10	Ilida, Croz		»	6	4	P		24	Esp.		Alicante.		
11	[illegible], Ternogorcevich		»	30	4	A		23	Autr.	cc.	Trieste.	DCV.	
12	Immacolata, Durasso		»	20	5	G		30	Npl.	cc.	Naples.		
13	» Escalla		»	15	5	G		11	»		»		
14	» Galatiola		»	11	3	G		2	Srd.		Catane.		
15	» Petrelluzzo		»	20	4	G		24	Npl.	cc.	Naples.		
16	» Scotto		br.-g.	14	5	G		30	»		»		
17	» -Concezione, Costa		brick	15	5	G		33	Srd.		Gênes.		
18	» » Costa		tth.	6	4	P		27	Npl.		Naples.		
19	» » Delpedrio		brick	15	4	G		38	»	c.	»		
20	» » Di-Campo		blc.	11	5	P		31	»		Gaëta.		
21	» » Ferrate		brick	12	2	G		20	Srd.		Palerme.		
22	» » Giersico		»	26	4	G		38	Npl.		Sorrento.		
23	» » Marchesse		»	18	5	G		32	Frç.		Gênes.		
24	» -et-St.-Joseph, Maresca		»	27	3	G		19	Npl.		Naples.		
25	» -Michele, Parascandola		»	22	4	G		23	»		Procida.		
26	Imperatrice-Alessandra, Marcurich		»	20	4	G		27	Rss.		Tangarock.	GB 33.	
27	» -Caroline, Possi		3-m.	44	3	G		40	Autr.		Trieste.		

1	IBERIA, Tixi	brick.	127	5	G	1831	Srd.		Gênes.	
2	IBIS, Rameau	»	241	5	G	35	Frç.		Marseille.	
3	ICARO, Busetto	»	323	6	G	32	Autr.		Venise.	
4	ICNUSA, Monticelli	»	276	3	G	20	Srd.		Gênes.	
5	IDA, Boucher	loug.	84	6	G	35	Frç.		Luc.	
6	» Neel	brick.	191	4	A	27	»		Havre.	GRDZ 38.
7	IDRENO, Mattovich	»	160	3	G	27	Autr.		Trieste.	
8	IGENIO, Demoro	»	310	4	G	17	»		Fiume.	
9	ILE-DE-GROIX, Noël	»	191	4	A	27	»		Havre.	GR 34, DZ 28.
10	ILIDA, Croz	»	67	4	P	24	E p.		Alicante.	
11	IMBROGLIO, Ternogorcevich	»	300	4	A	23	Autr.	cc.	Trieste.	DCV.
12	IMMACOLATA, Durasso	»	202	5	G	30	Npl.	cc.	Naples.	
13	» Escalla	»	158	5	G	31	»		»	
14	» Galatiola	»	117	3	G	20	Scl.		Cataneo.	
15	» Petreluzzo	»	200	4	G	24	Npl.	cc.	Naples.	
16	» Scotto	br.-g.	114	5	G	30	»		»	
17	» -CONCEZZIONE, Costa	brick.	157	5	G	32	Srd.		Gênes.	
18	» » Costa	tin.	68	4	P	27	Npl.		Naples.	
19	» » Delpedrie	brick.	180	4	G	28	»	c.	»	
20	» » Di-Campo	blc.	110	5	P	31	»		Gaëta.	
21	» » Ferrare	brick.	124	2	G	20	Scl.		Palerme.	
22	» » Giersice	»	260	4	G	28	Npl.		Sorento.	
23	» » Marchesse	»	182	5	G	32	Frç.		Gênes.	
24	» -ET-St.-JOSEPH, Maresca	»	273	3	G	19	Npl.		Naples.	
25	» -MICHELE, Parescandola	»	225	4	G	28	»		Prosceda.	
26	IMPERATRICE-ALLESSANDRA, Marcurich	»	205	4	G	27	Rss.		Tangarock.	GR 33.
27	» -CAROLINE, Possi	3-m.	447	3	G	10	Autr.		Trieste.	

1	IMPOSSIBLE, Vallebuona	brick	228	3	G	1819	Srd.		Gênes.	
2	IMPROMPTU, Potel	loug.	78	4	P	24	Frç.		Dieppe.	
3	INCAS, Chersis	3-m.	270	6	L	36	Srd.		Gênes.	DCV.
4	» Gervais	»	215	6	A	30	Frç.		Bordeaux.	DCV.
5	INCOGNITO, Maffé	brick.	221	3	G	17	Autr.	cc.	Trieste.	GR 32.
6	INDÉCIS, Broize	»	73	2	G	10	Frç.		Granville.	R 33.
7	INCOMPARABLE, Bodin	goel.	85	5	G	30	»	cc.	Agde.	
8	INCONORATA-E-Sta.-FILOMENA, Savarese	brick.	284	4	G	26	Npl.		Naples.	
9	INDÉPENDANT, Biclet	»	196	4	A	26	Frç.		Nantes.	DZ 33., GR 34.
10	» Delaporte	»	230	6	G	30	»		Rouen.	
11	» Greffeuil	»	194	2	A	17	»		Marseille.	RDZ 34, R 37.
12	» Jossin	loug.	75	4	G	26	»	cc.	Cancerneau.	
13	» Labêche	3-m.	280	6	L	35	»		Bordeaux.	DCV.
14	INDEPENDANTE, Dodero	brick.	160	3	G	23	Srd.		Gênes.	
15	» Martinis	goel.	100	6	G	31	Esp.		Cadix.	
16	INDIANA, Massia	3-m.	410	5	L	37	Frç.		Bordeaux.	DCV.
17	INDIEN, Auzeby	brick.	270	3	A	16	»	cc.	Marseille.	GR 31, DCV 32.
18	» Legruel	3-m.	275	5	A	34	»		Havre.	DCV 34.
19	» Regner	brick	161	3	G	10	»		Granville.	R 32.
20	» Truquetil	3-m.	403	5	L	33	»		Havre.	RDbrz. 36.
21	» Vitel	»	250	5	L	33	»		St-Malo.	Dhrz.
22	INDIFFERENTE, Dodero	brick.	197	3	A	20	Srd.		Gênes.	DZ.
23	INDIO, Marciani	br.-g	160	6	G	30	»	cc.	»	
24	INDUS, Ardisson	3-m.	257	6	L	34	Frç.		Bordeaux.	DCV. 38.
25	» Olive	»	376	3	L	10	»		Havre.	RDbrz. 39.
26	INDUSTRIA, Bianchi	brick.	160	3	G	16	Srd.	cc.	Gênes.	
27	» Bollo	»	180	2	G	16	»	cc.	»	

1	**Industrie**, Chanblon	3-m.	404	5	L	1828	Frç.		Hâvre.	DCV.
2	» Hinguant	brick	167	6	G	37	»		St-Malo.	
3	» Ledun	3-m.	214	6	G	35	»		Fécamp.	
4	» Pailloux	br.-g.	104	5	G	29	»	cc.	Agde.	
5	**Industriel**, Boquier	3-m.	319	6	L	35	»		Rouen.	Dbrz.
6	» Villaroze	bat.	54	4	P	25	»		St.-Laurent.	
7	**Industrioso**, Tobeno	brick.	252	5 «	A	32	Srd.		Gênes.	DCV 34.
8	**Innocence**, Moutet	bb.	100	4	P	27	Frç.		Marseille.	
9	**Innocente**, Pons	br.-g.	80	6	G	37	»	cc.	Gruissan.	
10	» Rossi	brick.	225	2	A	16	Srd.		Gênes.	DCV 32.
11	» Serra	»	298	2 «	G	17	Autr.		Trieste.	GR 31.
12	**Innocenzo**, Lami	mtq.	70	5 «	G	34	Tsc.		Livourne.	
13	**In-te-Domine-Speravi**, Piauzino	bbl	60	3 «	P	21	»		»	
14	**Interprétatrice**, Raboslovich	3-m.	330	4	A	17	Autr.		Trieste.	Rect. DZ 34.
15	**Intimité**, Luco	»	254	4	L	22	Frç.		St-Brieux.	
16	**Intrapredente**, Persico	brick.	209	4	G	26	Npl.		Naples.	
17	» -**Ungaro**, Rancich	»	251	4 «	G	23	Autr.		Fiume.	
18	**Intrépide**, Cassaré	cl.-m.	76	4 «	P	29	Frç.		Nantes.	
19	» Fen	brick.	79	5 «	G	31	»	cc.	Redon.	
20	» Gibert	bat.	55	6 «	P	35	»	cc.	Martigues.	
21	» Isnard	brick.	74	5 «	A	35	»		Cannes.	DZ 37.
22	» Prat	»	79	5	G	32	»		Bayonne.	
23	» -**Cannaris**, Millot	3-m.	250	5 «	A	29	»		Rouen.	DCV 31.
24	» -**Corse**, Biette	brick.	159	6	G	36	»	cc.	Honfleur.	
25	» -**Regulus**, Neveux	c.-m.	73	4 «	P	27	»	cc.	Vannes.	
26	**Intrepido**, Babaro	goel.	60	6	G	34	Srd.		Gênes.	
27	**Invencible-Puriviana**, Buzzolini	3-m.	336	6 «	L	36	»		»	DCV.

1	INVINCIBLE, Avegno	obr.	100	3	P	1810	Esp.	Villa-Viciosa.	GR 28, TGR 34.
2	» Min	loug.	79	4	G	26	Frç.	Fécamp.	
3	IPOCRATE, Canesse	brick.	244	2	G	vieux	Srd.	Gênes.	R 36.
4	IPPOPOTAMO, Bajanovich	»	182	2	G	1818	Autr.	Raguse.	
5	IRACLIA, Diassaki	»	190	4	G	29	Grec.	Syra.	
6	» Niccola	»	220	6	G	32	»	»	
7	IRÈNE, Ageo	»	200	6	A	36	Esp.	Havane.	DCV.
8	IRÉNÉE, Corru	»	187	5	G	28	Frç.	Dieppe.	
9	IRIDE, Chirico	»	158	5	G	32	Scl.	Messine.	
10	» Minutto D.	br.-g.	118	6	G	35	Srd.	Savonne.	
11	IRIS, Amice	brick.	120	3	G	26	Frç.	Bordeaux.	R 35, 36, 37.
12	» Demay	»	105	3	G	10	»	Boulogne.	GR. 29.
13	» Denis	alg.	102	6	P	37	»	Arles.	
14	» Gay	loug.	79	4	P	26	»	Noirmoutier.	
15	» Lefrançois	brick.	150	6	G	38	»	Fécamp.	
16	» Saragondille	goel.	130	6	G	33	Esp.	Bilbao.	
17	IRMA, Bouchard	brick.	180	6	G	37	Frç.	Bayonne.	
18	» Bourelly	3-m.	255	4	L	27	»	Marseille.	RDCV 35.
19	» Bronzi	bb.	74	4	P	34	Srd.	Spezzia.	R 35.
20	» Bouchard	brick.	180	6	G	37	Frç.	Rouen.	
21	» Chauvelon	loug.	75	4	P	27	»	Nantes.	
22	» Corre	3-m.	350	5	L	28	»	Havre.	DCV 32, R 35.
23	» Lecorvec	brick.	110	4	A	25	»	St.-Félieu.	DCV 35.
24	» Paimparé	goel.	80	3	G	25	»	St.-Valéry.	GR 28, 34.
25	» Rénier	brick.	120	4	G	24	»	Bordeaux.	
26	ISABELLA, Caveras	»	140	2	G	20	Esp.	Barcelonne.	
27	» Gunta	»	130	6	G	36	Autr. c.	Venise.	
28	» -SECONDA, Carreras	3-m.	277	6	G	35	Esp.	Barcelonne.	

1	ISABELLA-SEGONDA, Madueno	bb.	40	4	P	1820	Esp.		Mayorque.	
2	ISABELLE-ET-CHRISTINE, Martin	goël.	80	5	P	31	»		Alicante.	
3	» -MATHILDE, Prével	brick.	170	6	G	35	Frç.		Marseille.	
4	» -SECONDE, Olivet	c.-m.	116	6	G	37	»	cc.	Port-Navalo.	
5	ISALCO, Libourch	br.-g.	70	6	A	35	»		Bordeaux.	RDCV 38.
6	ISAMBERT, Coué	3-m.	311	4 «	L	27	»		Brest.	DCV 30.
7	ISOLANA, Desira	goël.	74	1	P	vieux	Ang.		Malte.	GR 29.
8	ISOTTA, Lazzarini	brick.	175	4	G	29	Rom.		Ancône.	
9	ISTOCK, Barlotich	br.-g.	132	6	G	34	Autr.		Fiume.	
10	ITALIA, Serra	brick.	108	4	G	26	Srd.		Gênes.	
11	ITALIANO, Aycardi	bbl.	122	3	G	22	»		»	
12	» Vignale	brick.	173	5 «	G	32	»		»	
13	ITALIO, Bonicelli	»	169	4 «	A	19	Autr.		Trieste.	Rct. DZ 34.
14	» Tarabotto	br.-g.	107	3 «	G	29	Srd.		Gênes.	
15	IVANHOÉ, Leigané	brick.	160	6 «	G	36	Scl.		Messine.	
16										
17										
18										
19										
20										
21										
22										
23										
24										
25										
26										
27										

1	J.-Diosouet, Ganovich	brick.	230	4	G	1823	Autr.	cc.	Venise.		1
2	Jacques, Cabannes	»	200	5	L	[illegible]	Frg.		Bordeaux.	DCV.	2
3	» Deretty	»	210	5	A	[illegible]	»	cc.	Dieppe.	RDX 36.	3
4	» Guichon-a	»	244	6	A	[illegible]	»		Calais.	DX.	4
5	» Lemonnier	3-m.	346	5	L	[illegible]	»		Rouen.	DCV.	5
6	» -Hilaire, Aubert	brick.	140	6	G	[illegible]	»		Dunkerque.		6
7	Jalousie, Gombert	tm.	69	3	P	[illegible]	»		Arles.		7
8	Janus, Faure	alg.	84	6	P	[illegible]	»		Agde.		8
9	Jareatano, Bajanovich, Matteo	brick.	183	4	G	[illegible]	Autr.		Raguse.		9
10	Jason, Beauregard	»	294	4	A	[illegible]	Frg.		Nantes.	GR 35, DCV 037.	10
11	» Brusco	»	315	3	[illegible]	[illegible]	Grèce.		Hydra.		11
12	» Cannone	»	386	4	G	[illegible]	»		»		12
13	» Duret	»	110	4	[illegible]	[illegible]	Frg.		St.-Martin.		13
14	» Gallon	»	90	6	[illegible]	[illegible]	»		Cherbourg.		14
15	» Tréhouard	3-m.	365	5	A	[illegible]	»		Rouen.	DX.	15
16	Jassone, Marengo	brick.	204	5	A	[illegible]	Srd.		Gênes.	DCV 32.	16
17	Jean-Antoine, Brun	tm.	36	5	P	[illegible]	Frg.	cc.	Arles.		17
18	» -Auguste, Armand	»	60	6	P	[illegible]	»	cc.	Seyne.		18
19	» Baptiste, Amic	bat.	95	5	P	[illegible]	»	cc.	St.-Tropez.		19
20	» » Calvé	c.-m.	77	2	P	[illegible]	»		Vannes.		20
21	» » Durant	brick.	135	2	G	[illegible]	»		St.-Malo.		21
22	» » Lesoures	»	140	3	A	[illegible]	»		Nantes.	GR 32, 33, DCV 32.	22
23	» » Noël	dog.	83	3	G	[illegible]	»		St.-Brieux.	TGR 30.	23
24	» » Périssol	brick.	157	6	L	[illegible]	»		Marseille.		24
25	» -Bart, Bodex	»	78	6	G	[illegible]	»	cc.	Belle-Ile.		25
26	» » Bourdin	slp.	75	6	G	26	»		St.-Malo.		26
27	» » Delbeck	3-m.	434	6	L	[illegible]	»		Dunkerque.	DCV.	27
28	» » Duncker	dog.	71	3	G	[illegible]	»			GR 26, 31.	28

1	J.-Disoscuri, Ganovich...........	brick.	230	4	G	1823	Autr.	cc.	Venise.	
2	Jacques, Cabannac............	»	200	5	L	33	Frç.		Bordeaux.	DCV.
3	» Derenty................	»	216	5	A	33	»	cc.	Dieppe.	RDZ 36.
4	» Guichon,-a...............	»	241	6	A	35	»		Calais.	DZ.
5	» Lemonnier	3-m.	340	6	L	35	»		Rouen.	DCV.
6	» -Charles, Aubert...........	brick.	140	6	G	35	»		Dunkerque.	
7	Jalousie, Gombert............	ttn.	64	3	P	17	»		Arles.	
8	Janus, Faure..................	alg.	82	6	P	38	»		Agde.	
9	Jappatamo, Bajanovich, Matteo..	brick.	182	4	G	25	Autr.		Ragnse.	
10	Jason, Beauregare............	»	240	4	A	27	Frç.		Nantes.	GR 35, DCVft 37.
11	» Brusco..................	»	315	3	G	17	Grec.		Ydra.	
12	» Cameno..................	»	380	4	G	25	»		»	
13	» Duret..................	»	110	4	G	28	Frç.		St.-Martin.	
14	» Gulien..................	»	96	6	G	36	»		Cherbourg.	
15	» Tréhouard................	3-m.	364	5	A	29	»		Rouen.	DZ.
16	Jassone, Marengo............	brick.	201	5	A	31	Srd.		Gênes.	DCV 32.
17	Jean-Antoine, Brun	ttn.	36	5	P	33	Frç.	cc.	Arles.	
18	» -Auguste, Arnaud	»	60	6	P	37	»	cc.	Seyne.	
19	» Baptiste, Amic............	bat.	29	5	P	32	»	cc.	St.-Tropez.	
20	» » Calvé..................	c.-m.	77	2	P	17	»		Vannes.	
21	» » Durant	brick.	132	2	G	15	»		St.-Malo.	
22	» » Lesours................	»	140	3	A	15	»		Nantes.	GR 32, 33, DCV 32.
23	» » Noël..................	dog.	83	3	G	15	»		St.-Brieux.	TGR 30.
24	» » Périssol..............	brick.	154	6	G	37	»		Marseille.	
25	» -Bart, Bedex..............	»	78	6	G	32	»	cc.	Belle-Ile.	
26	» » Bourdin................	slp.	75	6	G	36	»		St.-Malo.	
27	» » Delbeck................	3-m.	431	6	L	35	»		Dunkerque.	DCV.
28	» » Doncker................	dog.	77	3	G	11	»		»	GR 26, 31. [illegible]

1	JEAN-BART, Gautrot	gls.	79	4«	G	18	19	Frç.		Calais.	GR 31, R 35.
2	» Leroy	brick.	143	4«	A		29	»		Granville.	DCV. 36.
3	» -CHARLES, Moriceau		151	6«	A		35	»		Nantes.	DZ.
4	» -FRANÇOIS, Guerroire	bat.	29	4«	P		27	»		Arles.	
5	» » Legoff	c.-m.	68	3«	P		20	»		Billiers.	
6	» » Quenehaut	bat.	30	4«	P		27	»		Toulon.	
7	» -HENRI, Médeville	3-m.	276	5«	P		28	»		Bordeaux.	DCV. 36.
8	» -JACQUES, Barthélemy	ttn.	61	5«	P		32	»		Seyne.	
9	» » Boissel	dog.	110	3«	G		25	»		Dieppe.	
10	» » Corchuan	brick.	142	6«	G		33	»		Bayonne.	
11	» » Gueguin		190	6«	G		35	»		Roscoff.	
12	» » Kignard	c.-m.	78	5«	G		34	»		Port-Navalo.	
13	» » Pruneau	brick.	190	4«	A		26	»		Nantes.	GRDZ 36.
14	» » Roche	allg.	94	4«	P		25	»		Arles.	
15	» -LOUIS, Félieu, A.	bat.	47	4«	P		24	»		Nouvelle.	
16	» » Fournaire		54	4«	P		20	»		Cette.	
17	» » Roulet	brick.	123	5«	G		29	»		Dieppe.	
18	» -MARIE, Bayol	bat.	44	4«	P		14	»		Arles.	Rct. 34.
19	» » Dayot	brick.	78	2«	G		18	»		St-Brieux.	R. 30.
20	» » Diano	c.-m.	76	5«	G		33	»		Nantes.	
21	» » Foucheux	brick.	127	5«	G		34	»		Vannes.	
22	» » Geflot		79	4«	G		27	»		St-Malo.	R. 37.
23	» » Gombert	allg.	113	3«	P	17	82	»		Arles.	Rct. 32.
24	» » Robellec	brick.	128	5«	G	18	34	»		Auray.	
25	» -MATHIEU, Bulot	c.-m.	89	4«	G		29	»		Port-Navalo.	
26	» -MAURICE, David	3-m.	270	4«	A		28	»		Bordeaux.	RDCV. 33.
27	» -MICHEL, Eenard	dr.-g.	91	3«	G		23	»		»	GR. 34
28	» -PIERRE, Goubie	brick.	150	4«	A		22	»		»	GRDZ. 32.

1	JEANNE, Ordonneau	goel.	61	3«	P	1821	Frç.		Nantes.	
2	» D'ARC, Cancois	loug.	78	5«	G	34	»		»	
3	» » Dehaussé	3-m.	276	6«	G	38	»		Rouen.	
4	» » Tailly	»	195	3«	G	14	»		Havre.	R 27, 33.
5	» -FRANÇOIS, Mabé	c.-m.	64	5«	G	32	»		La Rochelle.	
6	» -HÉLÈNE, Landard	brick	71	4«	G	24	»		Bordeaux.	GR 32.
7	» -MARIE, Belz	bo-m.	78	5«	G	30	»	cc.	Trinité.	
8	» » Ezano	»	94	5«	G	30	»	cc.	Carnac.	
9	» » Leveux	loug.	140	6«	G	36	»	cc.	Auray.	
10	» -ELISABETH, Lebloch	c.-m.	60	R		02	»	cc.	Sarzeau.	
11	» -MÉLANIE, Aoustin	loug.	79	3«	G	26	»	cc.	Méans.	
12	JEANNETTE, Daumon	brick	108	4«	G	26	»		Dunkerque.	
13	JÉLE, Lebreton	»	128	6«	G	38	»	cc.	Nantes.	
14	JEMMY, Dilbam	»	74	3«	G	21	»		Charente.	GR 31, 32, 37.
15	JENNY, Bernard	3-m.	168	R		08	»		Bordeaux.	
16	» Descombes	brick	131	3«	G	13	»		Dunkerque.	Rect. 26, R 34.
17	» Lala	goel.	62	3«	G	21	»	cc.	Port-Launay	
18	» Lecompte	brick	77	5«	G	31	»		Bordeaux.	
19	» Menard	glst.	80	3«	G	20	»		Rouen.	R 32, 33.
20	» -ET-CAROLY, Laugier	brick	141	2«	G	02	»		Agde.	R 26, 29.
21	JERATO, Papapaolo	br.-g	60	3«	P	26	Greč.	cc.	Ydra.	
22	JEROMINE, Giraud	-tn.	44	2«	P	00	Frç.		Martigues.	
23	JESUS-JOSÉ-MARIA, Nossardi	brick	129	2«	G	17	Srd.		Gênes.	
24	» » » E.-Chizzari	bb.	56	4«	P	29	»	cc.	Pra.	
25	» » » Constantino	brick	68	2«	P	20	Scl.	cc.	Palerme.	
26	» » » Costa	»	104	4«	G	27	Frç.		Calvi.	
27	» -MARIA-JOSE, Ferrer	chbc.	170	R		09	Esp.	cc.	Ivice.	Faible.
28	» » » Lupo	brick	65	2«	P	22	Scl.		Messine.	

1	JESUS-MARIA-JOSE, Noallas	mtc.	61	3 «	P.	1828	Esp.		Barcelonne.	
2	» » -E-JOSE, Domingo	chbel	63	2 «	P.	02	Npl.		Trapani.	
3	» -MARIE, Count	bat.	36	4 «	P.	28	Frç.		Arles.	
4	» » Morel	blc.	45	3 «	P.	19	Esp.		Palamos.	
5	» » Rivière	mtc.	75	«	P.	19	Frç.			
6	JEUNE-ACHILLE, Crequer	c.-m.	89	4 «	G.	28	»		Caudebec.	
7	» » Gneno	»	79	4 «	G.	28	»	cc.	Ile aux moin	
8	» -ADÈLE, Dupuy	dog.	122	4 «	G.	26	»		Dunkerque.	
9	» » Figoux	brick.	152	2 «	G.	04	»		Marseille.	GR 30.
10	» » Gaubert	tlh.	58	4 «	P.	29	»	cc.	La Nouvelle.	
11	» » Gerdens	gls.	76	3 «	P.	17	»		Charente.	R 30, 35.
12	» » Giquel	c.-m.	69	3 «	P.	21	»	cc.	Sarzeau.	
13	» » Gillot	brick.	115	6 «	G.	37	»		Nantes.	
14	» » Gilloux	»	150	2 «	G.	00	»		Marseille.	GR 30, R 35.
15	» » Orieux	c.-m.	78	4 «	G.	26	»		Nantes.	GR 29, R 37.
16	» » Pons	ttn.	53	5 «	P.	30	»		Narbonne.	
17	» » Weus	brick.	196	5 «	G.	33	»		Lorient.	
18	» -ADÉLAÏDE, Pierre	»		«		38	»		Richardais.	
19	» -ADOLPHE, Breton	dog.	78	5 «	G.	29	»		Sables.	
20	» » Leduff	»	63	5 «	P.	34	»		Abbeville.	
21	» » Morvan	3-m.	280	6 «	L.	36	»	cc.	Morlaix.	DCV
22	» » Piron	c.-m.	77	4 «	G.	25	»	cc.	Vannes.	GR 34.
23	» -AGATHE, Imatz	3-m.	192	5 «	A.	34	»		Bordeaux.	DCV.
24	» -AGLAÉ, Consolopolo	brick.	308	4 «	G.	25	Grec.	cc.	Syra.	
25	» » Ordanneau	c.-m.	77	5 «	G.	33	Frç.		Nantes.	
26	» -AIMABLE-MARIE, Moreau	3-m.	291	5 «	L.	32	»		Bordeaux.	DCV.
27	» » » Romel	gls.	116	4 «	G.	28	»		Dunkerque.	
28	» -ALCIDE, Jego	c.-m.	78	4 «	G.	29	»	cc.	Belle-Ile.	

1	JEUNE-ALEXANDRE, Galaic	brick.	139	4	G	1824	Frç	c.	Nantes.	R 34.
2	» -ALEXANDRINE, Gimier	ttn.	66	5	P	33	»		La Nouvelle.	
3	» -ALINE, Beauregard	brick.	111	2	G	1794	»		St-Servan.	GR 28. DZ 35.
4	» -ALPHONSE, Pelléra	bat.	29	6	P	1838	»	cc.	St-Tropez.	
5	» » Rouquet	ttn.	80	6	P	38	»	c.	Gruissan.	
6	» -AMANT, Gibert	[illegible]	68	5 «	P	25	»		Narbonne.	Exb. 34.
7	» » Joyau	loug.	79	5 «	G	33	»		Nantes.	
8	» -AMÉDÉE, Chaumette	[illegible]	75	5 «	G	34	»		»	
9	» » Thiron	brick.	70	2 «	P	16	»		Conquet.	
10	» -ANAÏS, Remusat	3-m.	332	5 «	[illegible]	31	»		Marseille.	DCY. 38.
11	» -ANATOLE, Dutertre	brick.	117	5 «	G	33	»		Nantes.	
12	» -ANNETTE, Bensa	[illegible]	113	4 «	G	24	»	cc.	Marseille.	
13	» » Mahé	c.-m.	81	4 «	G	26	»		Vannes.	R 33.
14	» -ANTOINE, Fenouillière	brick.	117	3 «	G	17	»		St-Valéry.	GR 34.
15	» » Gantel	ttn.	60	5 «	P	33	»		Marseille.	
16	» -APPOLONIE, Auzias	bb.	93	2 «	P	16	»	c.	Antibes.	GR 32.
17	» -AQUILIN, Rachoux	bât.	47	4 «	P	26	»		La Nouvelle.	
18	» -ARMAND, Cantin	brick.	104	3 «	G	14	»		Nantes.	
19	» » Rouquette	ttn.	47	4 «	P	25	»		La Nouvelle.	
20	» -ARMANDE, Quilbé	slp.	69	4 «	P	22	»	cc.	Touque.	
21	» -ARMEL, Pocreau	c.-m.	76	4 «	P	26	»		Sarzeau.	
22	» -AUGUSTE, Follange	brick.	117	6 «	G	37	»		St-Malo.	
23	» -AUGUSTINE, Letanneur	[illegible]	180	5 «	G	35	»	cc.	Fécamp.	
24	» -AUSTERLITZ, Adelis	c.-m.	77	6 «	G	38	»		Vannes.	
25	» -BAPTISTE, Pourchaud	»	86	4 «	G	24	»		Billiers.	
26	» -BATILDE, Malescot	brick.	192	6 «	G	37	»		Nantes.	
27	» -BAYARD, Mabeo	[illegible]	76	4 «	G	28	»	cc.	Vannes.	
28	» -BERGÈRE, Azibert	ttn.	80	6 «	P	35	»		La Nouvelle.	

1	JEUNE-BLANCHE, Annette	br.-g.	65	2	P	1812	Frç.		St-Malo.	GR 28, R 31, 36.
2	» -CAMILLE, Guillerme	c.-m.	75	3 «	P	20	»		Nantes.	
3	» -CAROLINE, Chatelain	brick	200	4 «	A	00	»		Havre.	GR 27, 37, DZ 37.
4	» » Tréboret	loug.	67	4 «	P	29	»		Brest.	
5	» -CATHERINE, Mailho	c.-m.	73	3 «	P	12	»		Vannes.	GR 31.
6	» -CÉCILE, Decombe	br.-g.	60	4 «	P	25	»		St-Julien.	
7	» -CÉLESTINE, Francois	loug.	77	5 «	G	35	»		Nantes.	
8	» -CÉLINA, Larivan	brick.	85	3 «	G	18	»		Paimpol.	
9	» -CÉLINE, Lepeltier	»	118	5 «	G	30	»		Nantes.	
10	» » Loraine	»	145	4 «	G	26	»		Cancale.	GR 35.
11	» -CÉSAR, Mathoni	»	112	5 «	G	34	»		Marseille.	
12	» -CHARLES, Abraham	»	149	5 «	A	34	»		Nantes.	Dbrz. feut.
13	» » Badille	br.-g.	118	6 «	G	35	»		Marseille.	
14	» » Boulanger	3-m.	315	5 «	A	28	»		Havre.	GRDZ 31.
15	» » Degas J.	brick.	151	4 «	G	26	»		St.-Malo.	
16	» » Jourdan	bb.	99	3 «	P	13	»		St-Tropez.	GR 35.
17	» » Martin	brick.	178	6 «	G	36	»		St.-Malo.	
18	» » Petit	dog.	70	2 «	P	14	»		Dunkerque.	R 32.
19	» » -ET-LUCRÈCE, Pougct	bat.	37	4 «	P	27	»		St.-Tropez.	
20	» -CHARLOTTE, Crouzat	ttn.	55	5 «	P	30	»	cc.	Narbonne.	
21	» -CLARICE, Rance G.	br.-g.	126	4 «	A	29	»		Marseille.	DZ 35.
22	» -CLÉANDE, Allègre	brick.	125	4 «	A	28	»		»	DCV. 35.
23	» -CLAUDE, Mercier	»	116	5 «	G	33	»		Nantes.	
24	» -CLÉMENCE, Coisy	3-m.	213	3 «	A	18	»		Havre.	DCV. 35.
25	» -CLÉMENTINE, Mutel	bsq.	79	5 «	G	35	»		Caen.	
26	» -COLOMBE, Rachou	ttn.	46	4 «	P	28	»	cc.	La Nouvelle.	
27	» -CONSTANT, Ordronneau	loug.	76	3 «	G	24	»		Nantes.	
28	» -COURAGEUX, Thebaut	c.-m.	78	4 «	G	28	»	cc.	Vannes.	

1	JEUNE-CUPIDON, Bojin	loug.	78	3 «	P	1826	Frç		Nantes.	
2	» -DAUPHIN, Roux-J	brick.	77	4 «	P	24	»		Bordeaux.	
3	» -DELPHINE, Grouzat	loug.	80	4 «	P	34	»	cc.	Nouvelle.	
4	» -DÉSIRÉE, Bret	»	78	6 «	G	37	»		Nantes.	
5	» -DESTIN, Hostin	c.-m.	80	5 «	G	30	»	cc.	Quiberon.	
6	» -EDMON, Cendre	bbd.	80	3 «	P	17	»		Agde.	TGR 33, R 35.
7	» » Lebuhé	c.-m.	80	4 «	G	29	»	cc.	Quiberon.	
8	» » Lemauf	brick.	190	5 «	G	35	»	cc.	Redon.	
9	» EDOUARD, Aubin	loug.	70	4 «	P	24	»		Nantes.	
10	» » Levallois	3-m.	329	3 «	A	16	»		Cherbburg.	DZ 34, R 37.
11	» » Pinceaux	dog.	79	4 «	G	32	»		St.-Malo.	
12	» » Redculhin	3-m.	280	5 «	L	35	»		Bordeaux.	RDGV 37.
13	» ELISA, Giraud	»	350	5 «	L	29	»		»	DCV. 35.
14	» » Loquet	brick.	177	4 «	A	26	»	cc.	»	GRDZ 37.
15	» -ELÉONORE, Riollay	»	200	6 «	G	36	»		Treguier.	
16	» -ELISE, Baudri	»	119	4 «	A	28	»		Bordeaux.	DZ 38.
17	» » Boisnard	»	210	4 «	G	26	»	cc.	Granville.	
18	» » Chauvelon	»	114	5 «	G	34	»		Nantes.	
19	» » Roux	»	122	3 «	G	18	»		St-Malo.	R 29, 31, 34.
20	» -ELODIE, Mensignac		79	4 «	G	26	»		Marseille.	
21	» -ELVIRE, Razouls	llo.	79	4 «	P	26	»		»	
22	» -EMILE, Brean	c.-m.	78	4 «	P	28	»		Vannes.	
23	» » Grometti	dog.	73	R «		22	»		Toulon.	GR 35.
24	» -EMILIE, Carré	brick.	60	4 «	G	26	»		St-Servan.	GR 35.
25	» » Duporteau	»	120	4 «	A	24	»		Bordeaux.	RDZ 35.
26	» » Gout	bbd.	74	5 «	P	32	»		Agde.	
27	» -EMMA, Pardigon	ttn.	29	5 «	P	32	»	cc.	St-Nazaire.	
28	» -ERNEST, Bertin	c.-m.	68	5 «	P	31	»		Mesquier.	

1	JEUNE-ERNEST, Chrétien	3-m.	380	5	L	1830	Frç.		Bordeaux	DCV 35.
2	» » Martin	ttn.	45	5	P	30	»	cc.	Narbonne	
3	» » Olivier		61	4	P	25	»	cc.	»	
4	» -ESTELLE, Lameau	brick	200	4	A	25	»		Bordeaux	DCV 34.
5	» -ESTHER, Bertin		119	4	A	29	»		Marseille	DCV 37.
6	» -EUGÈNE, Bernard		160	5	A	33	»		Nantes	DZ 35.
7	» » Guenot	c.-m.	78	4	G	26	»	cc.	Port-Navalo	
8	» -EVELINA, Razouls	bri.-g.	80	6	G	37	»	cc.	Gruissan	
9	» -EZELIA, Pellat	brick	162	5	A	33	»		Marseille	DZ 35.
10	» -FAMILLE, Calvé	c.-m.	68	R		07	»		Sarzeau	
11	» » Legoalin	»	79	5	G	36	»	cc.	»	
12	» -FANNY, Gibert	bri.-g.	102	4	P	25	»		Marseille	R 38.
13	» » Guillaume	brick	100	3	G	24	»		Granville	
14	» » Largouet	c.-m.	66	3	P	23	»	cc.	Sarzeau	
15	» -FÉLIX, Bobina		78	3	P	26	»	cc.	Vannes	
16	» » Boucaud	loug.	79	4	G	29	»	cc.	Méans	
17	» » Girard	brick	27	6	G	37	»		Nantes	
18	» » Lediabat	c.-m.	78	4	P	26	»		Vannes	
19	» » Levaillant	brick	231	4	A	26	»		Nantes	DZ 30.
20	» » Moreau	c.-m.	62	4	P	25	»		»	
21	» -FLORE, Haupoix	br.-g.	80	5	G	33	»		Caen	
22	» -FRANCE, Chenard	3-m.	373	6	L	33	»		Nantes	Dbrz 34.
23	» -FRANÇOISE, Lebihan	c.-m.	88	4	G	25	»	cc.	Armerie	
24	» -FRÉDÉRIC, Blanchard	brick	224	6	G	36	»		Nantes	
26	» » Marion	c.-m.	74	2	P	26	»	cc.	Vannes	
26	» » Versaille	dog.	79	4	G	26	»		Dunkerque	
27	» -GABRIEL, Balad	gls.	92	4	G	26	»		»	
28	» -GABRIELLE, Aubert	3-m.	260	5	L	28	»		Bordeaux	Dbrz 37.

1	JEUNE-GASTON, Rozó	c.-m.	97	4	G	1826	Frç.	cc.	Auray.	
2	» -HÉLÈNE, Charles	bb.	75	2	P	06	»		Agde.	
3	» » Fourni	goel.	72	4	G	24	»		Boulogne.	Alg. 25,
4	» » Leport	c.-m.	75	3	P	17	»		Vannes.	
5	» » Letrudic	brick	74	3	G	15	»		Bordeaux.	GR 33; R 36.
6	» -HÉLOÏSE, Argilas	»	288	4	A	16	»		Marseille.	RDCV 38.
7	» » Servet	br.-g.	78	4	G	24	»		Morlaix.	
8	» -HENRI, Ardevin	long.	79	5	G	30	»		Bayonne.	
9	» » Berni	3-m.	272	6	A	37	»		Marseille.	
10	» » Bichon	brick	145	5	G	32	»		Bordeaux.	
11	» » Boju	c.-m.	89	4	G	27	»		Nantes.	
12	» » Jombert	brick	268	4	A	23	»		Marseille.	R 29; DCV 33.
13	» » Leret	c.-m.	79	4	G	29	»	cc.	Port-Navalo	
14	» » Locuet	brick	111	R		00	»		Dunkerque.	R 33.
15	» » Meslier	»	206	4	G	24	»		St.-Brieux.	
16	» » Moré	»	137	4	G	27	»		Dieppe.	R 32.
17	» » Robineau	c.-m.	122	6	G	37	»	cc.	Auray.	
18	» -ET-ALBIN, Garach	ttn.	44	2	P	12	»		Agde.	
19	» -HENRIETTE, Armand	c.-m.	70	5	G	35	»	cc.	Redon.	
20	» » Daniel	br.-g.	118	4	G	26	»		Richard.	
21	» » Leguillec	brick	220	4	G	22	»		Nantes.	
22	» » Mêhes	»	77	3	G	20	»		St.-Malo.	GR 32.
23	» -HONORÉ, Lougain	c.-m.	78	4	G	30	»	cc.	Belle-Ile.	
24	» -HORTENSE, Lamy	goel.	64	5	G	24	»		Fécamp.	R 38.
25	» » Lehodey	br.-g.	78	3	G	26	»		Barfleur.	
26	» » Moreau	brick.	291	5	A	32	»		Bordeaux.	DZ.
27	» » Pons	ttn.	75	4	P	05	»		La Nouvelle.	Rect. Alg. 27, R [illegible]
28	» » Vanret	gls.	116	5	G	28	»		Dunkerque.	

1	JEUNE-HYPOLITE	ttn.	40		P		Frç.		
2	» -INDIENNE, Esclapon	brick.	297	4	A	23	»	Marseille.	R 35, DCV 36.
3	» -INSULAIRE, Cantin	loug.	68	5	P	33	»	St.-Martin.	
4	» -IRMISSE, Ventre	3-m.	359	3	L	18	»	Marseille.	GR 30, DCV 33.
5	» -JÉROME, Leveux	c.-m.	77	4	P	29	»	Vannes.	
6	» -JOSEPH, Crequer	»	78	4	G	26	»	»	
7	» » Lancelot	»	77	5	G	32	»	Nantes.	
8	» » Lecomte	brick.	104	5	A	34	»	»	
9	» -JOSÉPHINE	»	243	4	G	23	»	Marseille.	DZ.
10	» » Raybaud	ttn.	51	5	P	29	»	»	
11	» -JULES, Dépensier	brick.	104	3	G	24	»	St.-Malo.	
12	» -LAURE, Lannes	3-m.	280	3	L	17	»	Bordeaux.	GR 32, DCV 37.
13	» -LEA, Hamel	goel.	60	3	G	18	»	Granville.	GR 30, 37.
14	» -LÉONIE, Boisnard	brick.	134	6	G	35	»	St.-Malo.	
15	» -LISE, Lucas	3-m.	332	6	L	36	»	Bordeaux.	DCV.
16	» -LOUIS, Demay	brick.	200	4	G	24	»	Nantes.	
17	» » Demay	gls.	82	6	G	34	»	Boulogne.	
18	» » Ferraud	»	107	5	G	34	»	Belle-Ile.	
19	» » Mercier	c.-m.	67	4	P	29	»	Nantes.	
20	» -LOUISA, Trevinal	brick.	108	3	G	26	»	Dinan.	
21	» -LOUISE, Clairigot	»	157	6	G	35	»	Redon.	
22	» » Largouet	c.-m.	79	3	G	24	»	Vannes.	
23	» -LUCILE, Lucas	»	77	4	G	25	»	»	
24	» -LUCRÈCE, Ambert	ttn.	64	4	P	26	»	Cette.	
25	» -MAGDELAINE, Rolland	c.-m.	89	3	G	23	»	Vannes.	
26	» -MALOUIN, Vatout	brick.	99	4	G	22	»	St.-Malo.	
27	» -MARGUERITE, Daniellot	c.-m.	72	4	P	25	»	Sarzeau.	
28	» -MARIA, Dupuis	»	73	5	G	30	»	Vannes.	

1	JEUNE-MARIE, Bagousse		c-m.	78	5«	G	1830	Frc.		Trinité.	
2	» Charitto		loug.	60	4«	P	26	»		Bayonne.	
3	» Dugornet		brick	125	4«	G	26	»		St-Brieux.	
4	» Forget		c-m.	77	3«	G	26	»	cc.	Vannes.	
5	» Fourny		brick.	181	4«	G	26	»		St.-Valery.	
6	» Gueguan		c-m.	78	4«	G	24	»	cc.	Quiberon.	
7	» Kerlan		»	70	4«	P	25	»	cc.	Sarzeau.	
8	» Quilbert		brick	120	4«	G	25	»		Granville.	
9	» Ravilly		c-m.	73	4«	P	29	»		Nantes.	
10	» -ANNE, Pourchasse		»	64	3«	P	23	»	cc.	Sarzeau.	
11	» -CÉCILE, Forget		»	72	4«	P	25	»	cc.	»	
12	» -ELISABETH, Lellock		»	60	1«	P	02	»	c.	»	GR 28.
13	» -JOSEPH, Largouet		»	75	3«	G	24	»	cc.	»	
14	» -MARIN, Corchuan		»	100	4«	G	26	»	cc.	»	
15	» -MARINE, Thomasie		»	71	4«	P	25	»		Belle-Ile.	
16	» -MATHILDE, Aubay		bsq.	91	6«	G	35	»		Caen.	
17	» » Cuban		goel.	79	6«	G	35	»		Havre	
18	» » Dacheux		3-m.	310	4«	L	27	»		Nantes.	GRDZ 31.
19	» » Defoy		»	235	6«	L	35	»		»	DCV
20	» » Dumontel		smk.	69	4«	G	28	»	cc.	Royan.	
21	» -MÉLANIE, Aoustin		brick	79	3«	G	26	»		Méans.	
22	» » Stéphanie		c-m.	90	3«	G	26	»		Port-Navalo	
23	» -MÉNANDRE, Monnier		brick	167	4«	A	27	»		Marseille.	DCV 35
24	» -MENTOR, Leseven		c-m.	62	2«	P	17	»	cc.	Sarzeau.	
25	» -MÈRE, Esnol		brick	85	2«	G	14	»		Cherbourg.	R 28.
26	» -MION, Livret		»	72	1«	G	05	»		Marseille.	GR 27.
27	» -NANCY, Allard		»	180	6«	G	37	»		»	
28	» -NANON, Malée		goel.	76	2«	G	18	»		Morlaix.	

1	JEUNE-NATHALIE, Aubert,	brick.	130	6	G	1833	Frc.		Dunkerque.	
2	» » Helena	ttn.	47	3 «	P	16	»	cc.	Narbonne.	
3	» -NELLY, Bauduin	brick.	230	4 «	L	29	»		Bordeaux.	DCV 31.
4	» » Ducasson	3-m.	186	4 «	A	15	»		»	GRDZ 35.
5	» » Leverger	»	202	5 «	A	32	»		Havre.	DCV.
6	» -OCTAVIE, Garnier	« bb.	101	4 «	G	25	»	cc.	Marseille.	
7	» -PALMYRE, Dutemple	3-m.	296	4 «	A	23	»		St-Malo.	GRDCV 38.
8	» -PAUL, Halgant	brick.	80	4 «	A	23	»		Rouen.	DZ.
9	» -PAULIN, Mircier	bat.	29	4 «	P	26	»		Toulon.	
10	» » Orzini	bb.	66	3 «	P	22	»		Marseille.	
11	» -PAULINE, Guillard	3-m.	338	6 «	L	36	»		Nantes.	DCV.
12	» » Lamer	brick.	116	5 «	G	34	»		Entel.	
13	» » Lemicux	loug.	67	4 «	P	26	»		St.-Valery.	
14	» -PIERRE, Clamin	bat.	44	5 «	P	30	»	cc.	Arles.	
15	» » Rose	cl-m.	60	3 «	P	20	»	cc.	Redon.	
16	» -POLLETAIS, Coroé	brick.	184	5 «	G	36	»		Dieppe.	
17	» -PROSPER, Alix	»	197	5 «	G	30	»		« »	
18	» » Ernoult	»	204	5 «	A	30	»		Nantes.	DZ.
19	» -RAYMOND, Dubourdieu	3-m.	285	5 «	L	30	»		Bordeaux.	DCV 33.
20	» -SAUTRELLE, Luco	goel.	77	3 «	P	10	»	cc.	Vannes.	
21	» -St.-PIERRE, Collet	c.-m.	78	4 «	G	30	»	cc.	Carnac.	
22	» -SYLVIE, Gimie	br.-g.	117	6 «	G	35	»	cc.	Nouvelle.	
23	» -SOPHIE, Ambert	ttn.	79	6 «	P	37	»	cc.	Narbonne.	
24	» » Billet	brick.	107	5 «	A	32	»		Nantes.	DZ 34.
25	» » Delaunay	« loug.	97	6 «	G	38	»		Caen.	
26	» -THÉODORE, Guillaume	3-m.	260	4 «	L	28	»		Havre.	
27	» -THÉOTISE, Boisson	goel.	75	6 «	G	38	»	cc.	Blaye.	
28	» -TRYPHINE, Lepalmec	c.-m.	78	6 «	G	37	»	cc.	Sarzeau.	

No.	Navire, capitaine	Gréement	Tonneaux		Cote	Année	Pavillon		Port	Observations
1	JEUNE-URANIE, Largement	c.-m.	79	3	G	1825	Frç.	cp.	Vannes.	
2	» -URBAIN, Turbé	brick.	199	6 «	G	36	»	cc.	Nantes.	
3	» -VICTOIRE, Carpentier	»	116	4 «	G	27	»		Dieppe.	
4	» » K/Jean	goel.	69	6 «	P	36	»	cc.	Libourne.	
5	» -VICTOR, Leguillon	loug.	75	2 «	P	20	»		St-Valery.	R 31, 32.
6	» -VIRGINIE, Lequeme	bsn.	67	3 «	P	16	»		»	GR 36.
7	» » Reclus	-bb.	70	4 «	G	28	»		Marseille.	
8	» -ZÉLIE, Sabatier	goel.	77	5 «	G	35	»	cc.	Nouvelle.	
9	» -ZOÉ, Leclaire	»	78	5 «	G	34	»		Dieppe.	
10	» » Lemerle	brick.	100	5 «	G	33	»		Nantes.	
11	JOË, Huchet	dog.	79	4 «	G	22	»		Vannes.	
12	JOINVILLE, Noë	3-m.	246	6 «	G	37	»		Nantes.	
13	JOLI-COEUR, Courejolle	c.-m.	78	3 «	P	22	»		Vannes.	
14	JOSEPH, Bregeon	brick.	122	2 «	G	19	»		St-Malo.	R 27.
15	» Germerais	3-m.	467	6 «	L	36	»		Bordeaux.	DCV.
16	» Jaumes	brick.	133	5 «	A	34	»		St-Tropez	DZ.
17	» Nazareau	»	240	4 «	L	26	»		Bordeaux.	DCV 35.
18	» -AUGUSTE, Garvard	tln.	46	4 «	P	26	»		Marseille.	
19	» -DÉSIRÉ, Bevon	c.-m.	105	5 «	G	31	»	cc.	Auray.	
20	» -ETIENNE, Clavier	bri-g	137	4 «	G	27	»		Marseille.	
21	» -MARIE, Croset	tln.	100	6 «	P	38	»		»	
22	» -ET-LOUISE, Andrac	brick.	225	4 «	G	15	»		»	GR 33, 34, 38.
23	» -VICTOR, Lecourd	3-m.	409	6 «	L	35	»		Nantes.	DCV.
24	JOSEPHINA, André Prève	»	378	5 «	L	35	Srd.		Gênes.	DVC.
25	» Barone	brick.	147	4 «	G	24	»		»	
26	JOSÉPHINE, Bessac	c.-m.	77	5 «	P	30	Frç.		Nantes.	
27	» Brauld	brick.	130	6 «	G	37	»		Lorient.	
28	» Bregeon	bri.-g.	133	5	G	28	»		Boulogne.	

1	**Joséphine**, Conan	c.-m.	144	5	G	1834	Frç.	cc.	Auray.	
2	» Chateauneuf	3-m.	250	4	A	32	»		Bordeaux.	DVC 38.
3	» Danic	loug.	78	4	G	27	»	cc.	Trinité.	
4	» Danic	goel.	90	3	G	27	»	cc.	Auray.	
5	» Fautreil	brick	124	3	A	05	»		Rouen.	GR 31, 34, DZ 36.
6	» Fromentin	»	214	6	G	34	»		Dieppe.	
7	» Heuzé	»	125	6	G	35	»		Meilleraye.	
8	» Hoiex	3-m.	502	3	L	17	»		Nantes.	GRDCV 36.
9	» Jacob	brick	120	6	G	36	»		Rouen.	
10	» Laugier	ttn.	57	5	P	30	»		Marseille.	
11	» Legallic	brick	157	4	G	24	»		St.-Malo.	GR 29.
12	» Lion	»	152	4	A	28	»		Dunkerque.	RDZ 35.
13	» Maire	»	100	4	G	25	»		Havre.	
14	» Martin	»	197	4	G	28	»		Nantes.	
15	» Mercadier	3-m.	400	6	A	36	»		Rouen.	DCV.
16	» Morin	goel.	90	5	A	31	»		Honfleur.	DZ 33.
17	» Parmentier	brick.	134	2	G	06	»		Dunkerque.	GR 22, 33, DZ 34.
18	» Pick	»	200	6	A	33	»		Bordeaux.	DCV 34.
19	» -**Nannette**, Martin	bat.	29	4	P	28	»		St.-Tropez.	
20	**Joven-Christina**, De Jianaja	brick.	148	5	G	33	Esp.		Bilbao.	
21	» -**Casemiro**, Oliva	br.-g.	120	6	G	37	»		Barcelonne.	
22	» -**Clotilda**, Vidal	brick.	125	3	A	16	»		Cadix.	DCV 34.
23	» -**Emmelisia**, Hurel	»	175	5	A	33	»		Havanne.	DCV 36.
24	» -**Enriquo**, Blaco	»	180	4	A	25	»	cc.	»	
25	» » Gayarrotha	»	80	6	A	31	»	cc.	Bilbao.	
26	» -**Juliana**, Acha	»	401	5	G	31	»	•	»	
27	»-**Mathilda**, De Ereguma	c.-m.	56	6	P	31	»		»	
28	» -**Nicolo**, De Barano	brick.	95	5	G	31	»		S.-Ander.	

1	JOVEN-RICARDO, de Lattache	brick.	130	5	G	1830	Esp.		Malaga.	
2	» -VICTORINE, Arriamdiaga	»	160	5	A	33	»	cc.	Santander.	
3	JOYEUSE, Gros	ttn.	64				Frç.			
4	JOYEUX, Trabot	brick.	150	4	G	27	»		Marseille.	
5	JUAN, Abente	»	150	5	A	34	Esp.		Cadix.	DCV 36.
6	JUANITO, Defano	goel.	95	5	A	35	»		St. Sébastien	DZ 36.
7	JULES, Barthélemy	br.-g.	102	4	G	28	Frç.		Marseille.	
8	» Bouget	brick	101	3	G	03	»		St.-Malo.	Exh. 25.
9	» Depensier	»	104	4	G	24	»		Nantes.	
10	» Lalanne	»	99	5	G	33	»		»	
11	» Magnan	»	160	2	G	10	»		Dieppe.	
12	» Mahé	c-m.	78	4	G	23	»	cc.	Méans.	GR 33.
13	» Martinet	brick	110	3	G	15	»		St.-Malo.	GR 28, 36.
14	» Morée	3-m.	178	6	G	38	»		Dieppe.	
15	» Morin	brick	150	5	A	30	»		Nantes.	DZ.
16	» Poupon	3-m.	230	3	A	17	»		Bordeaux.	GR 32, DZ 35.
17	» Reines	brick.	160	2	G	10	»		Havre.	R 31, 34.
18	» Simonet	3-m.	228	6	G	38	»		Bordeaux.	
19	» -ADOLPHE, Berthome	long.	75	4	P	28	»		Sables.	
20	» -CÉSAR, Guillouzie	c-m.	78	6	G	36	»	cc.	Vannes.	
21	» -CHÉRI, Vannaire	br.-g.	63	4	P	27	»		Marseille.	
22	» -LOUIS, Grangé	bb.	92	6	G	37	»		Cette.	
23	» -MARESCHAL, Testard	loug.	196	6	G	35	»		Bayonne.	
24	» -DE-BLOPEVILLE, Pommelec	»	178	6	G	35	»		Dieppe.	
25	» -ET-EDOUARD, Nassen	dog.	95	4	G	25	»		Dunkerque.	
26	» -FÉLIX, Guerrin	br.-g.	129	4	G	24	»	cc.	Cette.	
27	-ET-JULIE, Leroy	brick.	180	4	A	22	»		Havre.	DGV 31.
28	JULIA, Androli	»	198	5	G	33	Grec.	cc.	Syra.	

1	JULIA, Angeli	brick.	380	4	A	1828	Grec.	cc.	Syra.	
2	» Calvé	»	132	6	G	36	Frç.		Bayonne.	
3	JULIE, Baudran	loug.	80	4	G	28	»		St.-Malo.	
4	» Bourdieu	gls.	75	2	G	15	»		Dunkerque.	
5	» Delabarte	brick.	103	6	G	35	»		»	
6	» Gélée	»	199	3	G	20	»		Calais.	DZ 36.
7	» Moizan	dog.	63	3	P	19	»		Paimpol.	R 34.
8	» Painchaud	brick.	110	3	G	19	»		Bordeaux.	R 32, 34.
9	» Perret	»	257	4	A	25	»		Marseille.	RDZ 34.
10	» Salomez	»	104	5	G	34	»		Dunkerque.	
11	» Stéphanie	c.-m.	64	5	P	33	»		Lorient.	
12	JULIENNE, Vianello	goel.	123	3	P	24	Autr.		Trieste.	
13	» -FRANÇOISE, Daniel	c.-m.	79	6	G	36	Frç.	cc.	Lomaraquer	
14	JUMEAUX, Métayer	brick.	112	3	A	18	»		Havre.	GR 37, DCV 28.
15	JUNON, Coisy	3-m.	213	3	A	18	»		Fécamp.	DZ 26.
16	JUPITER, Duhamel	brick.	115	5	G	32	»		»	
17	» Gabon	3-m.	500	4	L	29	»		Nantes.	DCV.
18	» Lamy	»	424	4	L	25	»		Havre.	DCV 35.
19	JUSTA, Gaurio	mtc.	42	4	P	28	Esp.	cc.	Alicante.	Exh. 33.
20	JUSTE, Lefebvre	3-m.	333	5	A	34	Frç.		Granville.	DZ.
21	» Nouvel	»	350	3	L	15	»		Bordeaux.	GR 26, 28, 36, DCV 34.
22	JUSTINE, Fleury	brick.	126	3	G	15	»		Paimbœuf.	
23	» Lucas	3-m.	290	6	L	37	»		Bordeaux.	DCV
24	» Luco	c.-m.	76	3	G	24	»	cc.	Vannes.	
25	» Ridel	dog.	75	2	P	04	»		Nantes.	GR 33.
26	» Such	bb.	88	4	G	27	»	cc.	St.-Tropez.	
27	» -ET-JOSÉPHINE, Roux	bat.	29	4	P	28	»		Martigues.	
28	JUSTITIA, Celle	brick.	120	2	G	27	Srd.		Gênes.	

1
2
3
4
5
6
7
8
9
10
11
12
13
14
15
16
17
18
19
20
21
22
23
24
25
26
27
28

1	KAPAISKAKKS, Rajoravis	brick.	230	5	G	1833	Grec.	Syra,	
2	KLEIN-LIEBENTAL, Mandick	»	218	2	G	20	Rss.	Odessa,	
3	KARAIKAKI, Caloiani	»	285	4	G	33	Grec.	« Syra,	
4									
5									
6									
7									
8									
9									
10									
11									
12									
13									
14									
15									
16									
17									
18									
19									
20									
21									
22									
23									
24									
25									
26									
27									
28									

1	LABORIEUX, Bronze	brick.	137	6	G	1836	Frç.	cc.	Cette.	
2	» Chevalier	»	126	4	G	24	»		Lannion.	
3	» Lami	»	224	6	G	37	»		Binic.	
4	» Marchand	»	240	5	G	28	»		Nantes.	
5	» Moreau	c.-m.	63	3	P	25	»		»	
6	» Rebours	brick.	122	4	G	24	»		Granville.	
7	» Vian	loug.	86	3	G	26	»		Nantes.	
8	LEDY-FLORA, Bory	brick.	136	4	A	23	Ang.		Malte.	DCV.
9	LAGARA, Dobrovich	3-m.	300	5	A	31	Autr.		Trieste.	DCV.
10	LAGUADANA, Albano	brick.	220	4	G	31	Npl.		Progunano.	
11	LAINISTE, Kerusore	»	257	5	G	34	Frç.		Rouen.	
12	LAMPO, Medanich	»	230	3	G	05	Autr.		Fiume.	GR 31, 33.
13	LANCIER, Barra	»	111	4	G	06	Frç.		St.-Servan.	TGR 33, GR 37, 38.
14	LANDAIS, Mourgues	»	179	4	A	25	»		Bordeaux.	GRDCV 34.
15	LAPEIROUSE, Lorette	3-m.	257	6	A	36	»		Nantes.	DCV.
16	LARGENTINA, Stella	brick.	192	3	A	18	Srd.	cc.	Gênes.	TRDCV 28.
17	LAURA, Colombino	»	301	4	A	28	»		»	DCV.
18	LAURE, Audebon	»	126	4	G	26	Frç.	cc.	La Rochelle.	
19	» Caillot	flb.	98	6	G	35	»		Dieppe.	
20	» Larré	br.-g.	120	5	G	33	»	cc.	Bayonne.	
21	» Charlassier	goel.	100	6	G	36	»		Bordeaux.	
22	» Chassenez	brick.	89	4	G	23	»	cc.	»	GR 37.
23	» Stellon	3-m.	338	6	L	35	»		»	DCV.
24	LAURENEY, Lescat	brick.	154	4	A	29	»		»	DCV 36.
25	LAURENTINA, Gillibert	3-m.	300	4	L	27	»		»	GRDCV 36.
26	LAURENTINE-ET-JULIE, Massabot	brick.	157	6	A	35	»		Marseille.	DZ 35.
27	LAVALLE, Zalampich	»	157	3	G	20	Autr.	cc.	Trieste.	
28	LAVOR, Viscovich	»	331	4	G	23	»		»	

1	LEALDAD, Puigsewer	brick.	195	4	A	1829	Esp.	cc.	Mayorque.	DCV 35.
2	» Radimire	»	369	5	G	29	Autr.		Constantin^{ple}	
3	LEANDRA, Bretagna	goel.	40	6	P	37	Srd.	cc.	Spezzia.	
4	LEANDRO, Ivanicg	brick.	308	4	G	20	Autr.		Venise.	R 36.
5	LECOS, Radimire	»	369	5	G	29	»		Constantin^{ple}	
6	LÉGÈRE, Jarlier	bb.	114	3	G	18	Frç.		Marseille.	R 35.
7	LEOCADIA, Fontanis	brick.	104	6	A	35	Esp.		Barcelonne.	DCV.
8	LÉOCADIE, Boissel	»	141	4	G	28	Frç.		Dieppe.	
9	» Labado	»	250	6	A	37	»		Brest.	DZ.
10	» Lancelo	c.-m.	77	4 «	G	25	»		« »	
11	» Tescel	brick.	97	6 «	G	37	»		Caen.	
12	LÉON, Girard	»	184	4	G	28	»		Dieppe.	
13	» Leblanc	»	137	3	G	17	»		Rouen.	GR 35, 37.
14	» Rémuzat	3-m.	233	4 «	L	29	»	cc.	Bordeaux.	DCV 33.
15	LEONCINI, Semini	brick.	215	5 «	G	31	Rss.	cc.	Tangarock.	
16	LEONE, Bellen	»	183	4	G	28	»		Trieste.	
17	» Greco	3-m.	416	6 «	L	34	Scl.		Palerme.	DCV.
18	» Pietranero	brick.	152	4	G	26	Srd.		Gênes.	
19	» Trastour	»	269	3	G	26	»		»	
20	» Valmagi	trbc.	115	4 «	G	26	Rom.		Rimini.	
21	» -D'ORO, Russini	»	100	4	G	10	Autr.	cc.	Ancône.	
22	LEONIDAS, Braccino	brick.	101	4 «	G	31	Grec.		Syra.	
23	» Bastereche	»	96	4	P	28	Frç.		Bayonne.	
24	» Burcca	»	285	4	G	31	Grec.		Syra.	
25	» Cacace	»	305	4	G	24	Npl.		Naples.	
26	» Candi	»	296	4	G	22	Ion.		Céfalonie.	
27	» Cerda	»	200	4	G	28	Esp.			
28	» Cuma	»	228	1	G	16	Grec.	cc.	Syra.	

1	LÉONIDAS, Filini		brick.	260	5	G	1833	Grec.		Syra.	
2	» Follange		»	88	5	G	33	Frç.		St-Malo.	
3	» Jancovich-J		»	490	4	G	26	Rss.		Odessa.	
4	» Lambo		»	210	1	G	08	Grec.		Spezzia.	
5	» Legoffe		»	180	6 «	G	36	Frç.		Caen.	
6	» Trapari		»	105	4	G	28	Grec.	cc.	Ydra.	
7	LEONILDA, Cammarata		»	260	3	G	20	Npl.	cc.	Naples.	
8	» Carbone		»	118	2	G	14	Srd.	cc.	Gênes.	
9	LÉONTINE, Allard		»	98	4 «	G	25	Frç.		Bordeaux.	
10	» Rabalan		»	127	4 «	G	10	»		La Rochelle.	TGR 35.
11	LÉOPARD, Doussingue		»	154	3 «	G	17	»		Bayonne.	
12	LÉOPOLD, Laplane		»	270	3 «	G	20	Rss.		Odessa.	
13	» Lefebvre		loug.	78	4 «	G	30	Frç.	cc.	La Rochelle.	
14	» Lelièvre		»	61	5 «	P	30	»		Ile-d'Hyères.	
15	» Reboul		brick.	277	4	A	25	»		Marseille.	DZ 38.
16	LEOPOLDO, Leonardi		»	123	6 «	G	35	Tsc.		P-Ferrajio.	
17	» -SECONDO, Delfino		br.-g.	142	3	A	22	»		Livourne.	DGV 24.
18	LEPRÉ, Barcello		brick.	180	3	G	21	Rss.		Odessa.	
19	LES-LOUISES, Vangend		goel.	135	4 «	G	27	Frç.		Dunkerque.	GR 34, 35.
20	LESTOCK, Audibert		brick.	174	3	A	15	»		Marseille.	GR 33, 35, DZ 33.
21	LÉZARD, Lercistre		»	139	4	A	25	»		Nantes.	DGV 29.
22	LIANCOURT, Quesnel		3-m.	431	5	L	33	»		Havre.	DGV.
23	L'HERNIES, Guisolphe		br.-g.	79	6	G	38	»	cc.	Martigues.	
24	LIANE, Fourmentin		goel.	120	4	G	26	»		Boulogne	
25	LIBERATORE, Scoponich		brick.	298	4	G	38	Autr.		Trieste.	
26	LIBÉRÉ, Cardy		br.-g.	124	4	G	27	Frç.		Bastia.	Exb. 34.
27	LIBERIA, Pugione		goel.	95	3	G	25	Esp.	cc.	Ile-de-Cuba	
28											

1	LIBERTÉ-DU-COMMERCE, Bertaud	brick.	130	5	G	1833	Frç.	cc.	Nantes.	
2	LIBIA, Schiaffino	br.-g.	184	5	A	29	Srd.		Gênes.	
3	LIBOURNAIS, Brunéau	loug.	77	6	G	37	Frç.	cc.	Nantes.	
4	LIBURNO, Cosulich	brick.	217	3	G	17	Autr.		Trieste.	
5	LISQUITTANO, Veriche	»	160	5	A	30	Esp.		St.-Ander.	
5	LICURGO, Santo	»	350	3	G	17	Grec	cc.	Spezzia.	
7	» Solari	»	216	2	A	18	Srd.		Gênes.	DZ.
8	LIGERA-DE-CADIX, Losada	goel.	100	4	G	26	Esp.		Cadix.	
9	LIGURIA, Raggio	br.-g.	138	4	G	25	Srd.		Gênes.	
10	LIGUSTICO, Schiaffino	brick.	170	6	G	35	»	cc.	»	
11	LIMOSTENI, Giorgio	»	324	4	G	25	Grec	cc.	Syra.	
12	LILI, Fita	»	155	5	A	30	Frç.		Bordeaux.	DZ 31
13	LION, Vian	ttn.	52	4	P	29	»		Arles.	
14	» Trastour	brick.	270	4	G	25	Srd.		Nice.	
15	LIONNEL, Laborde	3-m.	327	4	A	27	Frç.		Bordeaux.	DCV 27.
16	LIPSIA, Bonetich	brick.	185	4	G	10	Autr.		Fiume.	GR 31, TGR 34.
17	LISBONNAIS, Ardouin	»	170	6	A	36	Frç.		Havre.	DCV 37.
18	LISE, Carpentier	loug.	98	4	G	29	»	cc.	St.-Valery.	
19	» Labouchère	dog.	75	3	G	18	»		Bordeaux.	GR 34.
20	» Lecacheux	3-m.	361	6	L	31	»		»	Dbrz.
21	» Lœil	gls.	64	3	G	24	»		Calais.	
22	» Mabé	brick.	88	3	A	00	»		St.-Servan.	GR 33, 35, DZ 35.
23	» Rabère	goel.	114	3	G	05	»		Bordeaux.	GR 27, 35.
24	» -CHÉRIE, Lenoir	brick.	122	6	G	36	»	cc.	Redon.	
25	LISSANDRO, Pana	»	280	2	G	12	Ion.		Céfalonie.	
26	LODET, Lompagnard	loug.	76	6	G	37	Frç.	cc.	Quimper.	
27	LITTORALE-ANGARICO, Zancovich	trbc.	97	2	G	14	Autr.		Trieste.	
28										

1	LOIRE, Boulanger	3-m.	230	3	A	1821	Frç.		Havre.	
2	LOANESE, Stella P.	brick.	279	5	G	31	Srd.	cc.	Gênes.	
3	LOS AMIGOS, De Gortasar	goel.	60	3	P	19	Esp.		Bilbao.	GR 29.
4	LOSSIN-GRANDE, Leva	brick.	203	4	A	20	Autr.		Trieste.	GRDCV 36.
5	LOUIS, Cochard	»	187	4	G	26	Frç.		Granville.	
6	» Courson	»	160	3	G	16	»		St.-Brieux.	DZ 32.
7	» Gekier	»	315	4	L	25	»		Nantes.	RDCV 35.
8	» Lanchon	dog.	77	4	G	27	»		St.-Malo.	R 33.
9	» -ARISTIDE, Amelina	brick.	131	4	G	13	»		Bordeaux.	Rect. 26, GR 36.
10	» -AUGUSTE, Bregeon	gls.	73	3	G	23	»		St.-Malo.	
11	» -CHARLES, Bloé	brick.	125	6	G	38	»		Fécamp.	
12	» -CLOTILDE, Sauvaire	bat.	29		P		»			
13	» -DÉSIRÉ, Kignard	brick.	110	3	G	14	»	cc.	Auray.	R 25.
14	» -MARIE, Chaumon	»	78	3	G	16	»		Granville.	GR 33.
15	» » Lenindre	3-m.	270	6	A	35	»		Nantes.	DZ.
16	» » Tasset	brick.	79	4	P	16	»	cc.	Perros.	Rect. 34.
17	» -PHILIPPE, Garard	c.-m.	68	4	G	28	»		Nantes.	
18	» » Laborde	brick.	218	5	A	31	»		»	DZ.
19	» » Loget	c.-m.	75	5	G	30	»	cc.	Sarzeau.	
20	LOUISA, Robert	brick.	180	4	A	28	»		Nantes.	DZ 33.
21	LOUISE, Allard	»	133	4	G	15	»	cc.	Dunkerque.	TGR 36.
22	» Amene	»	180	6	G	37	»		Marseille.	
23	» Amont.	»	177	3	P	20	»		St.-Brieux.	
24	» Bernard	»	115	2	G	19	»	cc.	Toulon.	R 35.
25	» Bigot	»	250	4	L	25	»		Havre.	DCV 38.
26	» Clémenceau	»	179	3	G	18	»		Rouen.	GR 35.
27	» Cormie	»	110	4	G	23	»		Bayonne.	R 34.
28	» Coué	3-m.	300	5	L	28	»		Nantes.	RDCV 34.

1	LOUISE, Denis	brick.	78	3	G	1818	Frç.		Port-Louis.	GR 33.
2	» Decone	ttn.	29	4	P	22	»		Seyne.	
3	» Estor	brick.	140	5	A	29	»		Bordeaux.	Dbrz 34.
4	» Fiandrini	»	130	4	A	26	Autr.	c.	Trieste.	DCV
5	» Fortier	dog.	65	4	G	27	Frç.		Meilleraye.	
6	» Gautier	3-m.	210	3	A	17	»		Cette.	R 34, DZ 32.
7	» Granier	bb.	77	4	P	21	»		»	GR 38.
8	» Hardouin	brick.	120	2	G	10	»		Bordeaux.	R 30.
9	» Jus	»	197	4	G	23	»		St.-Brieux.	
10	» Labbé	»	77	3	G	18	»		St.-Malo.	GR 31.
11	» Leven	»	267	4	G	26	»		Brest.	
12	» Lepegnet	3-m.	415	5	L	30	»		Nantes.	Dbrz.
13	» Marot	dog.	65	4	G	22	»		Morlaix.	
14	» Mehec	c.-m.	67	6	P	34	»		Lorient.	
15	» Moreau	brick.	162	4	A	26	»		Bordeaux.	DCV 30.
16	» Neutz	goel.	93	6	G	36	»		Dunkerque.	
17	» Nielsen	brick.	163	6	G	35	»		»	
18	» Niver	ttn.	40	4	P	22	»		Toulon.	
19	» Persico	br.-g.	163	4	G	23	Npl.	cc.	Naples.	
20	» Roussel	dog.	65	3	P	28	Frç.	cc.	Rouen.	
21	» St.-Michel	brick.	168	6	A	37	»		Nantes.	DZ.
22	» Vandoele	slp.	79	5	G	35	»		Dunkerque.	
23	» Verren	brick.	168	6	G	35	»		»	
24	» -ANNE, Lebesque	»	142	3	G	23	»	cc.	Vannes.	
25	» -ET-CLOTILDE, Ledras	bat.	28	4	P	28	»		Arles.	
26	» -DÉSIRÉE, Bertaud	brick.	167	6	G	35	»	cc.	Nantes.	
27	» -EMILIE, Amenc	goel.	29	3	P	22	»		Antibes.	
28	» » Ridel	brick.	68	2	P	17	»		Nantes.	

1	LOUISE-EMILIE, Vatel	br.-g.	180	4	A	1828	Frç.		Bordeaux.	DCV.
2	» -FÉLICITÉ, Legallec	dog.	115	4	G	29	»	cc.	Vannes.	
3	» -GABRIELLE, Delatre	goel.	76	6	G	33	»		Boulogne.	
4	» -MARIE, Lehaudy	brick.	79	2	G	16	»		Morlaix.	
5	» » Maugendre	3-m.	217	6	A	38	»		Havre.	
6	» » Saulinor	»	262	6	A	35	»		Nantes.	DZ.
7	LOUISIANA, Lartigia	»	394	6	L	35	»		Bordeaux.	DVC.
8	LOVELY, Fabre	»	255	4	L	29	»		»	DCV 33.
9	LOVOR, Fiscovich	brick.	285	4	G	22	Autr.	cc.	Raguse.	R 33.
10	LUCIANA, Postich	trbc.	125	3	G	20	»	cc.	Ravigno.	
11	LUCIDE, Lucet	brick.	115	4	A	25	Frç.		Nantes.	DCV.
12	LUCIEN, Gueroit	ttn.	70	6	P	34	»		Marseille.	
13	LUCIETA, Riguetti	trbc.	85	3	G	24	Autr.		Venise.	
14	LUCON, Arnaud	3-m.	434	5	G	34	Frç.		Marseille.	DCV.
15	LUCREZIA, Brunello	goel.	143	3	G	21	Autr.		Venise.	
16	LUCULUS, Lafourcade	3-m.	300	4	L	25	Frç.		Bordeaux.	GR 33, DCV 34.
17	LUDOVIC, Lemesle	»	315	6	A	36	»		St.-Malo.	Dbrz.
18	LUDOVICO, Cosulich	brick.	197	4	G	20	Autr.	c.	Trieste.	
19	LUIGIA, Berlingeri	»	120	4	G	29	Srd.		Gênes.	
20	» Bozzo J.-B.	»	122	3	G	19	»	cc.	»	
21	» Ratto	br.-g.	85	5	G	31	»	cc.	Savonne.	
22	LUIS-ANTONIO, Bradici	brick.	180	5	G	33	Autr.		Fiume.	
23	LUISA, Canepa	»	104	1	G	12	Srd.	c.	Gênes.	
24	» Persico J.	br.-g.	150	4	G	28	Npl.		Naples.	
25	» Serra	brick.	126	4	G	26	Srd.		Gênes.	
26	LUMINY, Stellon	3-m.	528	6	L	36	Frç.		Marseille.	Dbrz.
27	LUSSIGNANO-FORTUNATO, Nicolich	brick.	289	5	G	28	Autr.		Venise.	

1	LUXOR, Gaiard	ttn.	77	6	P	1833	Frç.		Marseille.	
2	LYCURGIE, Elefteri	3-m.	230	5	G	33	Grec.		Spezzia.	
3	LYDIE, Legendre	»	450	6	L	35	Frç.		Bordeaux.	DCV.
4	» Rosier	»	359	5	L	29	»		Nantes.	Dbrz 33.
5	LYNX, Dupuis	dog.	100	6	G	37	»		Rouen.	
6	» Moniner	brick.	180	3	A	18	»		Bordeaux.	DCV 34.
7										
8										
9										
10										
11										
12										
13										
14										
15										
16										
17										
18										
19										
20										
21										
22										
23										
24										
25										
26										
27										
28										

1											
2											
3											
4											
5											
6											
7											
8											
9											
10											
11											
12											
13											
14											
15											
16											
17											
18											
19											
20											
21											
22											
23											
24											
25											
26											
27											
28											

1	Macako, Rodomeh	brick.	285	3	G	1821	Autr.		Venise.	
2	Macdonald, Dodero	»	94	2	G	15	»		Raguse.	R 32, 34.
3	Macedone, Dodero	»	235	5	L	32	Srd.		Gênes.	DCV 33.
4	Madalena, Chiozza	»	155	4	G	26	»	cc.	»	
5	» Galcano	»	237	6	A	33	»		Savone.	DZ.
6	» Mignone	»	220	4	G	25	»		Gênes.	
7	Mada-Adolorata, Mazelle	»	288	4	G	27	Npl.	cc.	Naples.	
8	» » Mischini	trbc.	71	1	P	10	Rom.		Ancône.	
9	» » Quirola	bb.	144	4	G	27	Srd.		Gênes.	
10	» -d'Agrili, Papa	brick.	278	3	G	20	Ion.		Corfoue.	
11	» -de-l'Auro-e-la-Constanza, Castellano	»	171	1	G	24	Npl.		Naples.	
12	» -de-Loghisanti, Falley	mtq.	48	3	P	21	Srd.		Gagliari.	
13	» -del-Carmine, Bertioti	»	60	5	P	31	»	cc.	Nice.	
14	» » » Bianco	brick.	232	2	G	27	Npl.		Proccta.	
15	» » » Brasqui	bb.	68	3	P	14	Tsc.		Livourne.	R 37.
16	» » » Canepa	brick.	134	3	G	10	Srd.		Gênes.	GR 29, R 34.
17	» » » Chiappari	br.-g.	82	2	P	13	Tsc.		Libourne.	GR 29.
18	» » » Costagliolana	brick.	271	4	G	30	Npl.	cc.	Naples.	
19	» » » Digregorio	»	149	3	G	20	Srd.		Gênes.	
20	» » » Esposito	»	190	2	G	12	Npl.	cc.	Naples.	
21	» » » Ferraro	bb.	121	2	P	22	»		Procita.	
22	» » » Galatola	brick.	245	3	G	24	»		Prosceda.	
23	» » » Mancino	»	128	2	G	10	»		Naples.	
24	» » » Matanaro	br.-g.	78	6	G	37	Srd.		Gênes.	
25	» » » Molesini	brick.	123	2	G	18	»		»	
26	» » » Mortela	bb.	102	4	G	30	»		»	
27	» » » Olivicri	brick.	74	2	G	22	Tsc.		Livourne.	

1	MADª-DEL-CARMINE, Paolillo	brick.	130	4	G	1826	Scl.	cc.	Messine.	
2	» » » Parescandola	»	230	3	G	21	Npl.	cc.	Naples.	
3	» » » Tarabotta	»	148	4	G	26	»	cc.	»	
4	» » » Scotto Diucci	loug.	97	3	P	16	Srd.	cc.	Spezzia.	
5	» » » -E-L'ANIME-DEL-PUR-									
6	GATORIO, Divichio	brick.	147	4	G	27	Npl.		Naples.	
7	» » » -E-S.-FRANCISCO,									
8	Mazella	»	315	3	G	22	»		»	
9	» » » -E-S.-GUIZOPPE,									
10	Campano	br.-g.	100	5	G	32	Scl.		Messine.	
11	» » » -E-S.-MICHELE, Capos	brick.	227	3	G	22	Npl.		Naples.	
12	» » » » » » Maresca	»	316	4	G	24	»	cc.	Proceda.	
13	» » -CIRIACO, Barutini	trbc.	71	4	P	25	Rom.	cc.	Ancône.	R 33, GR 36.
14	» » CIVITA, Triglia	ttn.	94	3	P	26	Npl.		Gaeta.	
15	» -DELL'ANGELLI, Testa	»	29	5	P	33	»		St.-Funa	
16	» » -CONCEZZIONE, Capello	»	45	5	P	32	Srd.	cc.	Gênes.	
17	» » » Toure	flq.	35	3	P	21	»		S.-Pietro.	GR 32.
18	» » -LAURO, Cafiero	»	270	4	G	28	»		Piano di Soro	
19	» » -LORETTO, Massone	chbc.	45	4	P	28	»	cc.	Gênes.	
20	» » -MONTE ALEGRIO, Rebcco	pinque	151	6	G	37	»	cc.	»	
21	» » -MARCATO, Maziello	blc.	68	3	P	28	Npl.		Gaëta.	
22	» » -ROSARIO, Bossio	ttn.	70	3	P	23	Srd.	cc.	Gênes.	
23	» » » Chiappla	brick.	173	2	G	27	»		»	
24	» » » Ciromonti	»	208	3	P	28	Npl.	cc.	Naples.	R 37.
25	» » » Maresca	»	200	2	G	16	»	cc.	»	
26	» » » Massa	bb.	89	3	G	24	Srd.	cc.	Gênes.	
27	» » » Morice	brick.	230	3	G	19	»	cc.	»	
28	» » » Murzi	chbc.	109	2	G	10	»	cc.	»	

1	MADª-DEL-ROSARIO, Principvale.	br.-g.	65	4	P	1828	Npl.		Capara.	
2	» » » Risso.	pinque	133	4	G	30	Srd.	cc.	Gênes.	
3	» » » Schiaffino	bb.	115	4	G	28	»	cc.	»	
4	» » » Starace	brick.	264	6	G	37	Npl.		Castellamare	
5	» » » Viancllo	trb.	85	4	P	24	Autr.		Chiozza.	
6	» » -SOCCORSO, Demorezi	brick.	114	4	G	22	Srd.		Gênes.	
7	» » » Durante	»	114	2	P	18	»	cc.	»	
8	» » » Maggiorelli	goel.	79	5	G	31	Tsc.	cc.	Livourne.	
9	» » -TRE-CORONE, Di Rossa	brick.	184	4	G	30	Npl.		Procida.	
10	» » » » Scotto	br.-g.	120	3	P	26	»		« »	
11	» -DELLA-GUADAGNIA, Albano.	»	221	4	G	30	»		« »	
12	» » » Farace	»	280	1	G	vieux	»		Naples.	
13	» » -GUARDIA, Busso	brick.	90	5	A	30	Srd.		Gênes.	DCY 35.
14	» » » Chiozza	bb.	130	2	P	17	»		»	
15	» » » Moglia	ttn.	96	6	P	37	»		»	
16	» » » Morello	brick.	250	2	A	14	»		« »	DCY 30.
17	» » -MITHIODIOTISA, Elefterio	3-m.	210	5	G	34	Grec.		Ydra.	
18	» » -MISERICORDIA, Benato	chb.	80	6	G	36	Srd.	cc.	Gênes.	
19	» » » Romano	ttn.	55	6	P	36	»	cc.	« »	
20	» » -MITIRIODISA, Criecloce	brick.	96	5	P	33	Grec.		Scopola.	
21	» » -PIETA, Allo	»	273	3	G	24	Npl.		Naples.	
22	» » » Galutolo	»	270	4	G	27	»		»	
23	» » » Mehio	»	131	R		vieux	»		»	
24	» » » Sposito	»	255	4	G	23	»		Proceda.	
25	» » » -E-L'ANIME-DEL-PURGATORIO, Cacciutolo	»	180	4	G	23	»		Naples.	
26	» » » » » » Giromondo	»	272	4	G	24	»		« »	

1	MAD^a-DELLA-PIETA-E-S-ANIELLO, Castellano..	brick.	239	4	G	1824	Npl.		Naples.	
2	» » » -E-S.-ANTONIO, Allo.....	»	244	4	G	27	»	cc.	»	
3	» » » -E-S.-FRANCESCO Scotto........	»	160	5	G	31	»	cc.	»	
4	» » » -E-S.-DI-PAOLI, Starito........	»	236	4	G	24	»		Proceda.	
5	» » » -E-S.-MICHELE, Sciano	»	236	2	G	16	»		Naples.	
6	» » » » » » Schiano	»	230	2	G	19	»		»	
7	» -DELLE-GRAZIE, Balzini.....	»	234	3	G	25	»		»	
8	» » » Barboro........	goel.	30	5	P	31	Srd.		St.-Remo.	
9	» » » Camorata	bb.	152	2	G	20	Npl.		Proceda.	
10	» » » Chiania	brick.	157	R		02	»		»	
11	» » » Corsanigo........	»	129	3	G	22	Srd.		Gênes.	
12	» » » Di-Lauro........	»	131	1	P	12	Npl.		Naples.	
13	» » » Fravega........	»	171	3	G	25	Srd.		Gênes.	
14	» » » Luciano........	»	219	6	G	37	»		»	
15	» » » Marangella.....	cbbc.	85	2	P	17	Npl.		Naples.	
16	» » » Mazella........	brick.	260	3	G	20	»		»	
17	» » » Mulino........	ttn.	107	3	P	20	»	cc.	»	
18	» » » Ordonno........	brick.	160	4	G	26	Srd.	cc.	Gênes.	
19	» » » Palazzo........	»	120	3	G	22	»		»	
20	» » » Porpora........	»	90	3	G	22	Npl.		Naples.	
21	» » » Raffo........	»	124	2	G	15	Srd.	cc.	Gênes.	
22	» » » Rugiero J-B.....	»	227	3	G	26	Npl.	cc.	Naples.	GR 36.
23	» » » Rugiero L........	»	90	4	G	28	»	cc.	»	

1	MADa-DELLE-GRAZIE, Serra.....	brick.	132	6	G	1832	Srd.		Gênes.	
2	» » » Vallebona.	»	111	R		05	»	c.	»	
3	» » » -E-ANGELLO-RAFA-ELLO, Estarace.	»	213	3	G	17	Npl.		Vico.	
4	» » » -L'ANIME-DEL-PUR-GATORIO, Astaride	»	273	4	G	24	»		Naples.	
5	» » » -E-S.-MICHELE, Capporzi.......	»	216	4	G	21	»		»	
6	» » -VIGNE, Ogimo.......	bb.	99	3	G	21	Srd.		Gênes.	
7	» -D'HYDRA, Papadendras....	brick.	100	5	G	31	Grec.		Syra.	
8	» -DI-BUONARIO, Cafieri.....	mtp.	65	3	P	21	Srd.		Cagliari.	
9	» » » Kiosic...........	brick.	105	3	G	26	Grec.	cc.	Ydra.	
10	» » » Pirpiri...........	br.-g.	51	4	P	30	»		Syra.	
11	» » -LAURO-E-LA-DIANA, Caffiero......	brick.	236	5	G	31	Npl.		Meta.	
12	» » » -S.-PASCALO, Cacace.....	»	224	2	G	16	»		Naples.	
13	» » » S-GIOVANNI, Lauro	»	231	4	G	23	»	cc.	»	
14	» » -MISERICORDIA, Mannara	»	160	4	G	25	Srd.	cc.	Gênes.	
15	» » -MITIRIODISA, Chiecloce.	»	98	5	G	33	Grec.	cc.	Scopola,	
16	» » -MONTENEGRO, Bonelli....	nvc.	57	3	P	21	Tsc.	cc.	Livourne.	
17	» » -MONTENERO, Bonelli ...	»	60	2	P	18	»		»	
18	» » » Colozzo............	bb.	84	4	G	22	»		»	
19	» » » Di-Dominico.........	brick.	100	2	P	05	Srd.		Nice.	GR 31.
20	» » » Palomba...........	bb.	100	4	G	24	Tsc.		Livourne.	
21	» » » Scotto.............	nvc.	68	2	P	20	»	c.	»	
22	» » » Vaccarella.........	chb.	44	4	P	21	»	c.	»	
23	» » » -S.-TITO, Dimemme	»	62	1	P	06	»		»	

1	MADª-DELLE-PORTO-SALVO, Castellano...	brick.	200	4	G	1830	Npl.		Castellamare	
2	» » » » Majorino....	»	90	2	G	18	»		Naples.	Exb.
3	MADRE-ISABELLA, Minich	»	318	2	G	06	Autr.		Venise.	GR 24.
4	MA-FANTAISIE, Prebois.........	ttn.	62	4	P	26	Frç.		Ciotat.	
5	MAGDALENA, Chiozza............	brick.	155	4	G	26	Srd.	cc.	Gênes.	
6	» Cifalo........................	»	137	5	A	29	»	cc.	Savone.	DZ.
7	» Galleano.....................	»	237	6	G	35	»	cc.	Gênes.	
8	» Migone........................	»	220	4	G	25	»		»	
9	MAGDELAINE, Longobardo	»	190	3	G	20	»		»	
10	» Pisquet........................	hour.	64	5	P	33	Frç.		St-Valery.	
11	» -CHÉRIE, Parré...............	loug.	73	6	G	37	»		Nantes.	
12	MAGELLAN, Dubois	3-m.	293	4	L	25	»		»	DCV.
13	MAGNANIMO, Razzetto	brick.	143	4	G	27	Srd.		Gênes.	
14	MAGNIFICO, Jovich..............	»	350	3	A	15	»		»	DCV 26.
15	MAGNIFIQUE, Bagousse..........	»	216	5	A	33	Frç.		Bayonne.	DCV.
16	» Morice.........................	c.-m.	75	3	P	18	»		Trinité.	
17	MAGNO, Botterini................	brick.	200	4	G	29	Autr.	cc.	Trieste.	
18	MAHO, Lami	3-m.	300	4	L	32	Frç.		Marseille.	DCV 36.
19	MAINE, Robert....................	brick.	77	5	G	32	»		Nantes.	
20	MAJESTUEUX, Querré	3-m.	400	6	L	38	»		Bordeaux.	
21	MALABAR, Born	»	261	3	A	18	»		Havre.	GR 26, R 31, DCV 29.
22	» Gossin.........................	»	187	3	A	13	»		»	GR 28, 33, DCV 33.
23	» Lartigue.......................	»	352	5	A	28	»		Bordeaux.	RDCV 34.
24	MALOUIN, Dugain ou Pénière ...	brick.	133	6	A	35	»	cc.	St.-Malo.	Dbrz.
25	MALVINA, Couilleroux..........	c.-m.	64	5	P	36	»	cc.	Vannes.	
26	MANCHE, Lebailli	3-m.	460	6	L	36	»		Granville.	DCV.
27	MANDARIN, Chaveau	»	318	6	L	37	»		Nantes.	DCV.

1	MANDORE, Cacace	brick.	214	5	G	1825	Npl.		Naples.	
2	MANUELLITA, Delsero	3-m.	256	4	A	20	Esp.		Havane.	GRDCV 36.
3	MAPPEMONDE, Boudias	brick.	214	6	A	37	Frç.		Nantes.	DZ.
4	MARACAÏBO, Lieutaud	»	247	3	A	17	»		Marseille.	R 33, DZ 34.
5	MARASTI, Jancovich	»	380	5	G	30	Rss.		Odessa.	
6	MARAUDEUR, Ledemélé	»	87	2	G	16	Frç.		St.-Malo.	
7	MORAVO, Vernich	»	275	4	G	22	Autr.		Trieste.	
8	MARBRIERA, Grassi	goël.	109	R		16	Srd.		Spezzia.	
9	MARCHESE-CROPELLO, Groce	brick.	251	5	A	31	»		Gênes.	DCV.
10	MARCO-BOZZARIS, Jani	»	130	4	G	32	Grec.	cc.	Syra.	
11	» » Macri	»	104	4	G	30	»	cc.	»	
12	MARGUERITA, Caporico	»	90	4	G	25	Npl.		Naples.	
13	» Famulara	3-m.	469	3	G	12	Ang.		Malte.	Exh. 28.
14	» Medanich Ggc	br.-g.	107	5	G	32	Autr.	cc.	Fiume.	
15	» Messina	brick.	147	5	G	30	»	cc.	»	
16	» Michetich	br.-g.	110	5	G	31	»		»	
17	» Rodi	brick.	165	3	G	23	Scl.		Messine.	
18	» Viccaro	»	254	6	A	37	Srd.		Gênes.	DCV 38.
19	MARGOULATA, Gostdische	»	212	4	G	26	Npl.		Protesta.	
20	MARGUERITE, Denis	bat.	42	4	P	28	Frç.		Arles.	
21	MARIA, Allesendri	goël.	194	2	A	07	Autr.		Trieste.	GRDCV 28.
22	» Cama	»	55	2	P	18	Esp.	cc.	Palamos.	R 33.
23	» Chaix	3-m.	220	3	L	16	Frç.	cc.	Havre.	GR 28, DZ 34.
24	» Danilli	bb.	96	2	P	17	Srd.	c.	Gênes.	
26	» Dodero	brick.	172	5	A	33	»		»	DZ 34.
26	» Fanciullo	3-m.	327	5	G	33	Scl.		Palerme.	
27	» Faricolli	bb.	50	3	P	24	»		Messine.	R 32.

1	MARIÀ, Genecco	brick.	153	3	G	1825	Srd.	cc.	Gênes.	
2	» Grimaldi	»	272	4	G	24	Npl.	cc.	Naples.	
3	» Gullevin	»	147	6	P	34	Frç.		Bayonne.	
4	» Manarana	br.-g.	71	2 «	P	25	Srd.		Gênes.	Exh.
5	» Marin	bb.	96		P	17	Tsc.		Livourne.	
6	» Palomba	brick.	126	2	G	22	Npl.		Naples.	R 32.
7	» Ravena	»	128	4	G	20	Tsc.		Livourne.	GR 36.
8	» Rizzo L.	»	160	4	A	28	Srd.	cc.	Gênes.	DCV 33.
9	» Rizzo	»	219	5	A	31	»		»	DCV 33.
10	» Scotto	»	144	3	G	22	Npl.		Naples.	
11	» Salomez	»	222	4 «	A	28	Frç.	cc.	Dunkerque.	DZ.
12	» Varello	goel.	80	4	G	29	Esp.		Alicante.	
13	» Wennaert	dog.	114	3	G	15	Frç.	cc.	Dunkerque.	R 30.
14	» -ANNA, de Echezaria	brick.	184	5	G	30	Esp.		Bilbao.	
15	» -ANNUNZIATA, Sampagnaro	»	91	3 «	G	24	Scl.	cc.	Palerme.	
16	» -ANTONIA, Furiciolli	bb.	50	2 «	P	12	Frç.		Ajaccio.	
17	» -DELL-CARMINE, Campano	slp.	90	3	G	22	Scl.		Messine.	
18	» -DELLE-GRAZIE, E-S.-PASQUALE, Fornello	brick.	98	2	G	12	Npl.		Naples.	GR 30.
19	» -IGNACIA, de Eigueren	goel.	108	2	G	00	Esp.		Cadix.	
20	» -JOHANNA, Landard	brick.	147	6	A	37	Frç.		Bordeaux.	DCV.
21	» -LUIGIA, Jovich	br.-g.	286	5	A	33	Srd.		Gênes.	DCV.
22	» -LUISA, Anselno	brick.	214	5	G	30	»		»	
23	» » Faggioni	goel.	105	4	G	25	»		»	R 33.
24	» » Torre	br.-g.	146	3 «	G	24	»		»	
25	» -TERESA, Ageno	brick.	91	4	G	28	»		»	
26	» » Bugano	goel.	125	6 «	A	37	»		»	DCV.
27										

1	MARIA-IMPERATORIA, Ricci	br.-g.	75	3	G	1830	Tsc.		Livourne.	
2	» -TEREZIA, Lagno	brick.	125	4	G	25	Srd.	cc.	Gênes.	
3	» Machaeli	»	127	6	G	35	Scl.		Messine.	
4	» Valarino	»	200	6	A	37	Srd.	cc.	Gênes.	
5	MARIANA, Caimc	»	286	4	G	26	Autr.		Venise.	
6	» Carrosse	»	177	4	G	2»	Srd.	cc.	Gênes.	
7	» Dodero	3-m.	511	6	L	35	Npl.	cc.	Castellamare	DCV 37.
8	» Fiore	brick.	123	1	G	10	Srd.		Gênes.	
9	» Graturno	»	98	3	G	18	Esp.	cc.	Alicante.	
10	» -CAROLINA, Marcenaro	3-m.	264	2	G	12	Tsc.		Livourne.	
11	» -DE-LA-GUADAGNIA, Trapani	brick.	251	3	G	20	Npl.		Proceda.	
12	MARIANNE, Demetrich	»	100	4	G	29	Frç.		Nantes.	
13	» Giraud	»	124	6	G	38	»	cc.	Marseille.	
14	» Grenier	bb.	74	5	G	33	»	cc.	Cette.	
15	» Hervis	brick.	141	5	G	35	»		Ileaux moins	
16	» Michel	»	104	4	G	27	»	cc.	Agde.	
17	» Olivier	bb.	94	2	P	22	»		St.-Tropez.	
18	» Servet	br.-g.	104	4	G	29	»		Morlaix.	
19	» -CHARLOTTE, Rival	»	106	6	G	37	»	cc.	Nouvelle.	
20	» -FORTUNÉE, Martin	bb.	79	2	P	13	»		St.-Tropez.	
21	MARIE, Azibert	ttn.	48	3	P	17	»	c.	Narbonne.	
22	» Berthomé	brick.	107	4	G	28	»		Sables.	
23	» Bomelaert	dog.	103	3	G	16	»		Dunkerque.	GR 37.
24	» Carma	br.-g.	55	3	P	00	Esp.		Palamos.	GR 32.
25	» Dérison	»	135	6	G	37	Frç.		Roscoff.	
26	» Galibert	brick.	160	3	G	22	»		Marseille.	
27	» Grandin	»	118	4	A	27	»		St.-Servan	DZ.
28	» Grange	»	202	5	G	34	»		Dieppe.	

1	Marie, Héroult	brick	122	3	G	1824	Frç.		Nantes.	
2	» Houart	»	118	4	G	23	»		Binic.	
3	» Lamusc	»	118	3	G	14	»		Granville.	GR 32.
4	» Moinard	»	133	3	G	15	»		Nantes.	R 33.
5	» Néel	»	169	5	G	35	»		».	
6	» Pechaud	»	116	3	G	26	»		Bordeaux.	R 29.
7	» Picroux	c.-m.	115	5	G	35	»	cc.	Port-Navalo.	
8	» Prosper	bb.	90	3	P	14	»	cc.	Agde.	GR 32, 33.
9	» Renouf	dog.	75	4	G	28	»		Cherbourg.	
10	» Roland	brick.	79	5	G	35	»		St.-Malo.	
11	» Rouquette	ttn.	67	3	P	12	»	cc.	Nouvelle.	GR 33.
12	» Ruelant	3-m.	244	4	G	28	»		Pontrieux.	
13	» Salis	»	259	4	L	25	»		Bordeaux.	DCV 36.
14	» -Amélie, Drouillard	br.-g.	63	3	P	05	»		Charente.	Rect. 28.
15	» -Angélique, Bertho	c.-m.	74	6	G	36	»	cc.	Mesquier.	
16	» Guegan	»	79	4	G	26	»		Fécamp.	
17	» Leborgne	brick.	195	5	A	30	»		St.-Malo.	DZ 31.
18	» Sud	bb.	78	4	G	21	»	cc.	Agde.	
19	» -Anne, Beven	c.-m.	73	2	G	22	»	cc.	Auray.	
20	» Cannac	br.-g.	103	3	G	17	»		Agde.	
21	» Dormstrich	brick.	100	4	G	29	»		Nantes.	
22	» Lemeuf	»	110	6	G	38	»		St.-Malo.	
23	» -Annette, Treste	c-m.	98	4	G	30	»		Vannes.	
24	» -Antoine, Foricoli	bb.	48	2	P	17	»		Bastia.	
25	» -Antoinette, Barra	brick.	155	6	G	36	»		St.-Malo.	
26	» Bouis	»	88	3	G	16	»	c.	Marseille.	
27	» Delplousse	c-m.	79	4	G	25	»		Lorient.	
28	» -Armande, Payen	»	71	2	G	16	»		Sarzeau.	

1	Marie-Augustine, Bigot	brick.	64	2		P	1816	Frç.		St-Malo.	
2	» -Barbe, Sabatier	bat.	46	4	«	P	24	»		Toulon.	GR 30.
3	» -Blanche, Giraud	ttn.	39	4	«	P	24	»		Martigues.	
4	» -Caroline, Saillant	brick.	168	4	«	G	25	»		Dieppe.	GR 33.
5	» -Catherine, Gulcher	»	118	4	«	G	26	»		Brest.	R 33.
6	» -Chérie, Forget	c-m.	74	4	«	G	28	»	cc.	Vannes.	
7	» -Elisabeth, Cornillier	3-m.	296	4	«	L	26	»		Nantes.	DGV 30, R 31.
8	» » Roux	bb.	105	3	«	G	15	»		Marseille.	
9	» -Fortunée, Tournier	ttn.	29	3	«	P	18	»		Martigues.	
10	» -Françoise, Albert	c-m.	74	3	«	G	25	»		Mesquier.	GR 37.
11	» » Lelin	brick.	77	3	«	G	16	»	cc.	Vannes.	GR 30, R 33.
12	» » Lepan	c.-m.	77	4	«	G	26	»	cc.	»	
13	» -Gabrielle, Bergen	brick.	79	3	«	G	18	»		Libourne.	GR 35.
14	» » -Sélina, Parastout	bb.	111	4	«	G	16	»		Marseille.	R 29.
15	» -Héloïse, Lamoureux	c.-m.	75	5	«	G	35	»	cc.	Vannes.	
16	» -Henriette, Druel	dog.	75	2	«	G	1776	»		Dunkerque.	Rect. 18, R 33.
17	» -Hortense, Lebodey	goel.	79	3	«	G	1826	»		Barfleur.	R 32, 37.
18	» -Joseph, Crouzat	ttn.	100	6	«	G	38	»		Marseille.	
19	» » Dagoust	c.-m.	70	2	«	G	17	»	cc.	Mariaquer.	
20	» » Dugené	brick.	80	R	«		06	»		Granville.	
21	» » Gazan	bb.	80	3	«	G	17	»		Antibes.	
22	» » Guevenoux	brick.	194	5	«	G	33	»		Nantes.	
23	» » Lebecho	c-m.	79	4	«	G	27	»	cc.	Sarzeau.	
24	» » Lerendu	brick.	104	4	«	G	28	»		St-Servan.	
25	» » Marchant	goel.	79	2	«	G	17	»		Lorient.	R 37.
26	» -Joséphine, Besson	ttn.	40	3	«	P	19	»	cc.	Cannes.	
27	» » Mauffret	c.-m.	76	4	«	P	26	»	cc.	Sarzeau.	
28	» » -Julienne, Hervis	»	78	4	«	P	23	»		Port-Navalo.	

1	MARIE-LAURE, Mclluseau	brick.	130	6	A	1837	Frç.		Nantes.	DZ.
2	» -LÉONIE, Quemener	loug.	76	6	G	37	»		Bayonne.	
3	» -LOUISE, Barastou	brick.	120	4	G	27	»		Marseille.	GR 34.
4	» » Clérigo	c.-m.	77	3	G	23	»	cc.	Penerf.	
5	» » Granara	brick.	225	6	G	37	»		Dunkerque.	
6	» » Marfanrant	ttn.	66	5	P	33	»		Nouvelle.	
7	» -MAGDELEINE, Fabre	»	55	4	P	27	»		Toulon.	
8	» » Isnard	»	60	2	P	16	»	cc.	Arles.	
9	» » Sabatini	bb.	71	3	P	15	»		Marseille.	GR 34.
10	» -MARGUERITE, Bastard	c-m.	108	4	G	27	»	cc.	Vannes.	
11	» -PASCALINE, Guegen	loug.	79	5	G	35	»		Bayonne.	
12	» -PAULINE, Claessen	dog.	92	2	G	08	»		Dunkerque.	Rct. 27.
13	» -RAMIRTE, Dolo	brick.	75	5	G	33	»		St.-Brieux.	
14	» -REINE, Cavas	bat.	47	5	P	33	»		Marseille.	
15	» -ROLANDINE, Dréano	c.-m.	60	3	G	18	»	cc.	Sarzeau.	GR 37.
16	» -ROSE, Guiller	bb.	74	3	P	17	»	cc.	Agde.	
17	» » Halgand	c.-m.	77	5	G	33	»	cc.	Méans.	
18	» » Lafosse	brick.	170	4	A	28	»		Granville.	DZ 31.
19	» » Lebloc	c-m.	63	1	G	16	»		Redon.	
20	» -Ste.-ANNE, Hervo	»	67	3	G	22	»		Auray.	
21	» » » Leprezence	»	76	5	G	35	»	cc.	Sarzeau.	
22	» -SOPHIE, Razouls	loug.	75	5	G	33	»	cc.	La Nouvelle.	
23	» -THÉRÈSE, Bernard	goel.	70	2	G	17	»		Cette.	
24	» » Challet	brick.	121	3	G	25	»		St.-Brieux.	
25	» » Couderais	alg.	83	4	P	1798	»		Arles.	Rect. 30.
26	» » Drouet	brick.	133	6	G	1835	»		Nantes.	
27	» » Henricot	»	114	3	G	10	»		Toulon.	TGRDZ 32.
28	» » Lehorne	»	76	3	G	15	»		Pontrieux.	GR 34.

1	MARIE-THÉRÈSE, Letrudié	goel.	63	3	G	1824	Frç.	cc.	Vannes.	
2	» » Mahé	brick.	78	4	G	26	»		Morlaix.	
3	» » Massabo	ttn.	71	3	P	18	»		Marseille.	GR 33.
4	» » Prévost	brick.	100	3	G	17	»		Landerneau.	TGR 35.
5	» » Roubert	ttn.	29	5	P	29	»		La Seyne.	
6	» » Simon	brick.	124	3	G	24	»		St.-Malo.	R 33, 34.
7	» -VINCENT, Daniel	c.-m.	69	4	G	26	»	cc.	Lomaraquer	
8	» » Talibout	»	77	4	G	25	»	cc.	Auray.	
9	» -ET-VICTORINE, Coreil	brick.	274	4	A	27	»		Marseille.	RDCV 35.
10	MARIETTE, Lachaud	»	220	6	G	36	»		»	GR 38.
11	» Mahé	»	130	5	G	35	»	cc.	Ile aux moins	
12	» Ramond	»	180	5	A	35	Esp.	cc.	Ivice.	DZ.
13	MARINA-DI-GENOVA, Raffo	»	182	6	G	35	Srd.		Gênes.	
14	MARINERO, De Azcue	»	96	5	G	32	Esp.		Bilbao.	
15	MARINATO-FORTUNATO, Shargetti	trbc.	315	3	G	19	Autr.	cc.	Trieste.	
16	MARIUS-ET-CAROLINE, Rousseau	alg.	87	6	P	34	Frç.	cc.	Arles.	
17	MARMORIERA, Grassi	bb.	109	3	G	18	Srd.		Spezzia.	
18	MARNE, Riollay	brick.	278	4	A	28	Frç.		Havre.	GR 29., RDCV 35.
19	MARS, Bremond	3-m.	349	5	L	30	»		Marseille.	GRDCV 35.
20	» Gaston Célestin	»	134	6	G	34	»		Nantes.	
21	» Hochet	cutt.	66	3	G	24	»		Cherbourg.	
22	» Normand	brick.	114	3	G	22	»		Caen.	
23	» Noël	»	164	3	G	24	»		St.-Malo.	R 36.
24	MARSEILLAIS, Bosse	3-m.	270	6	L	38	»		Marseille.	DCV.
25	» Olyon	»	330	4	L	10	»		»	Rect. 34, DCV 37.
26	MARSOUIN, Rouquette	bat.	51	5	P	31	»	cc.	Nouvelle.	
27	MARTE, Chichizola	brick.	210	4	A	27	Srd.		Gênes.	DCV.
28	» Coscovich	»	218	3	A	12	Autr.		Trieste.	GRDCV 36.

1	Martial, Jouvé	3-m.	360	4 «	L	1827	Frç.		Bordeaux.	DCV 37.
2	Martiniquais, Duporteau		456	4 «	L	1793	»		»	Rect. 30, Dbrz. 35.
3	Mary, Fermuño	brick.	128	3 «	A	27	Srd.		Gênes.	GR 29, DCV 33.
4	Mascarin, Grangier	3-m.	408	4 «	L	26	Frç.		Marseille.	RDCV 34.
5	Massena, Thérèse	brick.	160	4 «	G	31	Srd.	cc.	Nice.	
5	Massaud, Imrabat	»	150	2 «	G	19	Ion.		Tripoli.	
7	Mater-Misericordiæ, Berino	ttn.	42	5 «	P	33	Srd.	cc.	Savonne.	
8	Mathilda, Luzaraga	loug.	70	4 «	P	26	Esp.		Bilbao.	
9	» Repoll	br.-g.	70	4 «	G	21	»	cc.	Alicante.	GR 37.
10	Mathilde, Bustom	3-m.	200	5 «	A	28	Frç.	cc.	Bordeaux.	
11	» Corbel	br.-g.	78	5 «	G	30	»		Caen.	
12	» Ducasse	brick.	120	4 «	A	26	»		Bordeaux.	DZ 33.
13	» Gay	»	107	3 «	G	17	»		« »	GR 36.
14	» Legonidec	»	200	6 «	A	36	»		« »	DZ.
15	» Pignon-Blanc	»	229	6 «	A	36	»		Dunkerque.	DZ.
16	Matutina, Cassingena	3-m.	350	4 «	L	27	Ang.	cc.	Malte.	DCV.
17	Maurice, Cambigne	bat.	57	6 «	P	37	Frç.		Martigues.	
18	» Haller	loug.	69	5 «	G	36	»	cc.	Méans.	
19	» Ribe	cttn.	90	6 «	P	36	»		Martigues.	
20	Maurolico, Cardillo	brick.	148	6 «	G	34	Sc.		Messine.	
21	Mazagan, Recagno		186	6 «	G	36	Srd.		Gênes.	
22	Mazeppa, Leloup	3-m.	260	5 «	A	32	Frç.		Rouen.	DZ 35.
23	Méderie, Malandrin	brick.	120	5 «	G	31	»		Fécamp.	
24	Medée, Laurent	c.-m.	71	3 «	G	21	»	cc.	Quiberon.	R 34.
25	Médicis, Manière	3-m.	447	6 «	L	36	»		Havre.	Dbrz.
26	Méditerraneo, Ferraro	brick.	160	2 «	G	12	Srd.	cc.	Gênes.	
27	Mélanie, Barbot	»	110	4 «	A	22	Frç.		Bordeaux.	DCV.
28	» Bassot		77	2 «	G	10	»		Nantes.	GR 26.

1	Mélanie, Gasto	br.-g.	69	6	G	1836	Frç.		Antibes.	
2	» Got J	dog.	136	3	A	18	»		Cette.	R 29, DZ 32.
3	» Legalle	loug.	77	5	G	33	»		Conquet.	
4	» Léonard	3-m.	230	5	L	34	»		Bordeaux.	DCV.
5	» Menes	brick.	165	5	A	35	»		St.-Servan.	DZ.
6	Melandrio, Jassich	»	210	4	A	27	Autr.		Venise.	DZ 36.
7	Melchior, Billet	»	215	5	G	33	Frç.		Bordeaux.	
8	Meledano, Domincovich	»	212	4	G	18	Autr.	cc.	Trieste.	
9	Meliteo, Vella	»	83	1	G	09	Tsc.	cc.	Livourne.	GR 29.
10	Meneghetto, Dodero	»	200	4	G	29	Srd.		Gênes.	
11	Mensengera, Lopis	cutt.	55	5	P	30	Esp.		Villageoso.	
12	Mentor, Almes	brick.	226	4	A	25	Frç.		Dunkerque.	RDZ 37, GR 38.
13	Mentore, Ferments	»	160	5	G	34	Scl.		Messine.	
14	» Ivanich	»	266	2	G	06	Autr.		Trieste.	GR 27.
15	Mercedes, Vila	»	180	6	A	33	Esp.		Barcelonne.	DCV 36.
16	Mercidatas, Medina	goël.	90	3	G	29	»		Malaga.	
17	Merceres, Cassevilla	brick.	150	5	A	33	»		Barcelonne.	DCV.
18	Mercure, Billard	loug.	73	4	G	27	Frç.		Noirmoutier.	
19	» Doucet	dog.	78	5	G	30	»	cc.	Labougue.	
20	» Jollet	3-m.	403	5	L	29	»		Nantes.	DCV 33.
21	» Hirribarren	brick.	141	3	A	00	»		Havre.	GR 29, 32, DZ 36.
22	» Rouget	»	103	4	G	27	»		Bayonne.	
23	Mercurio, Cafieri	»	222	3	G	22	Npl.		Naples.	
24	» Colla	« »	125	3	A	16	Srd.		Gênes.	R 28.
25	» Dimanco	ltb.	52	4	P	26	Rom.	c.	C.-Vecchia.	
26	» Panagliotti	brick.	280	5	G	29	Rss.	cc.	Odessa.	
27	» Rosacuta	»	214	3	A	17	Srd.		Gênes.	GRDCV 28.
28	» Sora	»	315	3	A	15	Esp.		Mayorque.	DCV.

1	MERCURIO, Sposito	brick.	150	3	G	1824	Npl.		Naples.	
2	MÈRE-CHÉRIE, Bachelar	c-m.	71	4	G	27	Frç.	cc.	Vannes.	
3	» » Dupernel	»	71	3	G	24	»	cc.	»	
4	» -DE-FAMILLE, Lanoy	loug.	72	3	G	20	»		Fécamp.	R 37.
5	» -DE-LA-GARDE, Pompe	bat.	29	3	P	22	»	cc.	Narbonne.	
6	» -SENSIBLE, Urbin	loug.	104	4	G	30	»		Lorient.	
7	MERIDIANO, Radichi	brick.	262	4	G	26	Autr.	cc.	Trieste.	
8	MERIONE, Cavassa M.	»	197	4	G	25	Srd.		Gênes.	
9	MEROLA, Arluc	3-m.	295	4	L	25	Frç.		Marseille.	DCV 34.
10	MÉSANGE, Hervichon	brick.	245	6	A	37	»		St.-Malo.	DZ.
11	MESSAGER, Gaudin	dog.	109	3	G	22	»		Rouen.	
12	» Lefebure	brick.	97	3	G	24	»		Binic.	
13	» Roussel	»	104	6	G	34	»	cc.	Redon.	
14	» Siches	cut.	50	4	P	29	Esp.		Barcelonne.	
15	» -DE-SYRIE, Maraval	brick.	140	6	G	35	Frç.		Marseille.	DCV 36, GR 37.
16	» -DES-INDES, Werspreck	3-m.	412	4	A	21	»		Havre.	DCV 32.
17	» -DU-HAVRE, Lebreton	loug.	71	4	G	27	»		Nantes.	
18	MESSICANO, Brusco	brick.	201	3	A	27	Srd.	cc.	Gênes.	DCV 33.
19	METASTASIO, Behan	br.-g.	106	2	G	21	Autr.		Trieste.	
20	MÉTÉORE,	»	102	1	G	16	Frç.		Marseille.	RDZ 31.
21	METILDA, Barbato	brick.	218	6	G	35	Npl.		Naples.	
22	MEUSE, Guilbaut	3-m.	400	6	L	35	Frç.		Havre.	Dbrz.
23	MEXICAIN, Viviez	»	350	4	L	28	»		Bordeaux.	Dbrz. 37.
24	MEXICANA, Trouete	»	250	5	L	34	»		»	DCV.
25	MEXICANO, Celle	brick.	202	4	A	27	Srd.		Gênes.	DCV 33.
26	MEXICO, Lefebure	3-m.	350	4	L	21	Frç.		Havre.	GRDCV 33.
27	MÉZÉLIE, Gueit	brick.	230	4	A	25	»		Marseille.	GR 37, DCV 38.
28	MICAELA, De Balparada	»	130	5	A	31	Esp.		Bilbao.	DCV.

1	MICHEL-ANGE, Triclle	br.-g.	78	5	G	1833	Frç.		Seyne.	
2	» -ADOLPHE, Haineville	3-m.	300	4	L	28	»		Bordeaux.	DVC.
3	» -FRANÇOIS, Dçcormier	c.-m.	65	4	G	26	»		Nantes.	GR 37.
4	» -ET-CLARA, Dénis. Honoré	ttn.	85	6	G	35	»		Martigues.	
5	MILISE, Eloy	brick.	162	4	A	16	»		St.-Malo.	Rect. 28, DZ 31.
6	MILNARESE, Marincovich	»	247	3	G	23	Autr.		Trieste.	
7	MILZIADE, Finili	»	210	5	G	35	Grec.	cc.	Syra.	
8	» Inglessi	»	429	5	G	29	Rss.		Odessa.	
9	» Pilini	»	170	6	A	33	Grec.		Ipsara.	
10	» Zaccagli	»	220	3	G	25	»		Egine.	
11	MIMA, Mangiardino	»	131	4	A	29	Srd.		Gênes.	DCV 34.
12	» Solari	br.-g.	150	6	A	37	»	cc.	»	DCV.
13	MINASSE, Bonanich	brick.	246	3	G	17	Autr.	cc.	Trieste.	
14	MINCIO, Ivanich	»	281	4	G	23	»		Venise.	
15	MINERVA, Arapi	goel.	142	3	G	24	Grec.		Spezzia.	
16	» Bollo	3-m.	240	3	G	20	Srd.		Gênes.	
17	» Collado	cutt.	55	4	P	25	Esp.	cc.	Diana.	
18	» Conomo	brick.	160	3	G	26	Grec.	cc.	Spezzia.	
19	» De Allegria	»	128	5	G	31	Esp.		Bilbao.	
20	» Dorlz	»	230	5	G	30	Grec.		Ydra.	
21	» Domenech	»	105	3	G	16	Esp.	cc.	Barcelonne.	GR 34.
22	» Figari	»	150	5	G	32	Srd.	cc.	Gênes.	
23	» George	»	170	5	G	33	Grec.	cc.	Ydra.	
24	» Ricci	pinque	45	4	P	29	Srd.		Spezzia.	
25	MINERVE, Augier	ttn.	67	6	P	37	Frç.	cc.	St.-Tropez	
26	» Bertrandon	brick.	237	5	A	34	»	cc.	Marseille.	DZ 34.
27	» Lacroix	3-m.	192	6	A	38	»		Bordeaux.	DGV.
28	» Lescaret	brick.	180	3	A	04	»		»	Rect. 28, RDZ 31.

1	MINERVE, Vanier ou Laverger	3-m.	357	4	A	1806	Frç.		Havre	Rct 34, DZ 35.
2	MINORCA, Bossio	bb.	40	3 «	P	24	Esp.	cc.	Barcelonne	
3	MINOS, Crelich	brick	159	4 «	A	26	Autr.	cc.	Trieste	DCV 32.
4	MIR, Vargelin		348	6 «	A	33	»		Voloska	
5	MIRESLAW, Marassi		200	6 «	A	34	»	cc.	Venise	
6	MISÉRICORDE, Judecelli	mtq.	45	3	P	17	Frç.		Bastia	
7	MISERICORDIA, Basso	brick	108	2	G	16	Srd.	cc.	Gênes	
8	» Briganti	»	160	3	G	20	»	cc.	« »	
9	» Corsi	flq.	77	3	G	18	»	cc.	Savone	
10	» Gamba	br.-g.	100	2	G	14	»		Gênes	
11	» Grimaldi	ttn.	42	5	P	35	»	cc.	Savone	
12	» Lavarello	br.-g.	148	4 «	G	27	»	cc.	Gênes	
13	» Marengo a	bb.	65	3	G	21	»	cc.	« »	
14	» Minuto	br.-g.	78	4 «	G	25	»	cc.	Savone	
15	» Ozzini	»	51	4	P	27	»		Gênes	
16	» Puccio	brick	116	4	G	29	»		« »	
17	» Serra	bb.	70	2	P	15	»		« »	
18	MISSISSIPI, Rossiter	3-m.	390	4	L	25	Frç.		Havre	RDCV 35.
19	MITHRIDATE, Rabateau	brick	280	4	L	19	»		Marseille	TGR 34, DCV 37.
20	MODENESE, Rogosin	»	204	3	G	21	Autr.	cc.	Trieste	
21	MODERATIONE, Bertozzo		375	6	G	38	Srd.		Gênes	
22	MODERATO, Gambaro	»	275	3	G	17	Autr.	cc.	Venise	
23	MODÉRÉ, Rolland	»	144	4	G	25	Frç.		Binic	
24	MODESTE, Hily		248	5	L	26	»		St-Malo	DZ.
25	» Lavergne		212	6	A	35	»		Nantes	DZ.
26	» Rance	ttn.	59	5 «	P	31	»		Cannes	
27	» -EUGÈNE, Banville	loug.	84	6 «	G	34	»	cc.	« »	
28	MONGOL, Lebeaufort	3-m.	341	5 «	L	33	»		Nantes	DCV 35.

1	MONT-CHÉRI, Bronzon	brick.	198	6	A	1836	Frç.	cc.	Cette.	DZ.
2	» -LIBAN, Camboulive	»	206	6	A	34	»		Marseille.	DZ.
3	MONTE-ANEZA, De Amezaga	br.-g.	60	4	G	25	Esp.		Bilbao.	
4	» -CARMELO, Martino	brick.	150	3	A	20	»		Minorque.	DCV 31.
5	» » -E-S.-MICHELE, Sablia	»	270	4	G	24	Npl.		Naples.	
6	» -NEGRIO, Pascovich	»	370	4	G	27	Autr.		Trieste.	
7	» -REALE, Coste	»	220							
8	» » Trifiletti	»	165	3	G	25	Scl.		Palerme.	R 27.
9	MONTEZUMA, Leroy	»	160	4	A	25	Frç.		Bordeaux.	DCV 29, R 32.
10	MORANCIN, Loirat	goel.	71	4	G	10	»		Bayonne.	Rect. 32.
11	MORATIN, Serrer	»	130	4	A	30	Esp.		Havane.	DCV 35.
12	MORAVO, Vernich	brick.	277	4	G	22	Autr.		Trieste.	GR 37.
13	MORBIHAN, Louette	loug.	111	6	G	35	Frç.	cc.	Auray.	
14	MORETTO, Buzetti	trb.	117	4	P	25	Rom.		Ancône.	
15	MORIGNO, Berberovich	brick.	110	2	G	16	Autr.		Trieste.	GR 29.
16	MOROLICA, Cardillo	»	148	5	G	33	Npl.		Messine.	
17	MOSCKIENIZIA, Descovich	bb.	87	3	G	18	Autr.	cc.	Trieste.	
18	MOSCOWA, Versaille	brick.	160	6	G	36	Frç.		Dunkerque.	
19	MOYSE, Cheventon	»	212	5	G	34	»		Brest.	GR 37.
20										
21										
22										
23										
24										
25										
26										
27										
28										

1											
2											
3											
4											
5											
6											
7											
8											
9											
10											
11											
12											
13											
14											
15											
16											
17											
18											
19											
20											
21											
22											
23											
24											
25											
26											
27											
28											

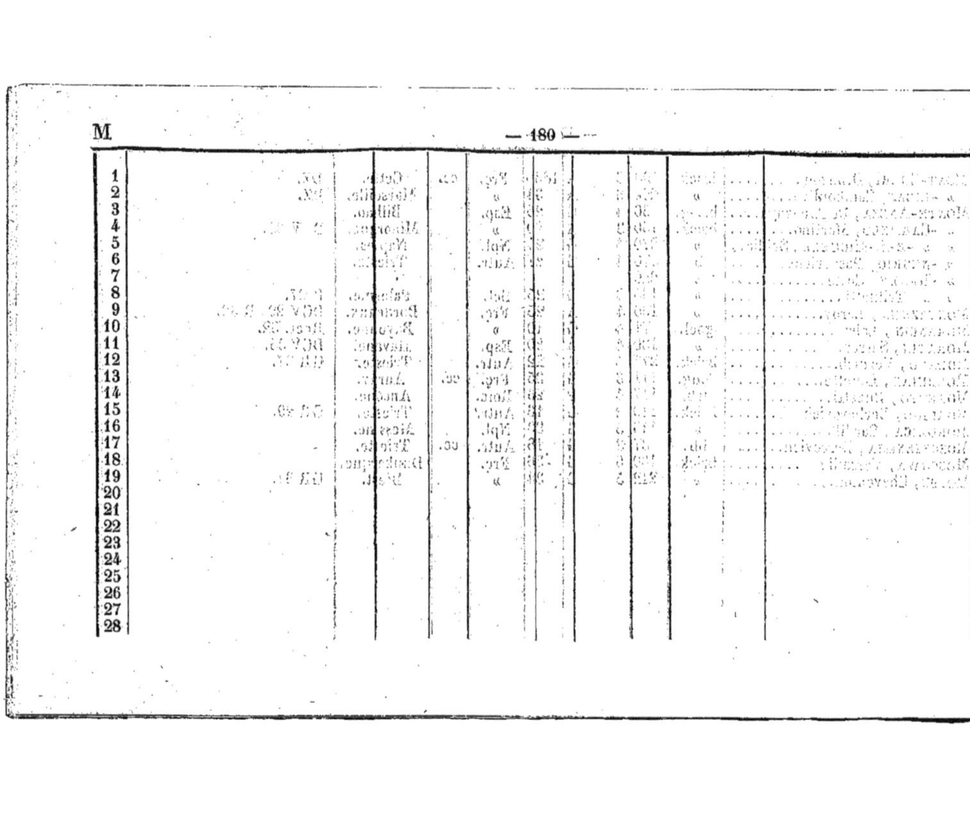

1									
2									
3									
4									
5									
6									
7									
8									
9									
10									
11									
12									
13									
14									
15									
16									
17									
18									
19									
20									
21									
22									
23									
24									
25									
26									
27									
28									

M

1											
2											
3											
4											
5											
6											
7											
8											
9											
10											
11											
12											
13											
14											
15											
16											
17											
18											
19											
20											
21											
22											
23											
24											
25											
26											
27											
28											

1	NACIONAL, Barasatigny	goël.	75	6	G	1836	Esp.		Bilbao.	
2	NADIR, Lavarello	brick.	169	6	G	36	Srd.		Gênes.	
3	NAÏADE, Guillard	»	286	4	L	27	Frç.		Havre.	RDbrz. feut. 34
4	» Wues	»	196	5	A	33	»		Dunkerque.	DZ.
5	NANCY, Fautrel	3-m.	400	4	L	15	»		Havre.	Rect. 32; RDbrz. 36.
6	» Triment	brick.	175	5	G	35	»		Nantes.	
7	NANETTE, De Nobile	br.-g.	70	3	G	12	»		Marseille.	GR 28.
8	» Lemoniner	brick.	166	4	G	24	»		Granville.	
9	NANINE, Constant	»	161	6	G	36	»	cc.	Redon.	
10	» Lebreton	»	170	5	A	34	»		St-Malo.	DZ 36.
11	» Tartoué	»	213	6	A	34	»		Nantes.	DCV.
12	» -ET-CÉRÈS, Marsin	»	86	4	G	28	»		Roscof.	
13	NANTAIS, Protel	3-m.	345	3	L	18	»		Nantes.	
14	NANTAISE, Dupin	brick.	179	3	A	16	»		»	R 30, 32, DZ 32.
15	NAPOLÉON, Bourgain	»	140	6	G	36	»	cc.	Dunkerque.	
16	» Rabardie	3-m.	223	5	L	33	»		Rouen.	Dbrz.
17	» Sansut	br.-g.	150	6	A	37	Esp.		Barcelonne.	DCV 38.
18	» -LE-GRAND, Brun	alg.	81	6	P	34	Frç.	cc.	Bordeaux.	
19	» » » Lequellec	3-m.	400	6	L	34	»		Arles.	DCV.
20	» -Ier, Dubut	goël.	66	5	G	34	»		Libourne.	
21	» » Matelot	brick.	121	5	G	34	»		Bayonne.	
22	NARCISO, Consigliero	»	190	4	G	25	Srd.		Gênes.	
23	NARCISSE, Castellano	»	300	3	A	20	Scl.		Palerme.	DZ 30.
24	» Coipel	br.-g.	100	6	G	37	Frç.		Rouen.	
26	» Launais	brick.	87	1	G	12	»	c.	Havre.	
26	» Leprat	c.-m.	78	4	G	24	»		Redon.	
27	NARDINO, Kiffer	brick.	270	1	G	1794	Autr.		Trieste.	GR 30.
28	NAWAL, Sominel	3-m.	495	5	L	1833	Frç.		Dieppe.	DCVGR 38.

1	Nathalie, Bernard	3-m.	350	4	L	1827	Frç.		Bordeaux.	DCV 32.
2	» Coutrel	c.-m.	71	4	G	26	»	cc.	Vannes.	
3	» Lefranc	goel.	85	3	G	15	»	c.	Bordeaux.	Exh. 33.
4	» Thomasset	loug.	77	2	G	18	»	c.	Brest.	R 29.
5	Nativita, Seghezza	chbc.	51	3	P	15	Srd.		Gênes.	
6	» -di-Maria-Virgini, Carpena	goel.	76	3	G	23	»	cc.	Spezzia.	
7	Nautonnier, Brun	brick.	204	4	A	20	Frç.		Nantes.	RDCV 38.
8	Navarin, Coisy	3-m.	275	4	L	28	»		Rouen.	DCV.
9	» Guerin	brick.	170	3	A	20	»		Bordeaux.	DCV 28.
10	» Triquet	loug.	77	4	G	28	»		Sables.	
11	Navarino, Casenaro	brick.	225	6	G	34	Grec.	cc.	Navarin.	
12	Navigateur, Bardon	3-m.	280	4	L	22	Frç.		Nantes.	DCV 37.
13	» Giroult	brick.	221	4	A	28	»		Dunkerque.	R 35, DZ 32.
14	» Lœuil	»	153	5	G	31	»	co.	Calais.	
15	» Morin	goel.	96	4	G	27	»	cc.	Honfleur.	
16	Navigatore-Lusignano, Hrelich	brick.	280	4	G	25	Autr.	c.	Fiume.	
17	Navigazione, Raffran	»	457	4	L	27	»		Trieste.	DCV.
18	Nazaret, Nicolich	»	140	3	G	18	»		»	
19	N'Dey-Dama, Rabot	»	160	5	A	35	Frç.	ϱϱ.	Bordeaux.	DZ 38.
20	Nearco, Ferrazo	»	249	6	A	34	Srd.	cc.	Gênes.	DCV.
21	Néel, Capelan	»	263	6	A	37	Frç.		Granville.	DZ.
22	Nelly, Larcheveau	»	129	6	G	37	»	cc.	Bordeaux.	
23	Némésis, Lavialle	br.-g.	99	4	G	24	»		Marseille.	
24	Nelson, Tidesco	brick.	140	4	G	24	Scl.		Palerme.	
25	Neomi-Marie, Fleury	»		6	G	37	Frç.		Havre.	
26	Neos-Makedon, Andreas	3-m.	520	2	L	17	Rss.		Odessa.	DCV 28.
27	Neptune, Bachelain	brick.	75	3	G	18	Frç.		St.-Malo.	R 35.
28	» Beaudier	3-m.	342	4	L	24	»		Nantes.	DCV feut.
29	» Desjardin ou Giel	»	284	3	A	16	»		Cherbourg.	GR 28, 34, DZ 36.

1	NOUVEAU-TÉLÉGRAPHE, Roux	3-m.	251	4	G	1825	Frç.		Bordeaux.	GR 32.
2	NOUVEL-ACTIF, Blaye	»	269	6	A	35	»		« »	DCV.
3	» -EUGÈNE, Aubert	»	171	4	G	27	»		»	GRDCV 38.
4	» -INDIGÈNE, Noguez	brick.	205	4	A	27	»		»	DCV 38.
5	NOUVELLE-ADÉLINE, Nave	»	116	4	A	25	»		Marseille.	DCV 34, GR 37.
6	» -AIMABLE-LOUISE, Gazan	br.-g.	69	3	G	21	»		« »	
7	» -CONSTANCE, Lemaître	3-m.	336	4	L	27	»		Bordeaux.	GRDCV 33.
8	» -ELISA, Darlan	goel.	77	5	G	33	»	cc.	»	
9	» » Roubion	brick.	240	4	L	22	»		Marseille.	TGR 34, 38, DCV 38.
10	» -ERMANCE, Lebefaude	3-m.	370	4	L	27	»		Bordeaux.	GRDCV 33.
11	» -ETOILE, Bensa	br.-g.	77	4	G	23	»		St.-Tropez.	
12	» -FRANCE, Duperrat	3-m.	213	5	L	29	»		Bordeaux.	DCV 33.
13	» -GABRIELLE, Dupony	»	314	6	L	36	»		»	DCV.
14	» -JULIE, Portal fils	brick.	131	6	G	37	»		Marseille.	
15	» -JUSTINE, Guchet	dog.	79	5	G	31	»		Nantes.	
16	» -LOIRE, Gautreau	3-m.	302	5	A	30	»		»	DZ 35.
17	» -LOUISE, Lefloch	»	500	4	L	27	»		Bordeaux.	DCV 31.
18	» -MARIE, Desparmet	loug.	77	4	G	29	»		Bayonne.	
19	» » Ferraut	ttn.	49	5	P	34	»		Antibes.	
20	» » -JOSEPH, Jumé	c.-m.	77	4	G	22	»	cc.	Redon.	GR 37.
21	» -Ste.-ANNE, Bringuier	bb.	70	1	G	10	»	cc.	Agde.	
22	» -SOCIÉTÉ, Lalande	c-m.	58	5	P	32	»	cc.	Redon.	
23	» -SOPHIE, Coulonne	brick.	134	6	G	38	»		Marseille.	
24	» -UNION, Berthomé	goel.	79	6	G	37	»	cc.	Sables.	
25	» » Gout	bb.	104	3	G	19	»		Marseille.	
26	NOUVELLES-2-NANETTE, Boyer.	3-m.	341	3	L	19	»		»	GR 33, Dbrz. 35, R 38.
27	NOVA-SINCERITA, Amadeo	brick.	198	2	G	14	Npl.		Naples.	
28	» -SPERENZA, Giavarino	»	338	4	A	26	»		Sorrento.	DZ 36.

1	Novo-Diligente, Cacace	brick.	277	5	G	1833	Srd.	cc.	Camoing.	
2	» -Raffaelo, Caffiere	»	220	4 «	G	29	Npl.	cc.	Naples.	
3	Nueva-invencibile, Avègno	br.-g	110	6 «	G	37	Esp.		Villageoso.	
4	» -Rosita, Ros	brick.	140	6 «	G	35	»		Barcelonne.	
5	» -S.-Anna, De Gerordo	»	124	5 «	A	32	»		Bilbao.	DCV 34.
6	Nuevo-Jorge-Juan, Cuculla	»	180	6 «	A	35	»		Ferrol	DCV. 35.
7	Numa, Bafico	»	130	3 «	G	24	Srd.		Gênes.	Ex *Leo*.
8	» Langetée	dog.	86	6 «	G	36	Frç.		Dunkerque.	
9	» Parnet.	3-m.	169	5 «	A	34	»		St.-Malo.	DZ.
10	Numida, Pitto	brick.	200	4 «	G	25	Srd.		Gênes.	
11	Nunciata, Massoni	bb.	112	2 «	G	16	»	cc.	»	
12	Nymphe, Lebauzée	3-m.	400	5 «	L	30	Frç.		Bordeaux.	DCV 35, GR 36.
13	» Liénard	brick.	122	4 «	G	23	»	cc.	Paimpol.	GR 34.
14										
15										
16										
17										
18										
19										
20										
21										
22										
23										
24										
25										
26										
27										
28										

N°

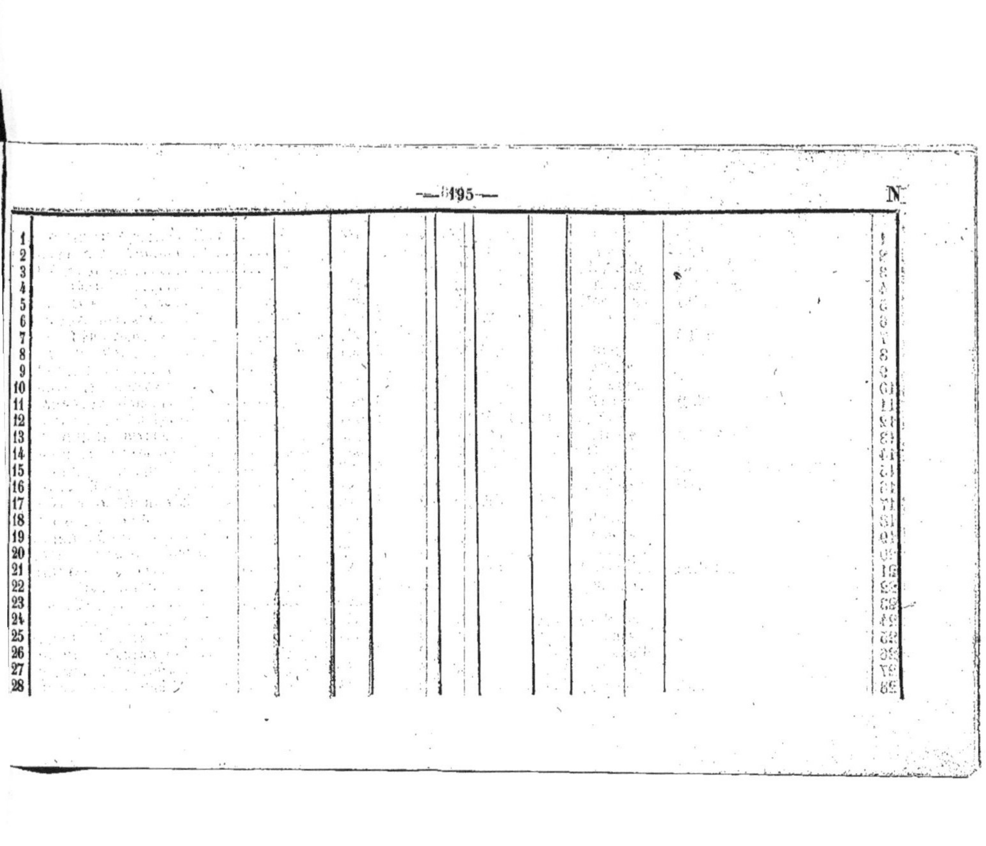

1									
2									
3									
4									
5									
6									
7									
8									
9									
10									
11									
12									
13									
14									
15									
16									
17									
18									
19									
20									
21									
22									
23									
24									
25									
26									
27									
28									

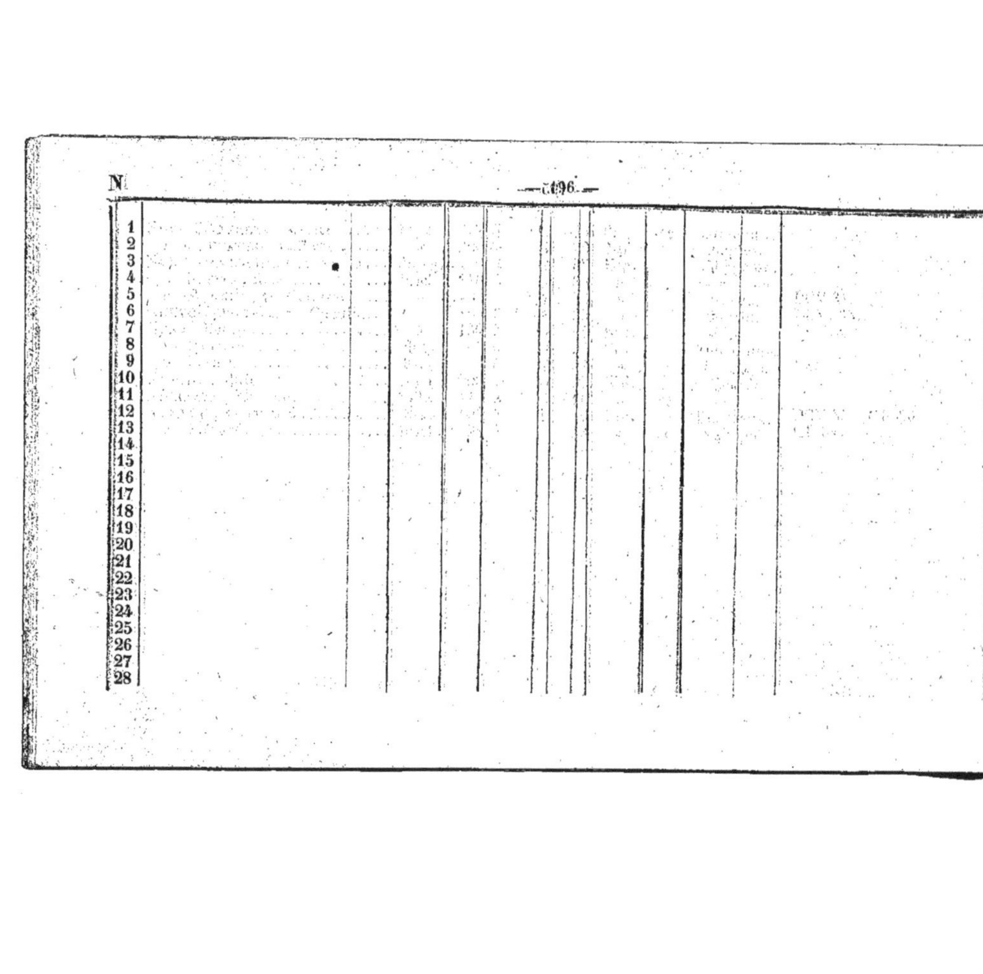

1	OCCIDENTE, Mersa	brick.	330	3	G	1819	Autr.	Trieste.	
2	OCCITANIA, Audibert	3-m.	290	6	L	37	Frç.	Cette.	DCV
3	OCÉAN, Boyer	« »	408	4 «	L	27	»	Marseille.	Dbrz.36.
4	» Coste	»	340	4	L	22	»	Nantes.	DCV
5	» Desgrand	»	300	6	L	37	»	Bordeaux.	DCV
6	OCEANO, Fecondo	brick.	370	2	G	15	Autr.	Trieste.	
7	» Parcovich	»	333	2	G	12	»		GR 27
8	OCRATIS, Macri	»	100	5	G	34	Grec.	Sfakia.	
9	ODIEL, Saris	»	87	5	G	35	Esp.	Cadix.	
10	ODOBRAM, Marcovich	»	228	3	G	22	Autr.	Raguse.	
11	ODORE, Landmann	»	260	R		00	»	Trieste.	R.32.
12	ODVISSAIS, Ghially	»	160	5 «	G	33	Grec.	Syra.	
13	OEDIPE, Lesauvage	3-m.	325	4 «	L	22	Frç.	Havre.	DCV. 32.
14	OFICIOSO, Custavo	brick.	80	4 «	G	32	Rss.	Odessa.	
15	OLINDA, Lecompte	3-m.	300	4	L	14	Frç.	Havre.	GR 27; 37; DCV 37
16	OLIVE, Roy	brick.	147	5	A	35	»	Bordeaux.	DZ.
17	OLIVETTO, Millinovich	»	210	4	G	27	Autr.	Trieste.	
18	OLIMPA, Costa P	»	250	4 «	G	23	»	Raguse.	
19	OLINDA, Costa	»	86	4	G	29	Srd.	Gênes.	
20	OLISSE, VACCO, Dimetri	»	270	3	G	23	Grec.	Ydra.	
21	OLIVIER, Augier	»	138	3	A	17	Frç.	Marseille.	DCV. 30.
22	» Brandonet	»	154	6	G	36	»	Nantes.	
23	» Codet	G.-m.	73	4	G	27	»		
24	» Henri	»	73	3	G	26	»	Quiberon.	
25	OLOFERNE, Marana	brick.	136	4	G	26	Srd.	Gênes.	
26	OLYMPE, Mourailland	loug.	72	5 «	G	31	Frç.	La Rochelle.	
27	OLYMPIO, Buisson	3-m.	240	6 «	L	36	»	Havre.	
28	OMERO, Comandich	brick.	316	3	G	14	Autr.	Venise.	DCV.

1	ONEGLIA, Calvanna	brick.	200	5	G	1834	Srd.		Gênes.	
2	ONESTO, Gambardella	»	244	3	G	16	Npl.	cc.	Naples.	
3	» Molignano	»	152	2 «	G	14	»	cc.	« »	
4	ONOFRIO, Buggiero	»	143	4 «	G	22	Scl.		Palerme.	
5	ONORE, Ragusin	bri.-g.	129	5 «	G	31	Ang.	cc.	Malte.	
6	ONZE-FRATELLIS, Negourotes	mtc.	45	3	P	21	Esp.	c.	Alicante.	R 37.
7	ORAZIO, Maro Th. Giov	br.-g.	136	4 «	G	27	Autr.		Trieste.	GR 32.
8	ORETA, Campo	brick.	248	2	A	15	Scl.		Palerme.	DCV 27.
9	ORFCO, Ivanich	»	289	5	A	28	Autr.		Lucano.	DZ 35.
10	» Porcella	»	227	2	A	18	Srd.		Gênes.	DZ.
11	ORIENT, Cavalier	»	212	3 «	A	23	Frç.		Marseille.	DZ 35.
12	» Peiraud	»	71	1	G	15	»		Bordeaux.	
13	ORIENTAL, Casper	3-m.	450	6	L	34	»		»	DCV.
14	» Duboy	»	350	6	L	35	»		Nantes.	DCV 37.
15	ORIENTALE, Stuparich.	brick.	150	3	G	15	Rss.		Odessa.	GR 24.
16	ORIENTE, Anastavia	»	152	4 «	G	26	Scl.	cc.	Messine.	
17	» Barrachino	br.-g.	123	4	G	30	Srd.	c.	Spezzia.	
18	» Pitto	brick.	300	4 «	A	25	»		Gênes.	DCV.
19	» Vetigliana	»	270	4	G	26	Scl.		Messine.	
20	ORIONE, Guerelle	»	314	3	A	22	Srd.	cc.	Gênes.	DCV.
21	ORIZONTE, Moccovich	»	330	4	A	28	Autr.	cc.	Fiume.	DCV.
22	OROMAZE, Amice	»	294	3 «	L	22	Frç.		Marseille.	DCV 34, R 36.
23	ORONTE, Ragusin	3-m.	204	5 «	G	34	Autr.		Trieste.	
24	ORSO, Dalozzo	brick.	130	5 «	A	33	Srd.		Gênes.	DCV 35.
25	OSCAR, Leclere	loug.	75	5	G	34	Frç.		Dieppe.	
26	» Leflock	c-m.	75	4	G	26	»	cc.	Vannes.	
27	» -ERNEST, Joubert	loug.	77	5 «	G	31	»		La Rochelle.	
28	OSIRIDE, Cataro	brick.	305	5	G	28	Scl.		Messine.	

1	Osiride, Smaich Domq°	brick.	234	4	G	1800	Autr.		Fiume.	Rect. 33.
2	Othello, L'hermitte	loug.	120	4	G	27	Frç.		Belle-Ile.	
3	Othon, Barico	brick.	120	5	G	32	Grec.	cc.	Syra.	
4	» Driza	3-m.	271	4 «	G	25	»	cc.	Spezzia.	
5	» Galany	»	218	3	G	19	Rss.		Tangarock.	
6	» Pappaandrea	brick.	110	4 «	G	30	Grec.	cc.	Syra.	
7	» -Ier, Galany	3-m.	259	4	G	28	Rss.		Scopola.	
8	» » Macri	brick.	143	4	G	32	Ion.		Zante.	
9	» » Maffé	3-m.	186	3	G	19	Autr.		Trieste.	
10	Ottavia-e-Carolina, Barbarino	»	274	4 «	A	28	Srd.	cc.	Gênes.	DCV.
11	Ottaviano, Copaitich	brick.	285	1 «	G	00	Autr.	c.	Fiume.	GR 26.
12	Ottima-Delizia, Ambrosano	»	267	4 «	G	28	Npl.	cc.	Procita.	
13	Ottoman, Guyrard	»	208	6 «	A	36	Frç.		Marseille.	DZ 37.
14	Otto-Madelissi, Ambrussano	»	251	3 «	G	24	Npl.	cc.	Naples.	
15	Ottone, Calineri	»	240	5	G	32	Grec.	cc.	Syra.	
16	Ozama,	»	193	3	A	18	Frç.		Dunkerque.	GR 38, à St.-Thomas.
17	Ozisseri, Voco	»	390	3 «	G	18	Grec.	cc.	Hydra.	
18										
19										
20										
21										
22										
23										
24										
25										
26										
27										
28										

1	PACE, Cassabona	brick.	205	6	G	1833	Srd.		Gênes.	
2	» Femenias	chbc.	36	6	P	36	Esp.	cc.	Mahon.	
3	» Miannon	brick.	222	2	G	40	Srd.	cc.	Gênes.	
4	» Raggio And	flq.	55	3	P	17	»	cc.	»	GR 38.
5	» Molino	pinque	121	6	G	35	Npl.		Galotalla.	
6	» Romano	brick.	260	5	G	32	»	cc.	Naples.	
7	» Tiscornia	»	296	3	A	16	Srd.		Gênes.	DCV 26, R 33.
8	» -GENERALE, Biagili	»	131	3	G	23	Autr.		Venise.	
9	PACIFICATEUR, Lomeclot	c.-m.	60	4	P	25	Frç.		Nantes.	
10	PACIFIQUE, Laurent	»	78	3	G	20	»	cc.	Quiberon.	
11	» Lebras	»	76	3	G	24	»	cc.	Vannes.	
12	» L'Hermite	brick.	216	3	G	25	»		Nantes.	
13	PACTOLE, Boyer	brick-g.	98	4	G	27	»		Marseille.	DZ 35.
14	» Croqueville	3-m.	230	4	A	26	»		Bordeaux.	DCV 30, R 32.
15	PADRE-AMOROSO, Galubovich	brick.	302	2	G	00	Autr.		Trieste.	GR 34.
16	» -DI-FAMIGLIA, Chiozza	»	127	5	G	31	Srd.	cc.	Savone.	
17	» » » del-Babio	»	122	4	G	26	»		Gênes.	
18	PAIX, Drouct	loug.	76	4	G	30	Frç.		Dieppe.	
19	» Lebreton	brick	160	2	G	10	»		St.-Brieux.	R 33.
20	» Perrin	3-m.	280	4	A	24	»		Bordeaux.	DZ 33.
21	» Tournon	bat.	35	3	P	24	»		Martigues.	
22	» -DÉSIRÉE, Crozc	ttn.	70	4	P	15	»		Arles.	
23	PALATINO, Cosulich	brick	240	4	G	23	Autr	cc.	Fiume.	
24	PALEMON, Benois	bat.	60	6	P	33	Frç.		Martigues.	
25	» Maneau	brick	200	6	A	35	Esp.		Barcelonne.	DCV 36.
26	PALERMO, Milli	»	160	5	G	31	Scl.	cc.	Palerme.	
27	PALMORA, Tabino	3-m.	270	6	G	37	Srd.		Gênes.	
28	PALLADIO, Rizzo G	brick	240	2	L	20	Scl.		Palerme.	DCV 29.

1	PALLAS, Thayer	3-m.	412	4	L	1824	Frç.		Havre.	DCV 29.
2	PALMA, Cafiero	brick.	256	2	G	24	Npl.		Naples.	
3	» Dodero	»	180	3	G	10	Srd.		Gênes.	R 38.
4	» Parescandola	»	213	3	G	23	Npl.		Naples.	GR 25.
5	» Petrino	3-m.	347	2	G	05	Autr.		Trieste.	
6	» -D'EGITTO, Cudda	brick.	164	5	G	32	Tsc.	cc.	Livourne.	
7	PALMYRE, Recto	»	100	6	G	34	Frç.		Lorient.	
8	PAMONA, Chiozza	»	161	6	G	33	Srd.		Gênes.	
9	PANDORA, Maresco. M.	br.-g.	137	5	G	30	»	cc.	»	
10	PANAJPAPANDI, Calofate	brick.	301	2	G	18	Grec.	cc.	Spezzia.	
11	PANJSA-EVENGHELISTRA, Prunio	goel.	40	3	P	30	»	c.	Saloniquc.	
12	» -SPARTINI, Cocoli	brick.	227	4	G	29	»	cc.	Safalonia.	
13	» -VIACHESSA, Petala	»	105	4	G	31	Ion.	cc.	Thiaki.	
14	PANSELINOS, Mimbelli	»	375	4	G	26	Autr.		Trieste.	
15	PAOLINA, Capuro	»	250	4	A	18	Frç.	cc.	Gênes.	DCV 35; R 36.
16	» Crovetto	3-m.	320	5	L	30	»	cc.	»	DVC 33.
17	» Parodi	brick.	114	3	G	22	»	cc.	»	
18	PAOLO, Crautich	»	167	4	G	26	Autr.		Trieste.	R 32.
19	» Limbe	»	351	3	G	18	»		Fiume.	
20	PAPANDI, Cuppa	»	206	3	G	19	Ion.	cc.	Céfalonie.	
21	PAPA-SISTO, Catarimch	»	270	6	G	33	Autr.		Fiume.	
22	PAQUEBOT-BORDELAIS, nº 1 Civrac	3-m.	250	4	A	25	Frç.		Bordeaux.	DCV 30.
23	» » nº 2 Lige	»	250	4	A	25	»		»	DCV 32.
24	» » nº 3 Cugneau	»	350	4	A	27	»		»	DCV 38.
26	» » nº 4 Cassies	»	250	4	A	27	»		»	DCV 34.
26	» » nº 5 Flandray	»	292	6	A	35	»		»	DCV.
27	» -DE-CAYENNE, nº 1 Petit	»	200	5	L	30	»		»	DCV.
28	» » nº 2, Mony	»	188	6	A	38	»		»	DCV.

1	PAQUEBOT-DE-CAYENNE, nº 3 Bourolle....	3-m.	200	5	A	1830	Frc.		Bordeaux.	DCV 34.
2	» » » nº 4 Duval...	dog.	188	6	A	34	»		»	DCV.
3	» » -RIO, Sauliner....	3-m.	375	5	L	33	»		Nantes.	DCV 32.
4	» -EDOUARD, Maillare	»	281	6	A	35	»		Bordeaux.	DCV 38.
5	» -FERDINAND, Huet	»	275	6	L	33	»		»	DCV 38.
6	PAQUETO-DI-EGYPTO, Cuda.....	brick.	207	4	G	22	Tsc.		Livourne.	....
7	» » -GENOVA, Fardella....	»	124	4	G	27	Scl.		Palermo.	....
8	» » -LIVOURNE, Barilaro.	goel.	74	3	G	15	Srd.	cc.	Gênes.	....
9	» » -SENEGALIOE, Gandoffe	brick.	136	4	G	25	»		»	....
10	» » -SMYRNE, Sanzin.....	»	257	4	A	27	Autr.	cc.	Trieste.	DCV.
11	» » -TUNIS, Vassalo.....	»	174	3	G	21	Srd.		Gênes.	....
12	PAQUETTE-DE-BILBAO, Marena	»	109	4	G	28	Esp.		Bilbao.	....
13	» » CANTABRIA, Amozaga	»	140	5	A	33	»		« »	....
14	» » -LEVENTE, Manene..	»	110	3	A	23	»		« »	DCV.
15	» » -MAYAGNES, Briera..	»	212	4	A	29	»		« »	DCV.
16	PARADISO, Demoro..........	»	270	6	G	34	Srd.		Portorico.	DCV. 34.
17	PARAGUAY, Lecomte..........	»	250	4	L	27	Frc.		Gênes.	....
18	PARISIEN, Haupoix..........	slp.	60	4	G	30	»		Havre.	DCV. 32.
19	PARTENOPE, Muro..........	brick.	184	2	G	16	Npl.		Caen.	....
20	PASCAL De Basterrechia........	»	112	5	G	32	Esp.	c.	Proceda.	....
21	PATIENZA, Blasenich........	»	254	4	G	24	Autr.		S.-Sébastien	....
22	PATRIARCA-ABRANO, Lombardo	»	166	3	G	22	»	c.	Trieste.	
23	PATRIOTE, Magdelon........	»	78	5	G	32	Frc.		Venise.	....
24	» Tessel..............	goel.	90	4	G	22	»		Rochefort.	
25	PAUL, Collet..............	brick.	117	3	G	23	»		Caen.	Rect. 35.
26	» Jaullier..............	c.-m.	74	6	P	38	»		Cette.	
27	» Marchand..............	brick.	77	5	G	38	»	cc.	Marseille. Redon.	

1	**Paul**, Menare	brick.	151	4	A	1822	Frç.	cc.	St.-Malo.	DZ 32, GR 34.
2	» Thébaut	»	231	3	G	18	»		St.-Brieux.	
3	» Thuret	»	145	4	G	25	»		St.-Malo.	
4	» -et-Arsène, Coste	loug.	68	2	P	13	»	c.	Nantes.	
5	**Paulin-et-Toinette**, Guillaume	bat.	29	3	P	22	»		Seyne.	
6	**Pauline**, Anquetil	loug.	77	5	G	33	»		La-Rochelle	
7	» Blondel	brick.	79	4	G	24	»		Marennes.	
8	» Brayaret	dog.	70	3	G	14	»		Dunkerque,	Alg. 24, R 32.
9	» Caste	»	79	3	G	18	»		Peliguen.	GR 35.
10	» Gamain	3-m.	455	5	G	33	»		Rouen.	DCV.
11	» Giraud	tin.	70	6	P	36	»	cc.	Martignes.	
12	» Guerin	3-m.	535	6	L	37	»		Havre.	DCV.
13	» Lethiers	brick.	209	3	A	16	»		Nantes.	GR 26, 31, DZ 37.
14	» Saillant	3-m.	381	6	L	35	»		»	Dbrz.
15	» St.-Lo	brick.	200	3	G	20	»		Granville.	GR 33.
16	» Vollet	»	290	6	A	37	»		Rouen.	DCV.
17	» -et-Célestine, Michel	3-m.	259	4	L	25	»		Marseille.	DGV 32.
18	**Paz**, Fenias	chbc.	45	6	P	36	Esp.		Mahon.	
19	**Paziente**, Copulich	brick.	252	3	A	22	Autr.		Venise.	RDZ 34.
20	**Pécheur**, Lavechel	3-m.	280	3	A	1793	Frç.		St.-Servan.	GRDZ 38.
21	» Minier	brick.	149	3	G	1814	»		Pontrieux.	GR 29, 33, 38.
22	**Pechine**, Negovetich	»	297	6	G	33	Autr.		Trieste.	
23	**Pégase**, Regnier	3-m.	226	3	A	10	Frç.		Bordeaux.	GRDZ 32.
24	**Pagaso**, Diaccrussi	brick.	200	4	G	28	Grec.	cc.	Syra.	
25	» Viaccrussi	»	184	3	G	25	»	cc.	Tino.	
26	**Pekin**, Oliveaud	loug.	77	5	G	35	Frç.	cc.	Méans.	
27	**Pélagie**, Cardine	»	82	4	G	26	»		St.-Valéry.	
28	**Pellayo**, Gallard	blc.	45	6	P	34	Esp.	cc.	Valence.	

1	**Pellayo**, Vidal fils	brick.	242	5	A	1834	Esp.	cc.	Palamos.	DCV 34.
2	**Pellicano**, Capello	nvc.	50	4 «	P	30	Srd.	c.	Spezzia.	
3	» Duro	brick.	160	5 «	A	34	Esp.		Cadix.	GRDCV 36.
4	» Raffo	»	380	4 «	G	19	Srd.	cc.	Gênes.	
5	**Pénélope**, Autonio	»	261	4 «	G	26	Grec.	c.	Ydra.	
6	» Couza	br.-g.	63	4 «	P	28	»		Enalsi.	
7	» Cusmano	brick.	196	3 «	A	22	Npl.		Naples.	DCV 26.
8	» Frangolupo	»	100	3 «	G	28	Ion.	c.	Céfalonie.	
9	» Laget	»	264	5 «	A	30	Frç.		Marseille.	
10	» Laudon	goël.	74	4 «	A	24	»		Royan.	DZ 35.
11	» Mascoviti	»	420	5 «	G	34	Rss.		Odessa.	
12	» Saume	brick.	130	3 «	G	20	Esp.	cc.	St.-Félieu.	
13	**Pensée**, Rabot	».	195	4 «	A	28	Frç.		Nantes.	GRDCV 36.
14	**Pepa**, Calafet	blc.	80	4 «	P	27	Esp.	c.	Valence.	
15	**Pepita**, Echevaris	goël.	80	5 «	G	33	»		Bilbao.	
16	» Marsia	brick.	225	5 «	A	32	»		Barcelonne.	DCV 35.
17	**Père-Courageux**, Corchuan	c.-m.	76	4 «	G	29	Frç.	cc.	Port-Navalo.	
18	» **-de-Famille**, Allain	loug.	78	4	G	29	»	cc.	Quiberon.	
19	» » » Balsen	dog.	65	3	P	14	»		Dunkerque.	
20	» » » Dutemple	brick.	147	4	G	26	»		Redon.	Allg. 20, R 25.
21	» » » Frechon	»	171	6 «	G	38	»		Legué.	GR 32.
22	» » » Frechon J.-B.	»	187	5	G	35	»		Dieppe.	
23	» **-Sensible**, Galvé	c.-m.	79	4	G	27	»	cc.	Vannes.	
24	**Périclès**, Arnagiro	brick.	414	3	G	22	Srd.	cc.	Gênes.	
25	» Digiovani	»	305	5 «	G	31	Grec.	cc.	Syra.	
26	» Michalari	»	170	5	G	32	»	cc.	».	
27	» Pana	»	349	4 «	G	28	Rss.		Odessa.	
28	**Pericli**, Galbi	»	160	4	G	30	Grec.	cc.	».	

1	PERLE, Ardisson	brick.	154	5	A	1835	Frç.	cc.	Marseille.	DZ.
2	» Daniel	»	149	3	G	05	»		Pontrieux.	GR 30, 31.
3	» Grenier	»	100	4	G	24	»		Fécamp.	
4	» D'ORIENT, Portail	»	200	6	G	36	»	cc.	Marseille.	
5	PERSEFONE, Tavernari	»	100	5	G	31	Grec.	c.	Syra.	
6	PERSEO, Cacace	»	214	3	G	22	Npl.		Naples.	
7	PERSÉVÉRANCE, Garbe	bb.	108	4	G	28	Frç.		Marseille.	GR 34.
8	» Fravert	3-m.	388	4	L	16	»		Havre.	GR 32, 37, DCV 37.
9	» Margolle	goël.	120	3	G	22	»		Calais.	
10	» Ytier	3-m.	254	6	L	36	»		Marseille.	DCV.
11	PERSÉVÉRANT, Mille	»	300	6	L	38	»	cc.	»	DCV 38.
12	» Reboul	dog.	100	3	G	19	»		Toulon.	GR 32.
13	» Petyt	brick.	207	5	A	30	»		« »	DZ 33, R 36.
14	PERUVIAN, Bollo	»	372	6	L	34	Srd.		Gênes.	DCV.
15	PETIT-CAPORAL, Audibert	br.-g.	80	6	G	36	Frç.		Marseille.	
16	» -CÉLESTIN, Daniel	gls.	78	3	G	23	»	cc.	Vannes.	
17	» -EMMANUEL, Nissen	brick.	150	4	G	29	»		Dunkerque.	
18	» -EUGÈNE, Larcheveau	»	78	3	G	08	»		Bordeaux.	GR 32.
19	» -FÉLIX, Ertaud	c.-m.	74	5	G	32	»		Nantes.	
20	» » Lamaure	brick.	75	2	G	09	»		Bordeaux.	GR 31, R 35.
21	» -FRÉDERIC, Julien	ttn.	50	4	P	17	»		Antibes.	Alg. 30.
22	» -GABRIEL, Mestre	brick.	79	2	A	16	»		Bordeaux.	Rect. DZ 33
23	» -GEORGE, Hervé	c.-m.	78	5	G	31	»	cc.	Vannes.	
24	» -HENRI-ET-CÉLINE, Despins	loug.	78	4	G	26	»	cc.	La Rochelle.	GR 37.
25	» -JEAN, Bouquet	bat.	50	6	P	38	»		Martigues.	
26	» -LOUIS, Outin	3-m.	303	3	A	02	»		Havre.	GR DCV 28, R 32.
27	» -MATHIEU, Bellot	brick.	109	4	G	20	»		Marseille.	R 33.
28	» -MATHURIN, Guillermin	»	79	3	G	15	»		St.-Servan	DZ 32.

1	PETIT-PIERRE, Chenel	brick.	77	4 «	G	1827.	Frç.		St.-Malo.	R 33, 34.
2	» -St.-JEAN, Rouquette	bat.	48	6 «	P	35	»		Martigues.	
3	» -VILLAGE, Souvion	loug.	81	5 «	G	34	»		Nantes.	
4	» -VINCENT, Largaut	c.-m.	76	3 «	G	25	»	cc.	Sarzeau.	
5	PETITE-ANNE, Robreche	brick.	120	4 «	G	28	»		Bayonne.	
6	» -CAMILLE, Demestre	goel.	91	4 «	G	24	»		Dunkerque.	
7	» -EMILIE, Carré	brick.	60	3 «	G	20	»		Laflotte.	GR 35.
8	» -ERNESTINE, Gorcé	c.-m.	78	3 «	G	18	»	c.	Belle-Ile.	R 33, 38.
9	» -EULALIE, Kerfontaine	»	77	4 «	G	27	»	cc.	Sarzeau.	
10	» » Lainé	»	77	1 «	G	16	»	cc.	Vannes.	R 27.
11	» -LOUISE, de Trélo	3-m.	400	6 «	L	32	»		Bordeaux.	DCV.
12	» -SUSANNE, Dubreuil	»	268	4 «	A	15	»		»	DZ 33, R 34.
13	» » Legros	»	375	6 «	L	37	»		»	DCV.
14	» -VIRGINIE, Lebufet	bb.	103	4 «	G	28	»		St.-Tropez.	
15	PETRONILLE, Nissen	brig.	117	2 «	G	03	»		Dunkerque.	Rect. 27, R 33, 34.
16	PETRUS, Roux	brick.	207	6 «	A	36	»	cc.	Agde.	RDCV 38.
17	PHAETON, Olivier	goel.	60	6 «	P	38	»		St.-Malo.	
18	» Peynaud	brick.	175	3 «	A	20	»		»	DZ 32.
19	PHÉNIX, Douville	»	152	2 «	G	12	»		»	GR 30.
20	» Dreano	c.-m.	70	2 «	P	12	»	cc.	Vannes.	R 30.
21	» Lescan	3-m.	268	6 «	A	35	»		Havre.	DCV.
22	» Portes	c.-m.	79	5 «	G	33	»	cc.	Nouvelle.	
23	» Salonne	3-m.	280	5 «	A	29	»		Cette.	DCV.
24	» Vidal	»	258	5 «	L	28	»		Marseille.	DCV 37.
25	PHILADELPHE, Maressal de Marsilly	brick.	241	4 «	L	26	»		Nantes.	DCV 32.
26	PHILADEPHIA, Milinarich	»	158	3 «	A	19	Rss.		Cherci.	DCV 30.
27	PHILANTROPE, Joyet de Beaupré	3-m.	300	5 «	L	31	Frç.		Bordeaux.	Dbrz 38.

1	**Philantrope**, Leroux	3-m.	310	6	L	1837	Frç.		Bordeaux.	DCV.
2	» Pagelet	brick.	251	6	L	37	»		St.-Malo.	DCV 38.
3	» Raveil	bat.	29	4	P	27	»		Seyne.	
4	**Philippe**, Duporteau	3-m.	250	5	A	29	»	cc.	Bordeaux.	DCV.
5	» Laget	c.-m.	75	4	G	30	»	cc.	Vannes.	
6	**Philippine**, Giraud	bb.	88	6	G	35	»	cc.	Marseille.	
7	» Pesqui	br.-g.	65	6	G	34	»	cc.	Nouvelle.	
8	**Phocéen**, Lebourgeois	brick.	128	5	G	34	»		Nantes.	
9	**Phoque**, Ridel	»	74	6	G	37	»		»	
10	**Piccolo-Augusto**, Monticelli	goel.	85	4	G	27	Tsc.		Livourne.	
11	» -**Frederico**, Figari	brick.	160	2	G	23	Srd.		Gênes.	
12	» -**Georgio**, Piane	»	216	2	A	10	»		»	GRDCV 26.
13	» -**Grazia-Iddio**, Caime	br.-g.	147	4	G	27	Autr.		Trieste.	
14	» -**Soachimb**, Busanich	brick.	290	6	L	35	Srd.		»	DCV 36.
15	» -**Messicano**, Colombino	goel.	81	6	A	36	Frç.		Gênes.	DCV.
16	**Pierre**, Pitout	brick.	185	5	G	33	»		Granville.	
17	» -**Adolphe**, Negre	3-m.	317	4	L	26	»		Marseille.	DCV 35.
18	» -**Antoine**, Gantel	ttn.	70	5	P	33	»	c.	»	
19	» » Giraud	brick.	150	3	G	17	»	cc.	»	GR 34, R 38.
20	» » Meric	br.-g.	102	6	G	37	»		Agde.	
21	» » Nissen	brick.	118	4	G	23	»		Dunkerque.	GR 38.
22	» -**le-Bienfaisant**, Massié	ttn.	62	3	R	12	»		Agde.	GR 35.
23	**Pierre-Corneille**, Eroude	3-m.	260	5	G	33	»		Rouen.	
24	» -**Désiré**, Mazet	ttn.	62	2	R	12	»		Agde.	
25	» -**Emilie**, Treport	brick.	408	3	A	19	»		Morlaix.	GR 30, 37, DZ 29.
26	» -**Gabriel**, Langhetée	gls.	92	3	G	20	»		Dunkerque.	
27	» -**Legrand**, Legaff	brick.	210	6	G	38	»	cc.	Rouen.	
28	» -**Louis**, Semmel	3-m.	330	6	L	34	»		Havre.	Dbrz.

1	PIERRE-MARIE, Semonneau	brick.	78	2	G	1815	Frç.		Pontrieux.	GR 27.
2	» -MARTIN, Reynaud........	bat.	53	5	P	32	»	cc.	Nouvelle.	
3	PIETA, Caccuito..............	brick.	182	1	G	27	Npl.	cc.	Proceda.	
4	» Galatola	»	243	3	G	27	»	cc.	»	
5	» Grasso..................	»	298	4	G	24	»		Naples.	
6	» Mebio	br.-g.	132	2	G	16	»		»	
7	» -E-St.-ANTONIO, Allo.....	brick.	250	4	G	24	»		»	
8	» » » -FRANCESCO, Diggenaro	»	164	5	G	32	»	c.	»	
9	» » » » Meglio	br.-g.	132	3	G	17	»		»	
10	» » » -MICHELE, di-Martin	brick.	240	4	G	29	»		»	
11	» » » » Durazzo	»	217	3	G	22	»		Proceda.	
12	» » » » Schiaffino........	»	221	4	G	21	»		Naples.	
13	PIETRO, Francisci............	»	173	4	A	26	Scl.		Palerme.	
14	» -E-PAOLO, Di-Giovanni.....	»	185	4	G	30	Rss.		Tangarock.	DCV 34.
15	PILADE, Florio...............	»	311	3	G	22	Autr.		Trieste.	
16	PIONNIER, Bazolle..............	3-m.	216	6	L	37	Frç.		Nantes.	
17	PIPI, Gentil..................	mtc.	40	4	P	29	»	cc.	Bastia.	DCV.
18	PIRO, Tomich.................	brick.	279	4	A	27	Autr.		Trieste.	DCY.
19	PITHEAS, Chauvelon...........	»	106	6	G	35	Frç.		Nantes.	
20	PLATONE, Moro................	»	339	3	G	22	Autr.		Trieste.	
21	PLINIO, Maresca..............	»	255	6	G	34	Npl.		Naples.	
22	PLUS-HEUREUX, Daveci.........	bat.	29	4	P	27	Frç.		Martigues.	
23	PLUTTO, Rageneovich	brick.	340	4	G	29	Autr.		Trieste.	
24	PODI, Glogvatz	»	400	5	A	29	»		»	
25	POLACO, Gliubcovich	»	285	3	G	00	»	βc.	Venise.	DCV.
26	POLIBIS, Capsocolo	»	270	5	G	32	Grec.	cc.	Syra.	GR 30.
27	POLICARPE, Lestuder..........	c.-m.	105	6	G	25	Frç.	cc.	Vannes.	
28	POLIFEMO, Ivanich............	brick.	490	5	L	29	Autr.	cc.	Venise.	DCV 31.

1	POLIKRATO, Domestin	brick.	185	4	G	1830	Grec.	c.	Egina.	
2	POLIMIR, Miloslavich	»	250	4	G	26	Autr.		Raguse.	
3	POLISSENO, Marin	trb.	109	3	G	22	»	cc.	Trieste.	
4	POLLUX, Follange	brick.	149	6	G	36	Frç.		St.-Servan.	
5	POLONAIS, Tanguy	c.-m.	103	6	G	36	»		Auray.	
6	POLUCE, Pitarevich	brick.	200	4	G	27	Autr.	cc.	Raguse.	
7	POMME, Cochet	»	78	4	G	27	Frç.		St.-Malo.	
8	POMONA, Chiozza	»	150	5	G	33	Srd.		Gênes.	
9	» Revello	»	172	6	G	36	»	c.	»	
10	POMONE, Broutin	»	260	4	A	02	Frç.		Dunkerque.	Rect. 28, GR 31, 37, DZ 37.
11	» Lhôtelier	3-m.	274	3	G	16	»		St.-Malo.	GR 28, 35.
12	POMPÉE, Desarnaud	»	250	5	L	29	»		Bordeaux.	DCV 37.
13	» -ET-AMÉLIE, Portes	goel.	103	6	G	35	»	cc.	La Nouvelle.	
14	POMPEO, Cuda	brick.	119	2	G	05	Tsc.	c.	Livourne.	GR 31.
15	PONDICHERY, Baudoin	3-m.	400	6	L	38	Frç.		Bordeaux.	DCV.
16	PONENTAIS, Lebreton	»	185	6	G	38	»		Binic.	
17	PORTO-FORMOSA, De Camera	goel.	92	5	A	36	Ptg.		St.-Michel.	DCV 37.
18	» -SALVO, Liane	br.-g.	150	4	G	28	Npl.	cc.	Gaeta.	
19	POSSIDONE, Apostolo	brick.	96	5	G	30	Grec.	cc.	Syra.	
20	» Crassa	»	210	3	G	27	Ion.		Taganrock.	
21	» Cupa	»	200	2	A	14	Rss.		Odessa.	DCV 28.
22	» Cuzzuko	»	105	6	G	33	Grec.		Smyrne.	
23	» Mangana	goel.	115	3	G	30	Ion.	c.	Mételin.	
24	» Micaro	brick.	288	4	G	27	Rss.		Odessa.	
25	» Niciforo	»	336	3	G	16	»		»	
26	» Vassiliti	»	185	4	G	29	Grec.		Smyrne.	
27	POURVOYEUR, Darras	»	200	4	A	13	Frç.		Dunkerque.	Rct. 24, GRDZ 35.
28	» Hennequin	»	122	4	G	25	»		Nantes.	

1	PERCURSEUR, Bertolle	brick.	235	4	A	1826	Frç.		Marseille.	RDZ 34.
2	PERCURSORE, Salari	»	221	4	A	27	Srd.		Gênes.	DCV 36.
3	PRÉVOYANT, Lecerf	c.-m.	79	6	G	36	Frç.	cc.	Port-Navalo	
4	PRIMO-LUSSIGNANO, Vidulich	brick.	262	4	G	24	Autr.		Lussignano.	
5	» -GENITO, Garcio	»	200	4	A	31	Esp.		Barcelonne.	TGR DCV 38.
5	PRIMUS-JOHANNES, Lingfors	gls.	190	R		27	Rss.	c.	Raumo.	
7	PRINCIPE, Lallovita Bonaventure	brick.	180	3	G	31	Srd.		Gênes.	
8	» -BATHYANY, Fiandrini	»	280	6	A	32	Autr.	c.	Fiume.	DZ 33.
9	» -CÉLESTE, Lauretano	»	211	5	G	31	Scl.		Messine.	
10	» -CHRISTIANO-AUGUSTO, Sartorio	3-m.	327	1	G	02	Srd.		Nice.	R 29.
11	» -COHARI, Bradicich	brick.	316	4	G	26	Autr.		Trieste.	
12	» -ERIDARIO, Vianello	»	321	4	G	30	»	cc.	Venise.	
13	» -EUGENIO, Lottaro	»	210	4	A	28	Srd.	cc.	Gênes.	DCV 36.
14	» » Romoletti	»	214	4	G	25	Rom.		Rimini.	
15	» -LEOPOLDO, Culotta	»	140	5	G	31	Scl.		Palerme.	
16	» -METERNICH, Milatovich	»	285	2	G	12	Autr.		Trieste.	Alg. 24.
17	» -PASCKEVICH, Guinarovich	»	400	5	A	28	»		Varsovie.	DCV.
18	PRINTEMS, Cambiage	br.-g.	55	5	P	34	Frç.		Bastia.	
19	» Daniel	c.-m.	78	3	G	25	»	cc.	Auray.	R 35.
20	» Nicolas	brick.	79	4	G	28	»		St.-Malo.	
21	PROCIDANA, Bianco	»	280	4	G	24	Npl.		Proceda.	
22	PROFETA, Badesich	»	250	2	G	1797	Autr.		Trieste.	GR 30.
23	» -ELIA, Giacapello	»	113	4	G	1826	Srd.	cc.	Gênes.	
24	PROSPER, Berthier	c.-m.	79	4	G	27	Frç.	cc.	Sarzeau.	
25	» Fardel	»	79	4	G	26	»		St.-Malo.	
26	» Faverolle	»	99	3	G	13	»		Bordeaux.	GR 34.
27	» Luco	»	65	3	P	16	»	cc.	Vannes.	GR 35, 37.

1	Prosper, Petit	brick.	79	4	G	1812	Frç.	c.	Bordeaux.	Rect. 33.
2	» Petitbon	»	77	4	G	29	»	cc.	Paimpol.	
3	» Trotin	»	84	3	G	25	»	c.	Granville.	
4	» Vasse	slp.	79	4	G	32	»	c.	Havre.	
5	Prospérité, Gaston	brick.	160	6	G	37	»	cc.	Nantes.	
6	Prospero, Biagio Simoneti	»	162	6	G	37	Srd.	cc.	Gênes.	
7	» -Gabrielle, Dupuy	goel.	100	4	A	27	Esp.		Havane.	GRDCV 37.
8	Protégé-de-Dieu, Binevelle	c.-m.	117	6	G	36	Frç.		Baden.	
9	» » -la-Ste.-Vierge, Payrauni	bat.	45	4	P	24	»		Marseille.	
10	Proteto, Cognovich	brick.	325	4	G	24	Tsc.	cc.	Livourne.	
11	Provence, Roux	»	285	4	A	25	Frç.	cc.	Toulon.	DZ 34.
12	Providence, Bergey	»	62	5	G	33	Tsc.		Livourne.	
13	» Bonifay	3-m.	297	5	L	30	Frç.		Marseille.	DCV 35.
14	» Bournau	chbc.	76	3	G	21	»		»	
15	» Damien	brick.	108	4	G	28	»		Dieppe.	
16	» Icard	ttn.	70	5	P	30	»		Toulon.	
17	» Jacob	c.-m.	98	5	G	34	»	cc.	Port-Navalo.	
18	» Moissec	brick.	160	3	G	19	»		St.-Brieux.	R 31.
19	» Olivier F	bat.	44	4	P	27	»		Arles.	
20	» Raynaud	»	69	3	P	15	»	cc.	Narbonne.	R 33.
21	» Renoult	brick	78	2	G	18	»		Requis.	R 31.
22	» Rolland	loug.	73	5	G	32	»		Lorient.	
23	» Stagno	brick.	109	6	G	37	»		Marseille.	
24	Providenza, Ansaldi	»	150	4	G	29	Srd.		Gênes.	
25	» Balestrino	pinque	140	6	G	33	»	cc.	»	
26	» Bonsignore	br.-g.	125	6	G	36	»	cc.	»	
27	» Bozzo	brick.	180	4	G	22	»		»	

1	PROVIDENZA, Bozzo J.-B.	brick.	143	3	G	1824	Srd.		Gênes.	
2	» Cavasso	»	120	3	G	20	»		»	
3	» Chighizola	br.-g.	110	6	G	36	»		»	
4	» Consiglio	brick.	194	1	G	10	Angl.		Malte.	
5	» Demutti	»	120	3	G	18	Srd.		Gênes.	
6	» Fraggioni	br.-g.	92	5	G	34	»	cc.	»	
7	» Grimaldi	brick.	240	4	G	29	Npl.	cc.	Naples.	
8	» Lubrano	pinque	65	2	P	19	Tsc.		Livourne.	
9	» Martin	brick.	140	5	G	28	Srd.	cc.	Gênes.	
10	» Palet J.	»	152	4	G	25	Esp.	cc.	Barcelonne.	
11	» Paylone	br.-g.	70	4	G	29	Srd.	cc.	Gênes.	
12	» Paeli	brick.	260	3	G	17	»		»	
13	» Sanguinetti	»	200	3	A	26	»		»	DZ.
14	» Solari	br.-g.	60	3	G	18	»	cc.	»	
15	» Sposito	brick.	269	5	G	34	Npl.	cc.	Sorrento.	
16	PRUDENCE, Bezier	loug.	76	5	G	32	Frç.	cc.	Cannes.	
17	PRUDENCIA, de Beibide	br.-g.	107	6	G	32	Esp.		Bilbao.	
18	PRUDENT, Vitel	3-m.	245	4	G	22	Frç.		Binic.	GR 38.
19	» -RESSUSCITÉ, Carrier	bat.	61	6	P	38	»	cc.	Marseille.	
20	PRUDENTE, Degregori J.-B.	brick.	200	6	G	33	Srd.	cc.	Gênes.	
21	» Enrigo	»	236	2	G	13	»		»	
22	» -ADELAUDE, Durac	gls.	60	5	P	30	Frç.		Rouen.	
23	PURISSIMA-CONCEPTION, Casenova	chbc.	50	3	P	20	Esp.		Mayorque.	
24	» » Guiscapel	»	43	R		vieux	»		Campo.	
25	» » Quesada	blc.	50	6	P	35	»		Torreviesa.	
26	» » Sarragosa	brick.	151	6	G	34	»	cc.	Alicante.	
27	» » Serrat	br.-g.	55	4	P	23	»	c.	Villageoso.	
28	» » Sigaxo	»	110	6	G	36	»	cc.	»	

1	PURISSIMA-CONCEPTION, Tores..	blc.	50	5	P	1834	Esp.	cc.	Valence.	
2	PURITA, Costa...............	brick.	167	6	G	36	Srd.		Gênes.	
3	» Perature J.-G............	Scl.	160	4	G	23	Scl.		Melazzo.	GR 33.
4	» Perature..................	»	130	2	G	13	»		Madazza.	

1	
2	
3	
4	
5	
6	
7	
8	
9	
10	
11	
12	
13	
14	
15	
16	
17	
18	
19	
20	
21	
22	
23	
24	
25	
26	
27	
28	

1	QUATRE-COUSINS, Straforello	brick	139	4	G	1829	Frç.		Marseille.		1
2	» -FRÈRES, Parra	tn.	58	3	P	33	»		La Seyne.		2
3	» » Maineville	3-m.	265	5	L	28	»		Cherbourg.	DCV 32.	3
4	» » Halgand	loug.	56	5	L	31	»	cc	Croisic.		4
5	» » Heyraud	c.-m.	78	4	G	27	»	cc	Vannes.		5
6	» » Jobet	brick	71	3	G	35	»		St.-Malo.		6
7	» » Laugier	3-m.	321	4	L	34	»		Marseille.	RDCV 37.	7
8	» » Lecaudé	brick	107	1	G		»		Granville.	R 33, 35.	8
9	» -SAISONS, Mallet	»	141	3	G	26	»		Rouen.	GR 34.	9
10	» -SOEURS, Enrico fils	3-m.	229	6	G	36	»	cc	Marseille.		10
11	» » Hôtellier	brick	86	6	G	33	»	cc	St.-Malo.		11
12	» » Renaudan	3-m.	283	3	A	30	»		Havre.	HR 29, 33, DCV 35.	12
13	QUATRO-AMICI, Pagano	goel.	64	6	G	37	Srd.	c.	Gênes.		13
14	» -FRATELLI, Berlingeri	brick	71	3	G	46	»	cc			14
15	» » Cosulich	»	316	3	G	15	Autr.		Venise.		15
16	» -SORELLE, Porchetti	»	206	6	G	37	Npl.		Naples.		16
17	» -SORELLO, Mussich	3-m.	326	R		40	Rss.		Odessa.		17
18	QUIMIN, Roustan	brick	118	3	G	40	Frç.		Toulon.		18
19	QUOS-EGO, Martin	3-m.	278	4	A	25	»		Nantes.	DR 32.	19
20	QUOTIDIEN, Lecert	c.-m.	78	3	G	24	»	cc	Port-Navalo.		20
21											21
22											22
23											23
24											24
25											25
26											26
27											27
28											28

1	QUATRE-COUSINS, Straforello....	brick.	129	4	G	1829	Frç.		Marseille.	
2	» -FRÈRES, Farra...........	ttn.	58	5	P	33	»		La Seyne.	
3	» » Haineville............	3-m.	266	5	L	28	»		Cherbourg.	DCV 32.
4	» » Halgaud............	loug.	65	5	L	31	»	cc.	Croisic.	
5	» » Heyraud............	c.-m.	78	4	G	27	»	cc.	Vannes.	
6	» » Jnbel............	brick.	75	3	G	25	»		St.-Malo.	
7	» » Laugier............	3-m.	324	4	L	24	»		Marseille.	RDCV 37.
8	» » Lecaudé............	brick.	107	1	G		»		Granville.	R 28, 33.
9	» -SAISONS, Mallet..........	»	111	3	G	16	»		Rouen.	GR 34.
10	» -SOEURS, Enrico fils........	3-m.	280	6	G	36	»	cc.	Marseille.	
11	» » Lhôtellier............	brick.	89	6	G	33	»	cc.	St.-Malo.	
12	» » Renaudau............	3-m.	331	3	A	03	»		Havre.	GR 29, 33, DCV 29.
13	QUATRO-AMICI, Pagano........	goel.	60	6	G	37	Srd.	c.	Gênes.	
14	» -FRATELLI, Berlingeri.....	brick	76	3	G	16	»	cc.	»	
15	» » Cosulich............	»	314	3	G	15	Autr.		Venise.	
16	» -SORELLE, Forchetti.......	»	308	6	G	37	Npl.		Naples.	
17	» -SORELLO, Mussich........	3-m.	525	R		10	Rss.		Odessa.	
18	QUIRIN, Roustan............	brick.	113	3	G	19	Frç.		Toulon.	
19	QUOS-EGO, Martin............	3-m.	273	4	A	25	»		Nantes.	DZ 32,
20	QUOTIDIEN, Lecerf............	c.-m.	73	3	G	24	»	cc.	Port-Navalo	
21										
22										
23										
24										
25										
26										
27										
28										

1	Rachel, Langlais	goel.	69	6	A	1835	Frç.		Nantes.	DCV.
2	Racine, Delamare	3-m.	362	5	L	29	»		Havre.	DCV 37.
3	Radiwol, Vucassovich	brick.	330	3	A	22	Autr.		Trieste.	DCV.
4	Radoslow, Gopcevich	»	220	4	G	27	»		» »	
5	Raffaelo, Vitaliani	»	244	5	G	29	»		» »	
6	Rajeunie, Affre	bat.	57	3	P	12	Frç.	cc.	Nouvelle.	GR 35.
7	Railleur, Failland	brick.	220	5	A	31	»		Havre.	DZ 33.
8	Raimondo, Rebecco	»	134	3	G	20	Srd.	cc.	Gênes.	
9	Raito, Manzino	»	332	2	G	22	Npl.		Vatri.	
10	Ragus, Réel	br.-g.	94	3	G	23	Autr.		Raguse.	
11	Ragusa-Vecchia, Barovich	brick.	70	4	G	23	»		» »	
12	Ramo-d'Olivo, Bonicelli	»	340	4	G	24	»		» »	
13	Rance, Dunel	»	205	6	G	35	Frç.		St.-Malo.	
14	Rangifero, Robimiri	»	180	4	G	26	Autr.	cc.	Raguse.	
15	Raoul, Persil	dog.	66	4	G	24	Frç.		Touque.	
16	Raphael, Amanieu	3-m.	157	6	A	37	»	c.	Bordeaux.	DCV.
17	Rapide, Bounot	ttn.	44	5	P	30	»	cc.	Nouvelle.	
18	» Gorce	brick.	116	4	G	30	»	cc.	Bordeaux.	
19	» Rucapel	3-m.	268	6	L	37	»		»	DCV.
20	Rapido, Fortunato	brick.	174	5	A	30	Angl.	c.	Malte.	DCV.
21	» Junquera	goel.	123	3	G	29	Esp.		Cadix.	
22	Raré-André, Favatier	alg.	112	4	P	25	Frç.	cc.	Arles.	
23	» » Pesqui	goel.	79	6	G	36	»	cc.	Nouvelle.	
24	» -Pierre, Hari	slp.	60	3	P	24	»		Marseille.	
25	» » Molard	bat.	30	3	P	[illegible]	»	cc	»	GR 36.
26	Rayo, Gozaler	goel.	147	4	A	24	Esp.		Malaga.	DCV.
27	Reconnaissant, Legier	alg.	137	6	P	32	Frç.		Arles.	
28	» Renouff	slp.	69	6	P	34	»		Havre.	

1	RECONNAISSANTE, Moreau	bb.	70	4	G	1822	Frç.	cc.	Cannes.	GR 37.
2	RÉ-DAVID, Cafiero	brick	235	4	G	25	Npl.	c.	Naples.	
3	» » Gazzolo	»	220	3	G	24	Srd.		Gênes.	R 36.
4	» » Giacopello	»	119	4	G	24	»	cc.	Spezzia.	
5	» » Selasco	»	298	4	A	23	»		Gênes.	DCV 30.
6	REDENTORE, Covinich	»	200	4	A	22	Autr.		Trieste.	DCV.
7	» Farace	»	280	6	G	36	Npl.		Naples.	
8	» Regolini	chbc.	70	3	P	18	Tsc.		Rio.	
9	» -E-ADDOLORATA, Paturzo	3-m.	292	2	G	12	Npl.	cc.	Naples.	
10	REGENERATO, Vianello	brick	351	4	A	21	Autr.	c.	Trieste.	DZ 33.
11	REGINA, Vianello J.	»	260	4	A	22	»		Venise.	GR 29, RDZ 33.
12	REGLIA, Combenavich	»	170	5	G	33	Rss.	cc.	Odessa.	
13	REGOLO, Capactich	»	333	4	G	23	Autr.		Fiume.	GR 33.
14	REINE-DES-ANGES, Blanchet	3-m.	207	4	G	25	Frç.		St.-Malo.	GR 30.
15	» » » Fontes	ttn.	55	4	P	30	»	c.	Nouvelle.	
16	» » » Pedrono	c-m.	78	5	G	30	»	cc.	Billiers.	
17	» -ROSE, Lemonnier	3-m.	250	4	L	25	»		Bordeaux.	R 32, DCV 34.
18	REINIERI-ARCHIDUCA-DAUSTRIA, Scarpa	brick	190	4	G	27	Autr.	c.	Venise.	
19	RELAMPAGO, Arreche	loug.	54	4	G	29	Esp.		Bilbao.	R 37.
20	REMONDO, Rebecco	brick	134	3	G	20	Srd.	cc.	Gênes.	
21	RENNY-ET-LOUIS, Olivier	»	166	3	A	14	Frç.	cc.	Marseille.	GR 30, 33, R 38, DZ 33.
22	RENARD, Descarleres	»	264	5	G	30	»		Bayonne.	
23	» Labouchede	»	96	2	G	15	»	c.	Bordeaux.	GR 32.
24	RÉPARATEUR, Boju	c-m.	75	4	G	27	»		Nantes.	
25	» Damigny	brick	111	6	G	35	»	cc.	Marennes.	
26	» Joyet de Beaupré	3-m.	200	5	L	32	»		Bordeaux.	DCV 34.
27	» Pradeau	c-m.	78	5	G	34	»	cc.	Vannes.	

1	RÉSOLU, Boyer	brick.	234	4	A	1824	Frç.		Marseille.	RDCV 34.
2	RESOLUCAO, De Narsimento	»	250	2	A	15	Brsl.		Mazagan.	DCV.
3	RESOLUTO, Varrin	3-m.	311	1	G	12	Tsc.		Livourne.	
4	RESTORO, Marincovich	brick.	275	5 «	L	26	Autr.	cc.	Venise.	
5	RESTAURATION, Rabot	3-m.	376	4	L	22	Frç.		Nantes.	GRDCV 38.
6	RÉUNION, Bumpus	»	403	4	L	22	»		Havre.	DCV 30.
7	» Dalmas	»	482	5 «	L	32	»		Marseille.	RDCV 38.
8	» Lecarbonnier	brick.	166	6 «	G	34	»		Dunkerque.	
9	REUNIONE, Schiaffino	»	100	3 «	G	23	Tsc.	cc.	Livourne.	
10	RÉUSSITE, Sego	loug.	82	6 «	G	37	Frç.	cc.	Trinité.	
11	REVANCHE, Detâtre	3-m.	400	5 «	L	30	»		Bordeaux.	DCV.
12	REVENANT, Botrelle	brick.	78	3 «	A	08	»		St.-Servan.	GR 33, R 34.
13	» Cormier	»	100	4 «	G	26	»		Nantes.	
14	RICCIARDO, Calgero	»	211	4 «	G	27	Ion.		Zante.	
15	» Lagana	»	138	4 «	G	27	Scl.	cc.	Messine.	
16	RHÔNE, Brest	3-m.	325	6	L	35	Frç.		Marseille.	DCV.
17	» Brousset	c-m.	80	6	G	34	»		Toulon.	
18	» Maréchal	3-m.	434	5 «	L	30	»		Havre.	DCV 33.
19	RICONOSCENZA-FIGLIALE, Buraneli	»	174	4 «	G	29	Rom.		Ancono.	
20	RIMENBRANZA, Lanza	brick.	240	5 «	G	28	Autr.	cc.	Venise.	
21	» Savi	»	127	4	G	25	»		« »	
22	RINASCENTE, Perile	»	230	4 «	G	25	Npl.	cc.	Naples.	GR 36.
23	RIO, Mehouas	3-m.	234	5 «	A	33	Frç.		St.-Malo.	DCV.
24	» -DE-LA-PLATA, Leminily	brick	163	3	A	18	»		Bordeaux.	DCV 29.
25	» -GRANDE, Brandon	»	170	3	G	22	Brsl.	cc.	Rio-Grande.	
26	» JACQUAY, Demore	»	150	3	A	13	»		»	Dbrz 32.
27	RISOLUTO, Stallato	»	340	1	G	00	Srd.		Gênes.	
28	» -S.-GIACOMO, Bonifazio	»	142	4	G	29	»	cc.	Lirici.	

1	Risorto, Marincovich	brick.	190	3	G	1814	Autr.		Trieste.	
2	Rita, Carreras	»	115	2	G	13	Esp.	c.	Mahon.	
3	Ritrosa, Saporiti	bb.	78	3	P	26	Srd.	cc.	Gênes.	
4	Rivaddiana, Michelini	brick.	225	4	A	28	»		»	DCV 34.
5	Rob-Roy, Inglis	»	318	4	L	26	Ang.		Malte.	RDCV 32.
6	Robert-le-Diable, Laporte	3-m.	419	6	L	36	Frç.		Nantes.	DCV.
7	» -Surcouff, Danville	»	377	6	L	36	»		St.-Malo.	DCV.
8	Robertine, Laurent	goel.	60	6	G	37	»		Bastia.	
9	» Oliva	»	49	6	P	37	»		»	
10	»	bat.	61	6	P	38	»		Marseille.	
11	Robuste, Nicollet	»	61	6	P	38	»		Martigues.	
12	» Silouet	loug.	75	4	G	27	»		Bayonne.	
13	» Taurel	brick.	276	3	A	26	»		Marseille.	DCV 31.
14	» Thebaud	3-m.	360	6	L	34	»		Nantes.	DCV.
15	Rochellais, Béliard	brick.	153	5	G	30	»		La Rochelle.	
16	Rodomonte, Baticich	trbc.	96	2	P	13	Autr.		Trieste.	GR 33.
17	Roy-d'Ivetot, Vasselin	3-m.	223	6	G	36	Frç.		St.-Valery.	
18	» -Hamadon, Dumont	»	156	6	A	35	»		Nantes.	DCV.
19	Roland, Peters	»	355	5	L	29	»		Bordeaux.	DCV 33.
20	Romano, Augier	brick.	197	5	G	33	»		Nantes.	
21	Romolo, Dian	»	130	4	G	25	Srd.		Gênes.	
22	» Rossi J.-B.	»	262	6	L	34	»	cc.	»	DCV.
23	» Schiaffino	»	234	6	G	37	»	cc.	»	
24	Romualdo, Nicolich	»	167	5	G	31	Autr.	cc.	Venise.	
26	Rondella, Nossardi	ohbc.	114	4	G	26	Srd.	c.	Gênes.	
26	Rondinella, Dabovich	3-m.	350	1	P	1796	Autr.		Trieste.	R 32.
27	» Fonietti	goel.	73	2	G	24	Tsc.		Livourne.	
28	Rosa, Corsanegro	brick.	190	4	A	24	Srd.		Gênes.	DZ.

1	ROSA, Dimitrio	brick.	110	3	G	1822	Rss.	c.	Odessa.	
2	» Leppattegni	loug.	58	5	G	36	Esp.		Bilbao.	
3	» Mortengon	goel.	90	6	G	36	»	cc.	Alicante.	
4	» Ollivier	»	100	4	G	14	»		Barcelonne.	TGR 35.
5	» Revello	brick.	152	5	G	32	Srd.		Gênes.	
6	» Scotto	»	252	3	G	25	Npl.		Naples.	
7	» Sicardo	»	359	2	G	18	Srd.		Gênes.	R 30.
8	» -MISTICA, Schiaffino	pinque	97	3	G	24	»	cc.	« »	
9	ROSALIA, Premuda	3-m.	335	4	G	17	Autr.		Trieste.	
10	ROSALIE, Aubouy	bb.	130	4	G	24	Frç.		Agde.	GR 34.
11	» Brovigueras	blc.	30	4	P	30	Esp.		Mataro.	
12	» Collet	c-m.	118	4	G	26	Frç.	cc.	Auray.	
13	» Gréance	dog.	60	3	G	15	»		Granville.	DZ 32.
14	» Gelcich	3-m.	335	4	G	24	Autr.	cc.	Trieste.	
15	» Gruhel	loug.	78	5	G	35	Frç.		Bayonne.	
16	» Lemoine	brick.	75	3	G	18	»		St-Malo.	DZ 34.
17	» Messen	dog.	64	3	G	16	»		Dunkerque.	
18	» Moretti	bb.	61	2	P	05	»		Marseille.	
19	» Roustan	»	65	6	G	37	»	cc.	Cette.	
20	ROSE, Amelin	brick.	126	4	G	27	»		Boulogne.	
21	» Badin	goel.	87	6	G	36	»		La Seyne.	
22	» Boju	loug.	78	3	G	27	»		Nantes.	
23	» David	goel.	69	3	G	16	»		Bordeaux.	GR 34.
24	» Joalland	c.-m.	73	2	G	13	»	c.	Méans.	R 33.
25	» Lemaréchal	3-m.	362	4	L	28	»		Havre.	DCV.
26	» Lemieux	»	432	4	L	28	»		»	DCV.
27	» Méric	bb.	130	3	G	23	»		Marseille.	
28	» Mourgues	brick.	220	4	A	27	»		« »	DZ 35.

1	ROSE, Rouffio	goel.	130	6	G	1837	Frç.		Bordeaux.	DCV.	
2	» Sisco	mtc.	40	4	P	29	»	cc.	Bastia.		«
3	» -ANNA, Bourdet	brick.	260	5 «	G	33	»		Bordeaux.		«
4	» -BUTAGE, Grosos	»	130	6 «	A	34	»		Havre.	Dbrz.	«
5	» -EUGÉNIE, Durand	»	118	6	G	36	»		Nantes.		«
6	» -JULIENNE, Beuscher	3-m.	274	4	G	23	»		Havre.	GRDZ 33.	«
7	» -ET-LOUISE, Vian	bat.	29	6	P	38	»		Cannes.		«
8	» » -MARIE, Decugis	»	56	4 «	P	29	»	cc.	Bandol.		«
9	ROSINA, Dodero	bb.	144	3	G	18	Srd.		Gênes.		«
10	» Dunan	brick.	230	1	G	06	»		»		«
11	» Février	»	160	6	G	35	Frç.	cc.	Dunkerque.		«
12	» -E-FORTUNATO, Fiore	»	132	2	G	15	Srd.		Gênes.		«
13	ROSINE, Jouve	»	192	4 «	G	23	Frç.		Marseille.		«
14	ROSSINI, de Hoyas	3-m.	346	4	L	26	Esp.		Havane.	DCV 34.	«
15	» Ibarra	loug.	67	4	P	27	Frç.		Bayonne.		«
16	ROTHOMAGUS, Cochy	3-m.	257	5 «	L	34	»	cc.	Honfleur.	DCV.	«
17	ROUENNAIS, Troude	»	231	5 «	A	34	»	cc.	Rouen.	DZ.	«
18	ROUSSEAU, Flery	»	238	3 «	A	15	»		Havre.	DCV. 35., GR 38.	«
19	ROUSSILLONNAISE, Olivier	bat.	30	4 «	P	27	»	cc.	Coullioure.		«
20	RUBENS, Roguaire	3-m.	420	6 «	L	37	»		Havre.	DCV.	«
21	RUBICONE, Zocchi	brick.	244	5 «	G	30	Rom.		Rimini.		«
22	RUBIS, Collet	3-m.	357	4 «	A	26	»		Nantes.	DZ 32.	«
23	RUGGIERO, Anastasio	brick.	102	4 «	G	28	Autr.		Messine.		«
24	» Bradicich	»	150	2 «	G	10	»		Fiume.	R 37.	«
25	» Ruggiero	»	258	3 «	G	23	Npl.		Naples.		«
26	» Sabbia	3-m.	330	5 «	G	34	»		»		«
27	RURICH, Gelalia	brick.	250	2 «	G	10	Rss.	cc.	Odessa.		«
28	RUSTICO, Legorasa	»	150	3 «	A	29	Srd.		Gênes.	DZ.	«

1													
2													
3													
4													
5													
6													
7													
8													
9													
10													
11													
12													
13													
14													
15													
16													
17													
18													
19													
20													
21													
22													
23													
24													
25													
26													
27													
28													

1	SABATTINO, Morteo	brick.	249	3	G	1821	Tsc.		Livourne..		
2	SACRA-FAMIGLIA, Abancino	»	270	4	A	32	Esp.		Malaga..	DCV.	
3	» » Angeloti	goel.	64	3	G	23	Tsc.	cc.	Livourne..		
4	» » Bargaletta	brick	162	4	G	27	Srd.	c.	Gênes.		
5	» » Bisso	bb.	120	2	G	19	»	c.	« »		
6	» » Castellini	[illegible]	54	5	P	32	»	cc.	»		
7	» » Cutrono	brick.	195	2	G	10	Scl.		Messine.		
8	» » Gardelle	[illegible]	40	5	P	34	»		« »		
9	» » Guizeppel, Simion	bat.	88	6	P	38	Npl.	cc.	Gaeta.		
10	» » Lagomazzino	bb.	79	2	P	16	Srd.	cc.	Gênes.		
11	» » Laverollo	brick.	119	2	G	12	»	cc.	»		
12	» » Mannara	brig.	65	6	G	35	»	cc.	Savonne.		
13	» » Marchese	»	116	3	G	20	»	c.	« Gênes.		
14	» » Mazizano J.-B	bb.	97	3	P	19	»	cc.	« »		
15	» » Martin	brick.	80	3	G	22	»	cc.	« »		
16	» » Narizano	[illegible]	161	6	G	35	»	cc.	« »		
17	» » Schiaffino	bb.	91	2	P	21	»	cc.	»		
18	SACRAMENTA, Astarila	brick	326	3	G	22	Npl.	cc.	Vic. Agneuso.		
19	SACRÉ-COEUR-DE-JÉSUS, Bœuf	bat.	29	4	P	29	Frç.		« Toulon.		
20	» » » » Pastreille	»	39	5	P	29	»		Martigues.		
21	SACRO-CUORO-DI-GESU, Martino	bb.	100	3	G	24	Srd.		« Gênes.		
22	SAGGIO, Cosulich	brick	322	5	G	28	Autr.		Trieste.		
23	SAGITTARIO, Zaffarong	»	288	4	A	19	»		»	DZ 33, R 37	
24	ST.-AIGNAN, Dejoie	t.m.	76	4	G	28	Frç.		Nantes.		
25	» -ALBIN, Bronzon	brick.	137	2	G	14	»		Cette.	GR. 35.	
26	» -ANTOINE, Allain	d.m.	74	2	P	21	»		Carnac.	R 34, 37	
27	» » Barastout	goel.	104	6	G	37	»	cc.	Agde.		
28	» » Bello	bb.	113	4	G	17	»		»	GB 37.	

1	St.-Antoine, Bellsi	bb.	74	3	G	18	21	Frç.		Marseille.	GR. 38
2	» » Bernard	»	67	5	G		34	»		Cannes.	
3	» » Cardi	»	54	3	P		21	»		Agde.	
4	» » Coste	bat.	75	6	P		34	»		Arles.	
5	» » Gueimond	»	55	2	P		14	»		Agde.	
6	» » Marinetti	chbc.	52	2	P		04	»		Maccenaggio	Alg. 25.
7	» » Reper	bat.	29	4	P		28	»	cc.	Martigues.	
8	» » Rousseau	»	38	1	P	17	93	»		Arles.	TGR. 16
9	» » Turquine	blc.	35	3	P	18	21	»	c.	Calvi.	
10	» » Taverra	goel.	35	6	R		35	»		Ajaccio.	
11	» » Taverra	bat.	29	4	R		28	»	çc.	»	
12	» » Vidal	»	29	3	P		22	»		Martigues.	
13	» » -de-Padoue, Deveze	»	45	2	P	17	28	»		« »	
14	» -Augustin, Antoine	»	29	4	P	18	29	»		»	
15	» » Borelli	»	30	4	P		28	»		»	
16	» » Fabre	»	48	3	P		22	»	çc.	Nouvelle.	
17	» » Maguero	brick.	126	2	G		16	»		Nantes.	
18	» » Ozero	[illegible]	44	4	P		25	»		Cette.	
19	» -Barthélemy, Pons Blaize	»	49	3	P		17	»	cc.	Narbonne.	
20	» -Bernard, Pailloux		68	3	P		13	»		« Agde.	
21	» -Charles, Allégre	»	55	3	P		15	»		»	
22	» » Arachie	bat.	27	5	P		38	»		Marseille.	
23	» » Benigni	bb.	58	2	P		15	»		« »	
24	» » César	gls.	65	3	P		22	»	c.	Touque.	
25	» » Faraut	bb.	57	2	P		22	»		Cette.	
26	» » Journées	bat.	42	4	P		26	»	cc.	Narbonne.	
27	» » Ouiller	Attn.	55	3	P		17	»		Agde.	GR 27.
28	» » Servon	bat.	49	3	P		21	»	çc.	Narbonne.	

1	St.-Charles, Vallot	brick.	151	4	G	1826	Frç		St-Malo.	
2	» -Clément, Fournaise	t.-m.	79	2 «	G	19	»		Sarzeau.	
3	» -Corneille, Laghy	[illegible]	77	4 «	G	30	»	pc.	Trinité.	
4	» -Esprit, André	bât.	47	5 «	P	31	»	c.	Martigues.	
5	» » Azibert	[illegible]	39	3 «	P	22	»	pc.	Nouvelle.	
6	» » Fabre	[illegible]	29	4 «	P	22	»		Narbonne.	
7	» » Galibert	brick.	140	3 «	G	17	»	pc.	Agde.	
8	» » Lesnard	[illegible]	204	4 «	G	23	»		St-Malo.	GR. 34.
9	» » Rey	-alg.	134	6 «	P	33	»	cc.	Arles.	
10	» » Massé	goel.	60	4 «	G	24	»		St-Valery.	GR. 38.
11	» » Sablies	allg.	91	2 «	P	00	»		Arles.	GR. 33.
12	» -Etienne, Benetti	bât.	27	4 «	P	26	»		Toulon.	
13	» » Croze	[illegible]	42	5 «	P	28	»	cc.	Arles.	
14	» » Gazan	brick.	159	2 «	G	16	»		Marseille.	RDZ 36.
15	» » Leport	c.-m.	75	2 «	G	17	»	pc.	Vannes.	
16	» -Félix, Vidal	bb.	84	3 «	P	17	»		Cannes.	
17	» -François, Gaubert	brick.	133	2 «	G	10	»		Marseille.	GR. 32.
18	» » Melan	m.-m.	79	3 «	P	27	»		Vannes.	
19	» » Mille	bât.	29	2 «	P	16	»		Toulon.	
20	» » Olivier	[illegible]	29	4 «	P	24	»		Seyne.	
21	» » Rey	alg.	116	3 «	P	1780	»		Arles.	GR. 33.
22	» » Rivière Etienne	bât.	55	6 «	P	1836	»	pc.	Martigues.	
23	» » Rivière	[illegible]	68	6 «	P	35	»	c.	« »	
24	» » Rouquette	bât.	48	5 «	P	35	»	pc.	Nouvelle.	GR 35.
25	» » Samayco	br.-g	60	4 «	P	26	»		Vannes.	
26	» » -de-Paul, Labeur	[illegible]	66	3 «	P	16	»		Nouvelle.	
27	» -Gildas, Corchuan	c.-m.	76	3 «	G	17	»	cc.	Port-Navalo.	R 27, 32.
28	» » Leserin	[illegible]	77	4 «	G	27	»		Trequier.	

1	St.-Guillaume, Provençal	bb.	76	2	P	1715	Fré.		Cannes.	
2	» -Jacques, Azibert	bat.	44	3 «	P	19	»	cc.	Narbonne.	
3	» » Cabannac	3-m.	200	6 «	L	32	»		Pontrieux.	DCV.
4	» » Cotton	bat.	68	3 «	P	16	»		Collioure.	
5	» » Curet	3-m.	290	4 «	L	16	»		Havre.	GRDCV 38.
6	» » Fournaire	bat.	55	4 «	P	25	»	cc.	La Seyne.	
7	» » Henard	c.-m.	78	5 «	G	34	»	cc.	Vannes.	
8	» » Légier	alg.	117	3 «	P	1787	»	cc.	Arles.	Rect. 27, R 37.
9	» » Lepaire	brick.	160	6 «	G	1835	»	cc.	St-Malo.	
10	» » Raynaud	bat.	42	3 «	P	12	»		Cette.	
11	» » Ridel	loug.	100	4 «	G	27	»		Nantes.	
12	» » Vivien	slp.	60	3 «	P	25	»		Honfleur.	
13	» » -et-St.-André, Gemelli	bat.	56	5 «	P	34	»		Toulon.	
14	» -Jean, Azibert	b.	29	4 «	P	22	»	c.	Narbonne.	
15	» » Ardevin	loug.	79	3 «	P	26	»	cc.	Bayonne.	
16	» » Bernard	ct-m.	62	2 «	P	12	»		Sables.	R 24.
17	» » Cadassus	b.	65	6 «	P	35	»		Narbonne.	
18	» » Coute	bat.	29	3 «	P	23	»		Toulon.	
19	» » Chaffard	b.	29	4 «	P	29	»		Marseille.	
20	» » Cullier	tin.	49	3 «	P	18	»		Agde.	
21	» » Derano	c-m.	78	4 «	G	26	»		Pernef.	
22	» » Gouzer	b.	78	5 «	G	33	»	cc.	Carnac.	
23	» » Hervés	« »	67	5 «	G	35	»		Redon.	
24	» » Hervis	b.	78	4 «	G	30	»	cc.	Vannes.	
25	» » Massé	loug.	64	4 «	P	28	»	cc.	St.-Valery.	
26	» » Rassigneri	alg.	120	3 «	P	78	»		Agde.	TGR 28.
27	» » Terruse	bat.	43	5 «	P	30	»		Toulon.	
28	» » Tessel	loug.	63	4 «	P	27	»		Fécamp.	

1	St.-Jean, Thomaseau	3-m.	260	3	G	1816	Frç.		Granville.	GR 28, 29, 32, 36
2	» » -Baptiste, Alliez	bb.	77	4	G	27	»		Cannes.	GR. 38.
3	» » » Antoine	br.-g.	64	3	G	20	»		St-Malo.	GR. 37.
4	» » » Baelle	bat.	29	4	P	28	»		Arles.	
5	» » » Boju	c.-m.	65	3	P	18	»	cc.	Nantes.	GR 33.
6	» » » Calvé	»	77	2	P	14	»		Vannes.	
7	» » » Fabre	bat.	29	3	P	10	»		Agde.	
8	» » » Gaubert	»	47	4	P	27	»	cc.	Narbonne.	
9	» » » Gibert	»	30	4	P	30	»		Arles.	
10	» » » Gimier	»	29	4	P	30	»		»	
11	» » » Guirard	bb.	83	2	P	1788	»		Marseille.	R 31.
12	» » » Guyon	bat.	27	4	P	1826	»		St.-Tropez.	
13	» » » Helene	brick.	136	4	G	26	»	cc.	Nouvelle.	GR. 33.
14	» » » Laville	c.-m.	78	3	P	23	»		Rouen.	R 34.
15	» » » Mariani	ttn.	48	3	P	21	»		Maggenacho	
16	» » » Martel	bat.	29	6	P	36	»		Martigues.	
17	» » » Monnier	ttn.	75	4	P	15	»		Marseille.	TGR 35.
18	» » » Pichaud	dog.	77	4	G	27	»		Nantes.	
19	» » » Pomp	ttn.	55	2	P	06	»		Cette.	
20	» » » Sauveur	bat.	29	5	P	34	»		Arles.	
21	» » » Sicard	bb.	104	6	G	37	»		Marseille.	
22	» -Joseph, Bertiocci	bat.	40	6	P	37	»		Bastia.	
23	» » Bessac	c.-m.	77	4	G	30	»		Brest.	
24	» » Brun	alg.	114	3	P	[illegible]	»		Agde.	
25	» » Chastenier	bat.	29	4	P	28	»		Martigues.	
26	» » Cuillié	[illegible]	34	4	P	29	»		Marseille.	R 37.
27	» » Emmanuel	brick.	147	6	A	34	»		»	DZ.
28	» » Gervé	c.-m.	70	6	G	37	»	cc.	Trequier.	

1	St.-Joseph, Goffard	brick	112	6	G	1834	Fré.		St-Tropez.	
2	» » Gouronné		61	3	G	17	»		St-Malo	R 32, 38
3	» » Hugues	bat.	50	4	P	27	»	cc.	Cannes	
4	» » Le Bloy	c.-m.	75	4	G	22	»	cc.	Vannes	
5	» » Lorael	»	74	3	G	24	»	cc.		
5	» » Portal	brick.	174	3	G	19	»		Agde	
7	» » Ricard	bat.	29	4	P	25	»		Seyne	
8	» » Rival		29	3	P	20	»		Arles	
9	» » Rouquette	brick.	93	3	G	18	»		Marseille	
10	» » Zibert	bat.	41	4	P	28	»		Arles	
11	» » -Renouvelle, Lesnard	tth.	34	6	P	35	»		Marseille	
12	» -Jules, Portal	br.-g.	60	3	G	21	»		St-Tropez	
13	» -Julien, Fruneau	c.-m.	71	5	P	33	»		Nantes	
14	» » Prevel	loug.	73	5	G	35	»	cc.	Méans	
15	» -Laurent, Azibert	bat.	29	2	P	11	»	cc.	Narbonne	
16	» » Roustan	brick.	169	4	A	24	»	cc.	Marseille	GRDZ 33.
17	» -Léger, Reyre	bat.	29	6	P	38	»	cc.	Martiguos	
18	» -Louis, Allègre	brick.	137	3	A	16	»		Marseille	DZ 28
19	» » Baudin	bat.	29	4	P	26	»	c.	Nouvelle	
20	» » Bazin	slp.	68	3	P	27	»		Cherbourg	
21	» » Bedex	3-m.	350	4	A	23	»		Nantes	GR 32, DCV 36
22	» » Drouillard	brick.	79	3	G	16	»	c.		GR 32, 34, 37
23	» » Granger	bb.	87	2	P	04	»	c.	Cette	
24	» » Ménes	3-m.	244	6	G	34	»		St-Brieux.	R 36.
25	» » Prebois	ttn.	80	4	P	23	»		Martigues	
26	» » Ramon	c.-m.	78	4	G	24	»	cc.	Quiberon	R 32.
27	» » Ridel	loug.	71	4	P	24	»		Nantes	
28	» » Senès	bat.	59	4	P	28	»		Agde	

 8

1	St.-Marcel, Ferran.	ttn.	61	6	P	1837	Frcs	cc.	La Nouvelle.	.....
2	» -Martin, Kerfontaine.	c-m.	77	2 «	G	18	»		Sarzeau...	R 30.
3	» -Maurice, Levens.	mtc.	79	6 «	P	37	»		St.-Tropez.	.....
4	» -Michel, Aubrét.	brick.	78	5 «	G	36	»		St-Malo.	.....
5	» » Bonjonnier	»	110	3 «	G	17	»		St-Valery.	GR 34.
6	» » K/Gosien	c-m.	77	3 «	G	29	»	cc.	Carnac.	.....
7	» » Lhoste	brick.	138	3 «	G	20	»		Calais.	.....
8	» » Rolland	ttn.	63	4 «	P	28	»		Agde.	.....
9	» » Sicard	brick.	250	3 «	L	17	»		Marseille.	DCV. 34, TGR. 35.
10	» -Nicolas, Jannin	bat.	60	2 «	P	01	»		Agde.	.....
11	» » Jarlier	bb.	90	3 «	G	20	»		Marseille.	R 30.
12	» -Phinomene, Bouis	ttn.	80	6 «	P	37	»		»	.....
13	» -Pierre, Aille	brick.	132	4 «	G	28	»		Granville.	.....
14	» » Ardeven	long.	79	4 «	G	26	»		Bayonne.	.....
15	» » Azibert	bat.	44	3 «	P	19	»	cc.	Narbonne.	.....
16	» » Benouette	ttn.	79	1 «	P	09	»		Agde.	R 35.
17	» » Berteuil	bat.	43	3 «	P	23	»		St-Laurent.	.....
18	» » Bouget	brick.	189	4	G	29	»	cc.	Sables.	.....
19	» » Cannac	ttn.	63	4 «	P	24	»		Agde.	.....
20	» » Carillac	bat.	29	4 «	P	26	»			.....
21	» » Collet	c.-m.	78	5 «	G	30	»	c.	Vannes.	.....
22	» » Combs	bat.	29	3 «	P	23	»		Martigues.	.....
23	» » Dinobile	bb.	51	4 «	P	23	»		La Ciotat.	.....
24	» » Duroché	brick.	113	3 «	G	18	»		St.-Malo.	R 33.
25	» » Frédéric	gl.	75	3 «	G	20	»		Dunkerque.	GR. 31.
26	» » Gimier	bat.	26	2 «	P	14	»		Marseille.	GR 28.
27	» » Haguet	brick.	130	5 «	G	30	»		St.-Brieux.	.....
28	» » Jourdan	»	128	4 «	G	24	»		Marseille.	.....

1	St.-Pierre, Lebuché	brick	77	5		G	1835	Frç.		Bayonne.	
2	» » Lecarvac	c.-m.	72	2	«	P	16	»	cc.	Sarzeau.	R 25, 35.
3	» » Letallec	[illegible]	76	3	«	G	16	»		»	GR 36.
4	» » Martin	brick.	165	3	«	A	16	»		Morlaix.	GRDZ 34.
5	» » Méric	[illegible]	61	2	«	P	03	»		Agde.	
6	» » Pons	br.-g.	100	6	«	G	36	»	cc.	Nouvelle.	
7	» » Romel	gls.	81	3	«	G	20	»		Dunkerque.	
8	» » Rouquette	bat.	46	4	«	G	26	»		Narbonne.	
9	» » Roussel	doug.	62	2	«	P	28	»		St-Valery.	GR 34.
10	» » -Désiré, Legoff	c.-m.	78	3	«	G	17	»	cc.	Quiberon.	R 29, 34.
11	» -Raphael, Maillot	[illegible]	45	4	«	P	25	»		Port-Vendre	
12	» -Sauveur, Rieunier	hb.	77	4	«	G	26	»		Agde.	
13	» » Villarose	bat.	60	3	«	P	16	»		St-Laurent.	
14	» -Sébastien, Kignard	c.-m.	99	4	«	G	25	»	cc.	Vannes.	
15	» -Thomas, Monnier	brick.	125	4	«	G	20	»		Toulon.	GR 34.
16	» -Tropez, Clavier	bat.	29	5	«	P	31	»		Marseille.	
17	» » Marin	brick.	147	4	«	A	24	»		»	GRDZ 36.
18	» » Viacara	»	160	4	«	A	27	»		»	DZ 34.
19	» -Victor, Belline	doug.	68	4	«	G	30	»		St-Valery.	
20	» » Truquetil	c.-m.	75	2	«	G	15	»		»	
21	» -Vincent, Dol	bat.	47	3	«	P	23	»		La Ciotat.	
22	» » Droneau	c.-m.	79	4	«	G	29	»	cc.	Vannes.	
23	» » Fautreil	bour.	65	5	«	P	30	»		St-Valery.	
24	» » Guegan	c.-m.	71	3	«	G	22	»	cc.	Quiberon.	
25	» » Laborde	3-m.	250	2	«	L	17	»		Bordeaux.	GRDCV 30.
26	» » Lelin	c.-m.	99	4	«	G	25	»	cc.	Vannes.	
27	» » Rio	[illegible]	77	4	«	G	29	»	cc.	Auray.	
28	» » Vincent	[illegible]	76	4	«	G	26	»	cc.	Vannes.	

1	STE.-ADÉLAÏDE, Denobilii	bb.	66	3	P	1800	Frç.		Toulon.	TGR 34; GR 38.
2	» -ANNE, Azibert	ttn.	65	6	P	37	»	cc.	Gruissan.	
3	» » Azibert	bat.	42	4	P	24	»	cc.	Narbonne.	
4	» » Denobilli	bb.	58	3	P	22	»		Marseille.	
5	» » K/Morvan	goel.	77	3	G	18	»		Bayonne.	GR 33.
6	» » Mauffret	c-m.	78	5	G	26	»	c.	Sarzeau.	
7	» » Oger	loug.	71	4	G	28	»		La Hougue.	
8	» » Pomery	ttn.	52	2	P	10	»		Agde.	
9	» » Rouquette	bat.	45	4	P	21	»	cc.	Narbonne.	
10	» » -MARIE, Leroux	c-m.	64	4	P	27	»		Douarnenez.	
11	» » -MÉLIDE, Rouquette	ttn.	65	5	P	33	»	cc.	Nouvelle.	
12	» -CATHERINE, Fontan	br.-g.	79	4	G	27	»		Cannes.	
13	» » Hadvis	c.-m.	60	2	P	18	»	cc.	Quimperlé.	
14	» -CLAIRE, Straforello	bb.	76	3	G	21	»		Marseille.	R 34.
15	» -ELISABETH, Gubert	brick.	200	4	A	16	»		»	RDZ 38.
16	» -FAMILLE, Auzias	goel.	73	3	G	18	»		Agde.	
17	» » Malzer	ttn.	79	4	P	26	»	cc.	»	
18	» » Tourde	bat.	29	4	P	28	»		Toulon.	
19	» -FLEUR, Thomas	c.-m.	98	4	G	23	»		Auray.	R 37.
20	» -HÉLÈNE, Leport	»	75	3	P	17	»	cc.	Vannes.	R. 31.
21	» -JEANNE, Amiel	bb.	58	2	P	02	»		Agde.	R 34.
22	» -JULIE, Alengri	br.-g.	69	4	G	20	»	cc.	« »	GR 37.
23	» » Iché	bat.	53	3	P	20	»		Nouvelle.	GR 34.
24	» -LUCIE, Sicolle	bb.	64	3	P	17	»		Agde.	
25	» » -ET-CLÉOPHILE, Alengri	»	104	3	P	16	»		Nouvelle.	
26	» -MAGDELAINE, Barastou	ttn.	51	1	P	41	»	cc.	« Agde.	
27	» -MARGUERITE, Imbert	alg.	109	4	P	18	»		Arles.	Rect. 29.
28	» » Gimier	ttn.	66	3	P	22	»	cc.	Nouvelle.	

1	STE.-MARGUÉRITE, Labeur	ttn.	70	6	P	1834	Frç.	cc.	Nouvelle.	
2	» » Reveille	bb.	107	4	G	10	»	cc.	Agde.	GR 34, 38.
3	» » Viau	ttn.	69	3	P	22	»		Ajaccio.	
4	» -MARIE, Azibert	»	52	3	P	19	»	cc.	Narbonne.	
5	» » Benisoli	bb.	78	4	G	26	»	cc.	Agde.	
6	» » Camboulive	bat.	63	4	P	27	»		»	
7	» » Couillandre	loug.	68	5	G	35	»		Morlaix.	
8	» » Gerval	ttn.	65	4	P	26	»	cc.	Agde.	
9	» » Quedo	c.-m.	115	6	G	34	»	cc.	Lomaraquer	
10	» » Renouf	dog.	73	3	G	29	»		Cherbourg.	
11	» » Risse	br.-g.	79	3	G	20	»	cc.	Agde.	
12	» » Santini	bat.	29	3	P		»		Ile-Rousse.	
13	» » -ANNE, Allégre	bb.	58	3	G	22	»		Marseille.	
14	» » » Pieaud	c.-m.	67	3	P	22	»	cc.	Auray.	
15	» -MARTHE, Robert	ttn.	60	3	P	20	»		Arles.	
16	» -ROSALIE, Flaugère	br.-g.	100	6	G	37	»	cc.	Agde.	
17	» -THÉRÈSE, Borguignano	ttn.	51	3	P		»		Ajaccio.	
18	» -TRINITÉ, Jouve	bb.	101	3	G	17	»		Agde.	
19	» » Verdi	bat.	30	5	P	33	»		Ile-Rousse.	
20	» » -ET-STE.-ANNE, Catonni	bb.	97	3	G	16	»	c.	Rogliano.	
21	STES.-CLAIRE-ET-JONIE, Jouve père	»	106	3	G	05	»		Marseille.	GR 31, 36.
22	» MARIES, Benoit	bat.	40	4	P	26	»		Agde.	
23	SALAMANDRE, Debia	3-m.	211	5	L	83	»		Bordeaux.	DCV.
24	» Lecanelier	»	471	5	L	80	»		Havre.	Dbre 35.
25	SALAZES, Vuillans	»	344	4	L	27	»		Nantes.	DGM.
26	SALÉ, Giraud	bat.	58	5	P	63	»		Martigues.	
27	SALO, Bartoletti	brick.	350	4	G	27	Autr.		Trieste.	

1	SALVADOR, Arisets	bb.	120	6	G	1834	Esp.	cc.	Barcelonne	
2	SALVATOR, Portengain	brick.	125	4	G	27	Frc.	cc.	Port-Louis	R 31.
3	SALVATORE, Caffiero	»	243	4	G	28	Npl.		« Naples	
4	» Chighizzola	b	225	5	A	29	Srd.		« Gênes	DYG 33.
5	» Fienga	»	227	4	G	24	Npl.		« Naples	
6	» Lubrano	»	283	3	G	23	»		Proceda	
7	» Pitaluga	»	160	4	A	27	Srd.		« Gênes	DCV.
8	» Rollo	3-m.	304	3	G	20	Npl.		« Naples	
9	» Scalla	brick.	121	4	G	25	»		« »	
10	» Scarpati	»	188	3	G	23	»		« »	
11	» ALLOS-PROZEL, Millet	br.-g.	90	6	G	35	Esp.	cc.	Barcelonne	
12	SAMARITAINE, Largement	c.-m.	79	4	G	27	Frc.	cc.	« Nantes	
13	SANSPAREIL, Poissonnier	brick.	184	4	G	25	»		Bordeaux	GR 38.
14	» -SOUCI, Adesus	»	190	5	A	36	»		St.-Malo	DZ 38.
15	SANSONNE, Magnane	»	320	3	G	24	Srd.		Gênes	
16	STA.-ANGEL-DE-LA-GUARDA, de la Cruz de Longa	loug.	50	4	P	26	Esp.		« Bilbao	
17	» -AGATA, Galianna	brick.	143	6	G	37	Autr.	cc.	« Venise	
18	» -ANDREA, Dimitribocolich	»	340	4	G	28	Grec.	cc.	Spezzia	
19	» -ANNA, Antoncich	»	104	5	G	31	Srd.		Reposta	GR 37.
20	» » Brigenetti	»	110	3	G	22	»		« Gênes	
21	» » Cafiero	»	210	2	G	12	Npl.		« Naples	
22	» » Chiozza	bb.	70	2	G	15	Srd.	cc.	« Gênes	
23	» » Chiozza J	tartn.	76	4	P	24	»	cc.	« »	
24	» » Figari	brick.	130	3	G	17	»	cc.	« »	GR 31.
25	» » Gargiola	»	160	6	G	36	Npl.		« Naples	
26	» » Murzi	»	133	2	G	21	Srd.		« Gênes	
27	» » Novario	bb.	101	2	G	17	»	c.	« »	

1	STA-ANNA, Repetio	brick.	140	3	G	1822	Srd.		Gênes.	
2	» » -E-MADA-DEL-ROSARIO Catiello	»	239	4	G	24	Npl.		Naples.	
3	» » » -S.-ANTONIO, Dottone	ttn.	90	3	P	22	Tsc.	cc	Livourne.	
4	» » » » -GIUSEPPE, Bonich	bb.	73	5	G	31	Angl.		Malte.	GR 35.
5	» » » » -VINCENZO, Cafiero	brick.	210	3	G	21	Npl.	cc.	Naples.	
6	» -BARBARA, Tutong	loug.	64	5	G	30	Esp.		Bilbao.	
7	» -CASSA-DI-LORETTA, Cofferata	brick.	175	4	G	26	Srd.		Gênes.	
8	» -CATARINA, Massone	ttn.	75	5	P	32	»		»	
9	» » Onnietti	flq.	50	2	P	16	Tsc.		P-Ferrajio.	
10	» » -DEL-RODA, Ferrari	bb.	87	3	G	14	Srd.		Gênes.	GR 28.
11	» » -DI-GENOVA, Ollivari	»	100	3	G	21	»		»	
12	» -CHIARA, Casabuona	brick.	207	4	G	36	»		»	
13	» » Colombo	blc.	44	4	P	21	Tsc.		Livourne.	
14	» -CROCE-E-STA.-GIOVANNI Maresca	brick.	190	6	G	35	Npl.		Naples.	
15	» -DOROTEA, Cavace	»	65	4	G	25	Srd.		Gênes.	
16	» -ELISABETTA, Russi	»	220	4	G	26	Npl.	cc.	Naples.	
17	» -EUPHEMIA, Harraran	loug.	66	4	P	29	Esp.		Bilbao.	
18	» -FAMIGLIA, Cardella	nvc.	30	6	P	34	Srd.		Camoing.	
19	» » Luberny	blc.	60	4	P	26	Npl.		Naples.	
20	» -FILOMENA, Savarese	brick.	284	3	G	26	»		»	
21	» -FILOMÈNE. di-Campo	bb.	110	4	G	31	»	cc.	Gaeta.	
22	» -HELENA, Berengier	brick.	260	3	A	08	Rss.		Odessa.	GR. 28, 36, DZ 36.
23	» -ISABELLE, Colmar	»	200	5	A	31	Esp.		Ivice.	DCY.
24	» » Molta	chbc.	50	4	P	28	»		Mayorque.	
25	» -LIBERATA, Broschi	bb.	35	2	P	09	Tsc.	c.	Livourne.	GR 28.
26	» -MARIA, Celesia	»	70	2	P	20	Srd.		Gênes.	

1	Sta.-Maria-Anna, Roger	blc.	45	5	P	1831	Esp.		Palamos.	
2	» » -del-Carmine, Acetta	mtq.	85	6	G	37	Npl.		Gaëta.	
3	» » -di-Porto-Salvo, Abagno	brick	128	4	G	29	»		Naples.	
4	» » » » » Bagnara	»	115	4	G	27	»		»	
5	» » » » » Castiglione	flq.	52	3	P	29	»	c.	»	
6	» » » » » Cunato	brick	70	4	G	27	»	c.	»	
7	» » » » » Fiorillo	br.-g.	79	R		vieux	»		»	
8	» » » » » Gallo	blc.	67	4	P	31	»		Greco.	
9	» » » » » Joine	goel.	44	1	P	18	»		Naples.	
10	» » » » » Luca	mtc.	72	3	P	22	»	c.	« »	
11	» » » » » Morino	brick	89	3	P	22	»		»	
12	» » » » » Sabella	»	129	4	G	27	»	cc.	»	
13	» » » » » Sabella J.	goel.	156	6	G	37	»	cc.	« »	
14	» » -e-Sto.-Luigi, Barba	brick	167	4	G	27	»		« »	
15	» » -Grande, Bizzizo	»	224	4	A	28	Bsl.		Rio-Grande.	DCV 30.
16	» » -Madalena, Chiozza	»	150	4	G	25	Srd.	cc.	Pegic.	
17	» » -Vecchina, Maresca	»	167	4	G	24	Npl.		Naples.	
18	» -Martha, Genero	loug.	59	3	P	10	Esp.		Alicante.	Rect. 29, GR 33.
19	» » Linares	blc.	35	3	P	23	»	cc.	Villa-Viciosa	
20	» -Procida, Galunos	goel.	82	2	G	20	»		Mahon.	
21	» -Rosa, Lauro	brick	145	2	G	24	Npl.		Naples.	
22	» » -di-Lima, Caratella	br.-g.	88	4	G	16	Esp.	tq.	Ivice.	GR. 37.
23	» -Teofana, Camiglieri	flq.	66	4	G	20	Rom.		C.-Vecchia.	
24	» -Teresa, Canna	brick	247	6	G	35	Srd.		Gênes.	
25	» » Ferraut	bat.	48	3	P	23	Tsc.		Livourne.	
26	» -Trinita, Castellano	3-m.	360	2	G	14	Grec.		Syra.	
27	» » Crocco	brick	136	1	G	09	Ang.	c.	Malte.	
28	» » Frango	»	300	4	G	29	Rss.		Tangarock.	

S

1	STA.-VENERANDA, Monte	br.-g.	84	4	G	1830	Srd.		Cagliara.	
2	SANTISSIMA-ANNUNZIATA, Dottone	blc.	54	6	P	38	Tsc.		Livourne.	
3	» » Lichiardopulo	brick.	185	2	G	27	Ion.	cc.	Cefalonie.	
4	» » Massone	pinque	151	4	G	28	Srd.	cc.	Gênes.	
5	» -CONCEZIONE, Antola	br.-g.	68	2	P	17	»		»	
6	» » Schiaffino G.	nvc.	60	6	P	37	»	cc.	»	
7	» » Schiaffino L.	brick.	167	2	G	13	»	cc.	»	
8	» -CROCIFISSO, Di Campo	bb.	135	2	G	15	Npl.		Proceda.	
9	» » -L-STA.-TRINITA, Di Luca	»	84	2	G	18	»		»	
10	» -NOME-DI-MARIA, Ovezalli	»	91	3	G	23	Srd.		Gênes.	
11	» -NUNZIATA, Dottone	blc.	70	6	P	37	»	cc.	Savone.	
12	» -SACRAMENTO, Jaccarino	brick.	240	2	G	17	Npl.		Naples.	
13	» -SALVATORE, Cafiero	»	289	3	G	20	»		Limona.	
14	» » Lingi	»	267	4	G	27	Scl.		Palerme.	
15	» » Maresca	»	283	3	G	23	Npl.		P. di Sorenti	
16	» -TRINIDAD, Ferendi	mtc.	44	5	P	32	Esp.		Séville.	
17	» » Eioli Ripol	brick.	110	6	G	37	»	cc.	Mayorque.	
18	» » Martin	loug.	92	4	G	24	»	cc.	Villa-Viciosa	
19	» -TRINITA, Baragon	brick.	136	4	G	21	Srd.	cc.	Gênes.	GRDZ 38.
20	» » Copara	»	160	4	G	26	»		»	
21	» » Fontana	cbbc.	73	2	G	17	Tsc.		Livourne.	GR 37.
22	» » Scarzola	brick.	118	4	G	29	Srd.	cc.	Savone.	
23	SANTISSIMO-CROCIFISSO, Dimaco	blc.	70	5	L	33	Npl.		Gaëta.	
24	STO.-AGUSTINO, Morassi	br.-g.	97	2	G	15	Srd.		Gênes.	
26	» -ALEXANDRO, Dottone	»	59	3	L	17	Tsc.	cc.	Livourne.	GR 38.
26	» » Stuparich	brick.	294	2	G	24	Rss.		Odessa.	
27	» -ANATOLI, Vucassovich	»	280	4	G	24	»		Tangarock.	
28										

1	Sto.-Andres, Anezagasta	loug.	40	5	P	1828	Esp.		Bilbao	
2	» -Angelo, Paparoni	brick.	155	3	G	22	Npl.		Naples	
3	» » Savaresse	»	436	R		16	»		Castellamare	
4	» -Aniello-e-Fratelli, Garguilla	»	192	2	G	15	»		Naples	
5	» -Anofrio, Dobrovodich	»	170	4	G	27	Rss.		Kersona	
6	» -Antonio, Abbuto-Muro	»	285	5	G	35	Npl.		Naples	
7	» » Anglada	bb.	30	3	P	23	Esp.	c.	St-Félieu	
8	» » Anglande	brick	80	2	P	10	»	c.	Palamos	
9	» » Astradère	blc.	61	5	P	30	»		Barcelonne	
10	» » Balestrino	pinque	149	5	G	32	Srd.		Gênes	
11	» » Bernat	chbc.	32	3	P	22	Esp.	c.	Mahon	
12	» » Bernat G. fils	»	50	3	P	15	»	cc.	St.-Félieu	
13	» » Boussignore	brick	334	3	G	17	Srd.		Gênes	
14	» » Calafat	bcl.	55	6	P	35	Esp.		Valence	
15	» » Cavarrocas	»	90	3	P	10	»		St-Félieu	GR 31.
16	» » Chiero	bat.	60	6	P	37	Srd.	c.	Gênes	
17	» » Di Martino	brick	200	3	G	20	Npl.		Naples	
18	» » Durbans	»	75	2	P	17	Esp.		St-Félieu	
19	» » Durenti	»	115	4	G	25	Srd.		Gênes	
20	» » Escrive	blc.	50	4	P	30	Esp.	c.	Tortose	
21	» » Fabregas	brick	110	3	G	20	»	cc.	Barcelonne	
22	» » Falgas	bb.	59	4	P	25	»	c.	St-Félieu	
23	» » Farnos									
24	» » Hanusa	blc.	50	4	P	28	»		Valence	
25	» » Massot	»	30	6	P	36	»	c.	Palamos	
26	» » Matteo	»	40	5	P	35	»	c.	Arens	
27	» » Michelli	»	34	6	P	35	»	cc.	Minorque	

1	Sto.-Antonio, Morella	blc.	55	6	P	1835	Esp.	c.	Villaros.	
2	» » Mouro	brick.	292	5	G	34	Npl.		Proceda.	
3	» » Pozada	blc.	40	6	P	37	Esp.	c.	Mattaro.	
4	» » Pucio	chbc.	22	4	P	24	»	c.	Villaros.	
5	» » Rivera	blc.	45	4	P	28	»	c.	Mattaro.	
6	» » Rieras	»	40	6	P	37	»	c.	Palamos.	
7	» » Rove	»	40	6	P	37	»	c.	Blanes.	
8	» » Salamono	bb.	32	4	P	24	»	c.	Villarose.	
9	» » Salque	»	70	4	P	23	»	c.	St.-Félieu.	
10	» » Schiaffino	chbc.	42	2	P	14	Srd.	cc.	Capraja.	
11	» » Schiaffino Ph	bb.	120	5	G	32	»	cc.	Camole.	
12	» » Scrivre	blc.	50	4	P	30	Esp.	c.	Tortose.	
13	» » Ségui	»	50	5	P	34	»	c.	Mayorque.	
14	» » Simon	»	67	6	P	36	»	c.	Villageoso.	
15	» » Simon	bât.	70	6	P	36	Npl.	cc.	Gaëta.	
16	» » Tonetti	loug.	44	1	P	05	Tsc.	c.	Livourne.	
17	» » Yserme	blc.	35	4	P	22	Esp.		Mattaro.	
18	» » -Abbate, Muro	brick.	250	5	G	34	Npl.		Proceda.	
19	» » -Andres, Anezagasta	loug.	40	4	P	28	Esp.		Bilbao.	
20	» » -di-Padova, di Chaperi	br.-g.	155	6	G	37	Npl.		Gaëta.	
21	» » » -Padua, Azante	ttn.	115	6	P	37	»		»	
22	» » » » Barrance	brick.	62	5	G	34	Scl.		Palerme.	
23	» » -Vigilante, Gelabert	mte.	55	2	P		Esp.		Mahon.	GR 31.
24	» » -Vincedór-y-Almas, Morin	goel.	55	2	P	18	Ptg.		Oporto.	R 26.
25	» » » -y-Animas, Albina	loug.	62	4	P	26	Esp.		Mandaca.	
26	» » » » Gomes Morin	goel.	100	3	G	12	Ptg.		Oporto.	GR 32.
27	» » » » Mayor	brick.	76	5	G	28	Esp.	cc.	Lacorogne.	

1	Sto.-Antonio-Vitorioso, Berizo	brick.	142	4	G	1825	Srd.		Gênes.	
2	» » -y-animas, Maian	»	76	4	G	28	Esp.	cr.	La Corogne.	
3	» -Augustino, Segoré	blc.	40	4	P	20	»	cc.	Palma.	
4	» -Bartalomeo, Gorsiglia	brick.	190	R		05	Srd.		Gênes.	
5	» -Basile, Grande	»	151	4	G	30	Rss.		Tangarock.	
5	» -Basilio, Grisanaski	»	292	4	G	29	»		Odessa.	
7	» » -magno, Gustrarino	« »	281	5	G	29	»	cc.	»	
8	» -Bladimir, Covacich	»	130	3	G	29	»		Smyrne.	
9	» -Blas, Navarre	goel.	80	3	G	22	Esp.	cc.	Almérie.	
10	» -Bonaventura, Spella	blc.	55	4	P	30	»	c.	Tortose.	
11	» -Caralambo, Diacozani	brick.	105	4	G	32	Grec.	cc.	Syra.	
12	» -Carlo, Vergio	loug.	104	4	G	24	Rom.		C.-Vecchia.	
13	» -Cristo-del-grao, Miralles.	blc.	35	4	P	20	Esp.	c.	Valence.	
14	» » » » Pizza.	»	72	5	P	34	»	c.	« »	
15	» » » » Roig	»	40	4	P	24	»	c.	« »	
16	» » » » Sans.	»	90	4	P	27	»	cc.	»	
17	» -Cristoval, Cardonna	brick.	292	3	A	12	»		Mahon.	TGRDZ 36.
18	» » Maille	chbc.	60	3	P	20	»		Villa Viciosa	GR 31, 34.
19	» » Rocca	goel.	65	3	G	19	»		Mayorque.	
20	» -Demetri, Barbarigo	brick.	199	4	G	25	Rss.		Odessa.	
21	» -Domencio, Cabuze	« »	161	4	G	30	Npl.		Naples.	
22	» -Elmo, Catalan	chbc.	32	3	P	12	Esp.	c.	Mayorque.	
23	» » Vichini	trb.	75	4	G	24	Rom.		Ancône.	
24	» -Fidel, Echeverria	loug.	51	5	P	29	Esp.		Bilbao.	
25	» -Firmin-y-la-Madela, De Uriale	»	78	4	G	29	»		»	
26	» -Fortunato, Ansaldo	pinque	116	4	G	27	Srd.	cc.	Gênes.	
27	» » Bertoloto	brick.	235	5	G	35	»		»	

1	Sto.-Fortunato, Brégnety....	brick.	145	5	G	1835	Srd.		Gênes.	
2	» -Francisco, Arbaza.....	[illegible]	180	5	G	33	Esp.		Vivadio.	
3	» » Barsola....................	chbc.	31	5 «	P	31	»	c.	Mayorque.	
4	» » Bonta......................	mtq.	50	3	P	20	Srd.	c.	Gênes.	
5	» » Caffiero..................	brick.	221	3	G	27	Npl.		Naples.	
6	» » Campo Dominico........	mtq.	51	4 «	P	25	Srd.	c.	Gênes.	
7	» » Faggioni..................	chbc.	90	3 «	P	12	»	cc.	»	
8	» » Faggioni J.-B..........	br.-g.	50	6 «	P	36	»	cc.	Spezzia.	
9	» » Gazolo.....................	brick.	141	4	G	22	»	cc.	»	
10	» » Gazola......................	pinque	148	4 «	G	28	»	cc.	Gênes.	
11	» » Oliveri.....................	bb.	60	6	G	37	»	cc.	»	
12	» » Pesante....................	brick.	228	2	G	00	»		Nice.	
13	» » Raggio......................	»	243	4	G	28	»		Gênes.	
14	» » Ruggiero..................	« »	192	4 «	G	25	Npl.		Naples.	
15	» » Spirilo.....................	« »	134	2 «	G	16	Tsc.		Livourne.	
16	» » -des-Six, Coill...........	chbc.	60	4 «	P	25	Esp.	cc.	Mayorque.	
17	» » -di-Paolo, Ambrosana..	bb.	100	6 «	G	36	Npl.		Naples.	
18	» » » » Corbo................	goel.	157	4 «	G	26	»		»	
19	» » » » Di Bonis............	ttn.	81	3 «	P	22	»	cc.	Gaëta.	
20	» » » » Di Fonza............	»	68	4	P	27	»	cc.	»	
21	» » » » Di Macco............	bb.	87	2	G	12	»	cc.	« »	
22	» » » » Felleria.............	brick.	51	4	P	27	Esp.	cc.	St.-Ferrocl.	
23	» » » » Francisco..........	mtc.	110	4	G	29	Srd.	cc.	Gênes.	
24	» » » » Gazzola.............	»	150	4	G	28	»	cc.	»	
25	» » » » Marsiello...........	blc.	55	2	P	21	Npl.		Naples.	
26	» » » » Mortola.............	br.-g.	125	4 «	G	29	Srd.	cc.	Gênes.	
27	» » » » Mortola J..........	»	114	4	G	28	Npl.	cc.	Gaëta.	
28	» » » » Novella.............	bb.	100	5 «	G	36	»	cc.	»	

1	S-Francisco-di-Paolo, Saragossa.	br.-g.	65	5	P.	1830	Esp.		Villa-Viciosa	.....	
2	» » » » Tottero	brick.	167	4	G	27	Srd.		Gênes...	.....	
3	» » » -Saveria, Gacace,...	»	204	4	G	26	Npl.	cc.	Naples...	.....	
4	» » » » Cantazano....	br.-g.	119	4	G	31	»	cc.	Gaëta...	.....	
5	» » » » Mancino......	brick.	287	4	G	29	»	cc.	Proceda..	.....	
6	» -Francis-Cavière, Carbon..	ttn.	50	4	P	29	Esp.		Tortose...	.....	
7	» -Gaetano, Berni.........	blc.	65	5	P	35	Npl.		T.-del-Greco	.....	
8	» » -e-3-Amici, Damerini...	br.-g.	74	5	G	33	Tsc.		Livourne.	.....	
9	» -Giacomo, Aicardi.........	bb.	81	4	G	28	Srd.	cc.	Gênes....	.....	
10	» » Boggiano,............	brick.	149	4	G	27	»		« »	.....	
11	» » Mazzi	»	126	4	G	29	Tsc.	cc.	Livourne..	.....	
12	» » -Elbano, Braschi	»	120	4	G	29	»		« »	.....	
13	» -Gierasmo, Lichiardopolo..	»	270	2	G	20	Ion.	cc.	Céfalonie..	.....	
14	» -Giorgio, Balassi..........	»	220	1	G	00	Rss.		Odessa...	R 20.	
15	» » Bologna..............	»	149	3	G	24	Sck.		Palerme...	.....	
16	» » Danna................	»	233	4	G	23	»		« »	.....	
17	» » Giovanni..............	»	300	4	G	27	Grec.		Spezzia.	.....	
18	» » Jamelli	3-m.	305	5	G	31	»		« »	.....	
19	» » Meyer	brick.	200	4	G	26	Rss.	cc.	Odessa.	.....	
20	» » Vulgarizza	»	260	5	G	30	»	cc.	Tangarock.	.....	
21	» -Giuseppa-Maria, Nousardi.	»	144	3	G	21	Srd.	cc.	Gênes...	.....	
22	» -Giuseppe, Allegro........	»	170	4	G	26	»	cc.	« »	.....	
23	» » Bibolino	bb.	45	R		14	»		« »	.....	
24	» » Boncallo	brick.	119	2	G	13	»		Savonne..	.....	
25	» » Brigette..............	»	80	2	G	22	»	cc.	Camogli..	.....	
26	» » Bruni.................	trbc.	85	2	P	24	Rom.		Ancône..	.....	
27	» » Bunta	br.-g.	69	5	G	34	Srd.	cc.	Gênes..	.....	
28	» » Cordilla..............	brick.	151	5	G	31	»		« »	.....	

1	STO.-GUISEPPA, Costa	brick.	138	4	G	1829	Srd.	cc.	Gênes.	
2	» » Dotonne	blc.	70	6	P	37	Tsc.	cc.	Livourne.	
3	» » Gurléro	brick.	280	3	A	23	Srd.		Gênes.	DZ 34.
4	» » Maggi	chbc.	79	3	G	22	»	c.	»	
5	» » Marchessi	pinque	118	3	G	24	»		»	
6	» » Muirano	brick.	146	3	G	21	»		»	
7	» » Patrico	blc.	54	5	P	30	Tsc.	cc.	Livourne.	
8	» » Prazio	brick.	204	4	G	25	Srd.	cc.	Gênes.	
9	» » Polzi	trbc.	93	4	G	26	Rom.		Ancône.	
10	» » Pondibon	brick.	115	3	G	20	Srd.		Gênes.	
11	» » Revello	»	170	4	G	29	»		»	
12	» » Russi	»	82	1	G	13	»		»	
13	» » Santana	goel.	136	4	A	28	»		»	DCV. 33.
14	» » Schiaffino	brick.	135	4	G	24	»	cc.	»	
15	» » Sciabecco	chb.	300	2	G	18	»	cc.	»	GR 29.
16	» » Vierci	bb.	38	2	P	17	»		»	
17	» » -E-L'AMINE-DELL-PURGATORIO, Rallo	brick.	176	3	G	20	Scl.	c.	Messine.	
18	» » -Ntra-SIGa-ADDOLORATA, Cordiglia	»	150	6	G	35	»	c.	»	
19	» -GUILIANO, Faggioni	chb.	75	2	P	10	»	c.	Spezzia.	
20	» -GUOVANNI, Catalina	brick.	300	4	G	28	Rss.		Tangarock.	
21	» » Laura	»	275	4	G	24	Npl.		Naples.	
22	» » Lubiano	»	107	4	G	29	Tsc.		Livourne.	
23	» » Mostahinich	»	266	4	G	29	Rss.		Kersona.	
24	» » Pagliano	»	188	3	G	15	Srd.		Gênes.	
25	» » Tarabotto	»	120	4	G	28	»		»	
26	» » Sartorio	»	106	3	G	20	»		»	R 30.

1	STO.-GUOVANI-BATISTA, Aycardi	chb.	50	2	P	1813	Srd.	c.	Gênes.	
2	» » » Androtti	brick.	143	4 «	G	25	»		» »	
3	» » » Barachino	« »	110	2 «	G	16	»		»	
4	» » » Bronzi	bb.	74	3 «	G	24	»	cc.	»	
5	» » » Caldi	brick.	156	6 «	G	36	»		»	
6	» » » Cano	»	169	3 «	G	17	»	c.	»	
7	» » » Chiozza	»	132	2 «	G	15	»		»	R 27.
8	» » » Graffione	»	128	5 «	G	33	»		»	
9	» » » Massone	»	204	5 «	A	33	»		»	DGV.
10	» » » Patrone	»	171	3 «	G	17	»	cc.	»	
11	» » » Ramello	»	130	3 «	G	20	»		» »	
12	» » » Rizotto	»	160	3 «	G	23	»	cc.	»	
13	» » » Schiaffino Rocca	»	200	1 «	G	04	»		»	R 32.
14	» » » -DAMASCHENO, Lupi	»	203	3 «	G	33	»		»	
15	» » » -DI-MASCENO, Lupi	»	156	5 «	G	33	»		»	
16	» » » -E-MADa-DEL-LAURO	»	276	4 «	G	26	Npl.		Naples.	
17	» » » -E-STO.-ANDREA, Dottone	blc.	58	5 «	P	32	Tsc.	c.	Livourne.	
18	» » »-E-N.-SIGa-DELLA-	« »	128	3 «	A	14	Srd.		Gênes.	
19	GUARDIA, Campodonico									
20	» -JOSE, Alontar	chb.	49	4 «	P	29	Esp.		Villanova.	
21	» » Aveno	goel.	91	5 «	G	30	»		»	
22	» » Calafel	bat.	35	3 «	P	26	»		Mayorque.	
23	» » Calsada	blc.	75	6 «	P	35	»		Palamos.	
24	» » Carreras	brick.	112	6 «	G	35	»		St-Féliou.	
25	» » Dasi	trbc.	45	4 «	P	29	»		Valence.	
26	» » Delarirasabal	blc.	40	5 «	P	34	»		Tortose.	
27	» » De Souza	goel.	100	4	G	26	Ptg.		Lisbonne.	GR 36.

1	Sto.-Jose, Garcle	br.-g.	90	5	G	1824	Esp.		Palamos.	
2	» » Gonzalges	« »	60	3 «	G	06	»		Villa-Joyosa	
3	» » Jorca	« bat.	50	5 «	P	31	»	c.	« »	
4	» » Maristany	« goel.	75	5 «	G	36	»		Barcelonne.	
5	» » Martinis	« blc.	42	4 «	P	24	»		Vilaros.	GR 35.
6	» » Muxo	« brick.	102	2 «	G	12	»	c.	Valence.	
7	» » Pares	« bb.	60	2 «	P	14	»		Lorel.	
8	» » Pi	« goel.	60	4 «	P	[illegible]	»	c.	Palamos.	
9	» » Pons	« blc.	25	6 «	P	37	»	c.	Blanes.	
10	» » Prati	« brick.	95	4 «	G	35	»		St.-Félieu.	
11	» » Robert	« »	67	3 «	G	20	»	c.	Barcelonne.	
12	» » Roiz	« chbc.	50	6 «	P	37	»		Alicante.	
13	» » Scardo	« br.-g.	40	5 «	P	34	»	c.	Tortose.	
14	» » Talavara	« goel.	73	5 «	G	33	»	c.	Alicante.	
15	» » -allas-oguila, Igorra	« br.-g.	135	6 «	G	35	»		Cadix.	
16	» » » -ciosso, Aveno	»	91	4	G	30	»	c.	Villa Viciosa	
17	» » » » Jorka	mtq.	55	5	P	30	»	c.	Alicante.	
18	» » » -palmira, Palao	goel.	70	4	G	24	»	c.	Mayorque.	
19	» » -e-y-animas, Demandesone	loug.	65	4	P	29	»	cc.	Bilbao.	
20	» -Juan-Batista, Arano	br.-g.	75	3	G	20	»	cc.	« »	
21	» -Liugi, Mancino	brick.	320	6	G	38	Npl.		Naples.	
22	» -Luigi, Maresca G	goel.	100	2	G	23	Srd.	c.	Spezzia.	
23	» » Maresca J	brick.	311	3 «	G	23	Npl.		Naples.	
24	» » Starace		267	4 «	G	25	»		»	
25	» » Vitello	blc.	60	4 «	P	29	Tsc.		Livourne.	
26	» » -Gonzaga, Aguirre	loug.	61	4 «	P	29	Esp.		Bilbao.	
27	» -Luis, Aguirre		70	4 «	P	31	»	cc.	»	
28	» » Fenelos	bât.	77	5 «	P	32	»	cc.	Valence.	

1	STO.-LUIS, Jonello	blc.	53	5	P	1832	Esp.	cc.	Valence.	
2	» -MARIANO, Félieu	»	135	3	P	27	»	cc.	Palamos.	
3	» -MICHELE, Beliste	»	45	5	P	35	»	cc.	Mayorque.	
4	» » Bianco	brick.	261	3	G	22	Npl.		Prosceda.	
5	» » Chiara	»	153	2	G	14	»		Naples.	
6	» » Corso	br.-g.	57	6	G	30	Srd.	cc.	Savone.	
7	» » Dechiara	3-m.	280	4	A	28	Npl.		Naples.	DCV 34, GR 36.
8	» » Di Nicola	brick.	280	3	G	17	»	cc.	»	
9	» » Forget	»	247	3	G	24	»	cc.	Proceda.	
10	» » Lauffero	»	157	2	G	14	»		Naples.	
11	» » Lauro	»	270	3	G	23	»		»	
12	» » Mancino	»	236	5	G	33	»		Proceda.	
13	» » Maresca	»	240	3	G	20	»	cc.	Naples.	GR 38.
14	» » Piro	»	252	4	G	27	»		Proceda.	
15	» » Pitonhe	bat.	56	3	P	26	Tsc.		Livourne.	
16	» » Ruggiero	brick.	222	4	G	26	Npl.		Sorento.	
17	» -NICCOLO, Anarghiro	3-m.	308	4	G	28	Grec.	cc.	Spezzia.	
18	» » Basili	brick.	260	4	G	12	»	cc.	»	
19	» » Cameno G.	»	147	5	G	34	»	cc.	Alcide.	
20	» » Cerigo	»	184	4	G	30	Rss.	cc.	Odessa.	
21	» » Chiappa	»	160	3	G	20	Srd.		Gênes.	
22	» » Clémente	blc.	50	4	P	30	Esp.		Valence.	
23	» » Garci	ttn.	54	4	P	25	Srd.		Savonne.	
24	» » Gika	3-m.	360	2	G	16	Grec.	cc.	Spezzia.	
25	» » Jepacumohr	brick.	280	4	G	25	Rss.		Kersona.	
26	» » Maniotti	»	210	4	G	30	Grec.	cc.	Agoussa.	
27	» » Marino	»	400	3	G	20	»		Syra.	
28	» » Monnier	»	447	5	G	30	Rss.		Odessa.	

1	Sto-Niccolo, Niccolas	brick.	372	3	G	1815	Rss.		Odessa.
2	» » Omedes	blc.	230	5	P	29	Esp.	cc.	Tortose.
3	» » Pandegligica-Zupa	3-m.	307	5	G	33	Rss.	cc.	Spezzia.
4	» » Pesel	brick.	230	4	G	29	»		Odessa.
5	» » Racopolo	»	310	4	G	26	»		Myconie.
6	» » Salavich	»	328	5	G	28	Autr.		Raguse.
7	» » Sansone	trb.	69	2	G	23	Rom.	cc.	Ancone.
8	» » Scordelli	brick.	215	5	G	32	Grec.	co.	Myconie.
9	» » Sepich	»	300	4	G	27	Rss.		Kersona.
10	» » Soulavich	»	321	4	G	27	»		Odessa.
11	» » Temperaki	»	130	3	G	30	»		Kertch.
12	» » -Dubarry, Vianello	trbc.	153	2	G	16	Autr.	c.	Venise.
13	» -Paolo, Baccigalopo	br.-g.	135	4	G	27	Srd.		Gênes.
14	» -Pasquale, Debonis	»	132	6	G	37	Npl.	cc.	Gaeta.
15	» » Mirabile	brick.	125	4	G	29	»		Naples.
16	» » Valeri	goel.	80	4	G	29	Tsc.		Livourne.
17	» » -e-Mada-di-Lauro, Cacace	brick.	240	2	G	15	Npl.		Naples.
18	» -Pedro, Barasatigny	long.	82	5	P	30	Esp.		S.-Sébastien
19	» » Manan P.	mtq.	78	5	A	32	»		Masnou.
20	» -Pietro, Basso	brick.	155	6	G	37	Srd.		Gênes.
21	» » Michelini	»	165	3	G	17	»	cc.	»
22	» » Minuto	»	67	3	G	19	»	c.	»
23	» -Prospero, Anzaldo	»	164	4	G	29	»	c.	»
24	» » Diego	»	113	3	G	20	»	cc.	»
25	» » Jomoneti	»	162	6	G	37	»	cc.	»
26	» » Pellerano	»	128	3	G	22	»	c.	»
27	» » Schiaffino	»	120	4	G	25	»	cc.	»

S

1	STO.-RAFFAELO, Dominique...	mtc.	75	3	A	18	09	Esp.		Alicante	GRDCV 38.
2	» » Domingo...	ttnl.	40	4	P		24	»	cc.	Valence..	...
3	» » Ferrere...	chb.	60	4«	P		14	»	cc.	Mahon...	Rect. 32.
4	» » Juels...	mtc.	55	2	P		08	»		Carthagène.	GR 37.
5	» » Sorrea...	brick.	290	4	A		15	»	cc.	Palma...	RDCV. 34.
6	» -ROCCO, Busso...	»	99	3	G		15	Srd.		Gênes...	...
7	» » Gazzola...	»	140	3	G		21	»	cc.	« »...	...
8	» -ROMA, Gacti...	loug.	80	4«	P		23	Esp.		Barcelonne.	...
9	» -SALVATORE, Callura...	brick.	234	4	G		25	Scl.		Palerme..	...
10	» » Lubrano...	»	235	3	G		25	Npl.		Proceda.	...
11	» » Maresca...	»	285	3«	G		23	»		P. di Sorento	...
12	» » Pittaluga...	»	160	3«	G		27	Srd.		Gênes..	...
13	» » Repello...	»	225	5	A		29	»		« »...	DCV. 34.
14	» -SÉBASTIEN, Gazas...	»	90	3«	G		14	Esp.	cc.	Palamos..	GR 37.
15	» » Laurens...	blc.	50	5«	P		35	»	cc.	Blanes..	...
16	» » Maingat...	»	30	2	P		05	»	c.	Alicante..	...
17	» » Quirch...	»	33	3	P		18	»	cc.	Cadaquez..	...
18	» » Raolo...	chb.	25	4	P		25	»	cc.	Palamos.	...
19	» » Sostra...	»	33	4	P		27	»	cc.	Cadaquez..	...
20	» -SPERIDIANO, Smarato...	brick.	186	4«	G		25	Rss.	c.	Odessa..	...
21	» -SPIRIDIONE, Metrezzi...	»	311	5«	G		32	Grec.		— ...	...
22	» -TEOFANO, Gazzi...	trbc.	58	2«	P		10	Rom.		Civita-Vecch	...
23	» -VINCENTE, Salla...	blc.	40	6«	P		37	Esp.		Palamos..	...
24	» » Serre, Fenellios...	cutt.	35	5	P		29	»	c.	Valence..	...
25	» » -LAS-ALMAS, Ripoll...	blc.	70	4	P		18	»	c.	Villageoso.	...
26	» -VINCENZIO, Di Palma...	goel.	66	3«	G		17	Tsc.		Livourne..	...
27	» » -DI-PAOLO-E-ADDOLORA-TA, Guida...	br.-g.	158	4	G		28	Npl.	cc.	Naples.	

1	Sto-Vizengio-Ferreri, Jaccorino	brick.	243	3	G	1822	Npl.	cc.	Naples.	
2	» -Yago, Ferrer	»	80	2	G	10	Esp.	cc.	Barcelonne.	
3	» » Idern	mtq.	62	3	P	21	»	cc.	Materon.	
4	Sardegna, Cassone	goel.	70	2	G	18	Srd.		Gênes.	R 34.
5	Sariano, Sirassi	brick.	147	4	G	29	Tsc.		Livourne.	
6	Sarzeautin, K/Fautin	»	156	4	G	29	Frç.		Bayonne.	
7	Sassone, Crosich	»	173	5	G	29	Autr.		Trieste.	
8	Satiro, Tomich	»	280	3	G	17	»		Venise.	
9	Saturno, Baffico	»	267	2	G	04	Srd.		Gênes.	GR 37.
10	Saumon, Latruite	»	71	3	G	23	Frç.	c.	St.-Malo.	
11	Sauvage, Lhoste	»	180	4	G	18	»		Boulogne.	GR 37.
12	Sauveur, Galibert	»	124	6	G	36	»	cc.	Agde.	
13	Savio-Benefattore, Paravich	»	274	3	G	13	Autr.		Trieste.	
14	Scanderberg, Dubinovich	»	314	4	G	27	»		»	
15	Scaro, Busetto	»	329	6	G	34	»		Venise.	
16	Senecca, Chiozza	»	148	4	G	26	Srd.		Gênes.	
17	Schems, Despujol	3-m.	140	6	A	36	Frç.		Bordeaux.	DCV 37.
18	Scio, Patcovich	brick.	258	2	G	17	Autr.		Trieste.	R 33.
19	Scipione, Cafferato	»	225	4	G	27	Srd.	cc.	Gênes.	
20	» Costa	»	82	4	G	24	»	cc.	»	
21	» Fassio	bb.	118	4	G	25	»	cc.	»	
22	» Schiaffino	brick.	168	3	G	18	»	cc.	»	
23	» Vernich	»	217	4	G	21	»	cc.	»	GR 36.
24	Sebeto, Jaccarino	»	257	3	G	23	Npl.	cc.	Naples.	
25	Séduisant, Guignot	3-m.	250	4	A	24	Frç.	cc.	Bordeaux.	DCV 32.
26	» Hervieux	loug.	66	4	P	27	»		St.-Vaast.	
27	Sei-Fratelli, Parodi	br.-g.	130	4	G	24	Srd.		Kniphauser.	GR 27.
28										

1	**Seid-Said**, Maucler	3-m.	319	6	L	1837	Frç.		Nantes.	DCV.
2	**Seine**, Charlot	»	286	3	G	16	»		Havre.	R 37.
3	» Leblanc	brick.	137	2	G	17	»		Rouen.	GR 26, R 30.
4	**Seineur**, Chiasson	3-m.	247	R		15	»		Nantes.	GRDZ 34.
5	**Seinge**, Cavassa	brick.	329	4	A	25	Srd.		Gênes.	DCV.
6	**Sémaphore**, Cristian	»	134	6	A	34	Frç.	cc.	Dunkerque.	DZ.
7	**Sémillante**, Fournier	3-m.	282	6	L	37	»		Nantes.	DCV feut.
8	**Semiramide**, Dodero	brick.	245	3	G	16	Srd.		Gênes.	
9	**Sempre-lo-stesso**, Ferrari	»	260	4	G	24	»		»	
10	» -Nivo, Peyre	»	187	3	G	25	»		»	
11	**Sénégalais**, Auvel	»	126	4	A	24	Frç.		Havre.	DCV 35.
12	**Sénégali**, Brissan	dog.	95	3	G	16	»		»	R 32, 33.
13	**Sept-Erères**, Barrère	brick.	196	4	A	25	»		Bordeaux.	DCV 33.
14	» » Ruelland	3-m.	212	5	G	33	»		St.-Brieux.	
15	» -Mai, Beauregard	brick.	147	6	G	37	»		St.Malo.	
16	**Serafien**, Goiliz F.	»	122	6	A	35	Esp.		St.-Ander.	DCV.
17	**Serafina**, Olaguidel J.	»	142	5	A	30	»		Matricula.	DVC 35.
18	**Séraphine**, Jaumes	»	112	4	G	23	Frç.		Marseille.	GR 35.
19	**Sette-Fratelli**, Tancredi	br.-g.	91	3	P	23	Tsc.		Livourne.	
20	**Sevillana**, Di Aldamazi	»	64	6	G	35	Esp.		Bilbao.	
21	**Sèvre**, Tribert	brick.	124	2	G	05	Frç.		Marans.	GR 31, 34.
22	**Si**, De Mendisona	»	90	5	A	32	Esp.		Bilbao.	RDCV 37.
23	**Sibilla**, Andricevich	»	350	3	G	20	Autr.	c.	Trieste.	
24	**Sidonie**, Olive	loug.	77	6	G	37	Frç.		Nantes.	
25	» Samson	brick.	95	4	G	30	»		St.-Malo.	
26	» Vautier	»	152	4	A	27	»		»	
27	**Siete-Hermanos**, Sauras	»	100	4	G	26	Esp.		Ivice.	
28	**Signora-di-Murgo**, Di Donna	blc.	66	6	P	36	Scl.		Palerme.	

1	SILENCE, Falliot	brick.	109	3	A	1819	Frç.		Granville.	GR 36, DZ 35.
2	SILENZIO, Dumartino	»	295	5 «	G	34	Npl.		Naples.	
3	» Scopinich	»	332	3 «	G	26	Autr.	cc.	Lussin.	
4	SINGE, Provençal	3-m.	190	6 «	A	38	Frç.		Marseille.	DCV.
5	SIPHI, Omer	»	200	2	G	25	Tsc.		Livourne.	
6	SIRANISE-DENISE, Rouquette	ttn.	66	5	P	33	Frç.	cc.	Narbonne.	
7	SIRIUS, Affré	br.-g.	110	6 «	G	38	»	cc.	Gruissan.	
8	» Paturzos	brick.	200	4	G	25	Npl.	c.	Naples.	
9	SIX-FRÈRES, Danet	c.-m.	79	4 «	G	26	Frç.	cc.	Vannes.	
10	» » Fleury	brick.	150	3 «	A	00	»		St.-Servan.	Exb. Rect. 15, GRDZ 38.
11	» » Maître	bb.	105	1	G	04	»		Marseille.	GR 30.
12	» -SOEURS, Dudouit	brick.	76	2 «	G	19	»		St.-Malo.	R 30.
13	SLANO, Carovich	»	305	3 «	G	12	Autr.		Raguse.	
14	SLOWINSKY, Grubiscich	»	254	4 «	G	29	»	cc.	»	
15	SMYRNA, Bizzilis	»	210	4 «	G	28	Grec.		Ydra.	
16	SNAM-BOC, Landsman	goel.	105	5	G	33	Autr.		Trieste.	
17	SOCIÉTÉ, Gourdan	brick.	115	5 «	G	30	Frç.		St.-Servan	
18	» Tahier	»	170	4	G	29	»		Nantes.	
19	» -DUPORT-LOUIS, Nagard	c.-m.	71	2	G	14	»		Lorient.	
20	SOCOLITZA, Fiscovich	brick.	265	3	G	18	Autr.		Raguse.	
21	SOCRATO, Apostogly	»	250	2	G	15	Grec.	c.	Ypsara.	
22	» Rovene	»	180	3	G	28	Srd.	cc.	Gênes.	
23	SOELIERO, Rodoslovich	»	307	3	G	16	Autr.	cc.	Trieste.	
24	SOEUR, Sicard	bb.	66	5	G	33	Frç.	cc.	Toulon.	
25	» -BIEN-AIMÉE, Sicolle	»	91	5 «	G	32	»		»	
26	» -ELISE-ET-STÉPHANIE, Daulot	ttn.	60	4	P	20	»	cc.	Antibes.	TGR 35.
27	» -UNIES, Rivière	goel.	61	3	G	21	»		Royan.	GR 29.

1	SOFIA, Chirigo	brick.	260	4		G	1824	Scl.		Messine.	
2	» Seculovich	3-m.	364	3	«	G	17	Autr.	cc.	Trieste.	
3	» -E-ELENA, Fiaro	brick.	307	2	«	G	33	Grec.		Crimé.	
4	SOLEIL, Armand	br.-g.	90	5	«	G	33	Frç.	cc.	Martigues.	
5	» Baillard	bsq.	67	6	«	P	37	»	cc.	Labougue.	
6	» Esnol	3-m.	274	3	«	L	37	»		Dieppe.	Dbrz. 38.
7	SOLIDE, Billet	brick.	210	6	«	G	35	»		St.-Servan.	
8	» Canevas	»	338	4	«	L	22	»		St.-Malo.	RDCV 32.
9	» Dehers	»	209	4	«	G	25	»		Redon.	GR 36.
10	» Girard	»	105	3		G	11	»		Havre.	GR 34.
11	» Halgan	»	74	3		G	06	»		St.-Martin.	Rect. 24, R 34.
12	» Loiret	« »		6	«	G	38	»	cc.	Bordeaux.	
13	» Lubrouild	»	187	4		A	25	»		« »	DZ 29, R 34.
14	» Météric	« »	116	4	«	A	25	»		Havre.	DZ 30.
15	» Pidémone	« »	142	2	«	G	14	»		Marseille.	GR 33, 38, TGR 35.
16	» Reboul	»	203	6	«	G	36	»		St.-Malo.	
17	SOLIDOR, Rabalan	»	185	6		G	37	»	cc.	Nantes.	
18	SOLITARIO, Campodonico	»	120				16	Esp.	cc.	Barcelonne.	
19	» Estadas	»	225	6		G	35	»	cc.	Palma.	
20	SOLLICITO, Barberi	»	280	3		A	17	Rss.	cc.	Smyrne.	DCV.
21	» Gambardella	»	220	3		G	20	Npl.	cc.	Naples.	R 35.
22	» Sacumano	chbc.	65	3		P	22	Srd.	cc.	Gênes.	
23	» Smoquina	brick.	150	2	«	G	12	Autr.	cc.	Trieste.	
24	SOLLIEVO, Suttaro	»	307	3		G	14	»	cc.	« »	
25	SOLON, Pana	»	345	2		G	16	Grec.		Spezzia.	
26	SOLONE, Sirovich	»	225	5		G	29	Autr.	cc.	Trieste.	
27	SOMME, Roger	»	166	3		G	19	Frç.		St.-Valéry.	R 37.
28	SOMMIS-DENIS, Rouquette	ltn.	66	5		P	33	»	cc.	Nouvelle.	

1	Sophie, Allain	c.-m.	81	5	G	1834	Frç.	cc.	Vannes.	
2	» Laplane	3-m.	199	4	A	24	»		Nantes.	DCV.
3	» Leguellec	»	250	4	L	27	»		Bordeaux.	DCV 30.
4	» Levaillant	brick.	235	4	A	25	»		Nantes.	DZ 31.
5	» Levasseur	»	205	4	G	20	»		Dunkerque.	GR 37.
6	» Pallet	goël.	80	4	G	20	»		Calais.	
7	» Vallet	brick.	184	5	G	29	»		Dieppe.	
8	» Vimont	3-m.	280	4	L	26	»		Cherbourg.	Dbrz 30.
9	» -Virginie, Aubey	bsq.	90	6	G	37	»		Caen.	
10	Soriano, Galeazzi	brick.	151	4	G	28	Tsc.		Livourne.	
11	Sorpreza, Pozzo	»	215	4	G	28	Autr.	cc.	Trieste.	
12	Sostegno, Premuda	»	348	5	G	28	»		»	
13	Souffrière-de-Girgenti, Koll.	»	227	3	G	1796	Frç.		Marseille.	Rect. 26, GR 31, R 37.
14	Souvenir, Guichard	»	131	4	A	1825	»		»	GRDZ 38.
15	» Hiriart	3-m.	393	4	L	27	»		»	GRDCV 37.
16	» Langlais	brick.	79	4	G	29	»		Nantes.	
17	Sparta, Guissa	br.-g.	80	4	G	33	Grec.		Yapa.	
18	Spartano, De Luchi	»	160	2	A	22	Srd.		Gênes.	DCV 32.
19	» Trapani	brick.	243	3	G	21	Npl.		Naples.	
20	Spartel, Cauvi	bat.	29	4	P	27	Frç.	cc.	Martigues.	
21	Spartiate, Miragli	3-m.	154	3	G	24	Grec.		Spezzia.	DCV 27.
22	Spéculateur, Buot	brick.	200	6	G	36	Frç.	cc.	Tréguier.	
23	» Gibert	»	86	3	G	00	»	cc.	St-Malo.	GR 32, 35.
24	Speculatore, Cafiero C.	»	188	3	G	18	Npl.	c.	Naples.	
26	Speditivo, Manzuch	»	278	3	G	21	Scl.		Palerme.	
26	Sperenza, Cammilieri	cut.	44	2	P	10	Rom.		C.-Vecchia.	
27	» Convalo	ttn.	46	6	P	37	Npl.	cc.	Gaëta.	
28	» Dodero	brick.	220	5	A	30	Srd.	cc.	Gênes.	DCV 32.

1	SPERENZA, Inzerillo	brick.	279	3	G	1825	Npl.	cc.	Naples.	
2	» Lazzela	»	120	3	G	16	Srd.	cc.	Gênes.	
3	» Sheppard	»	193	3	A	22	Tsc.		Livourne.	DCV 27.
4	» Voissano	»	163	2	G	12	Scl.		Messine.	GR 23.
5	» -IN-DIO, Amadeo L.	»	255	4	G	24	Npl.		Naples.	
6	SPHINX, Cavanna	»	149	6	A	37	Frç.		Marseille.	DCV.
7	SPIRITO-SANTO, Cabaora	»	166	4	G	28	Srd.		Gênes.	
8	» » Chiozza	bb.	79	4	G	23	»	c.	»	
9	» » Durante	brick.	137	3	G	16	»		»	
10	» » Gorsiglia	»	130	4	G	23	»		»	
11	» » Graffione	bb.	119	3	G	20	»		»	
12	SPLENDORE-DEL-VATICANO, Moreni	trbc.	110	4	G	25	Rom.	c.	Signegalia.	
13	SPOSA-AMOROSA, Caravano	bb.	110	4	G	29	Angl.		Malte.	
14	STAFFETA-ALESSANDRINA, Boiti.	br.-g.	90	3	G	19	Autr.		Trieste.	
15	STANISLAS, Boutin	brick.	78	3	G	10	Frç.		Bordeaux.	GR 29, 33.
16	STEFANO, Angeli	»	497	4	G	30	Grec.		Spezzia.	
17	» Parinello	»	149	6	G	35	Scl.		Palerme.	
18	STELLA, Caffiero	»	272	3	G	21	»		»	
19	» Spiro	»	252	4	G	30	Npl.		Proceda.	
20	» -DELE-MARE, Meschini	trbc.	125	6	G	35	Rom.	cc.	Ancône.	
21	STIRIANO, Farigoni	brick.	234	4	G	25	Autr.	cc.	Trieste.	
22	SUBLIME, Crallicollo	»	175	3	G	10	»		»	TGR 35.
23	SUCCÈS, Naudier	»	98	3	G	20	Frç.		St.-Brieux,	R 31, 32.
24	SUCRIER-BOURBON, Rance	3-m.	425	4	L	28	»		Marseille.	RDCV 34.
25	SUDA, Cantargi	brick.	70	4	G	32	Turc.		Constantinple	
26	SUFFREN, Edou	3-m.	418	6	L	35	Frç.		Havre.	Dbrz.
27	» Lecours	brick.	246	6	A	37	»		St.-Servan.	DCV.

1	**Suffren**, Rebours	brick.	264	2	G	1816	Frç.		Binic.	
2	» Simon	3-m.	358	6	L	37	»		Nantes.	
3	**Sullievo**, Radostivich	brick.	307	4	G	19	Autr.		Lussin.	
4	**Sully**, Purchasse	c.-m.	68	3	P	16	Frç.	cc.	Sarzeau.	Rect. 32.
5	**Sultan**, Grenier	3-m.	280	6	L	37	»		Havre.	DCV.
6	**Sultana**, Canevaro	brick.	338	4	A	27	Srd.		Gênes.	DCV 38.
7	» Cassinyegna	3-m.	340	4	L	23	»	cc.	»	DCV 34.
8	» Smigua E	»	305	5	L	30	»	cc.	»	DCV 33.
9	**Sultano**, Scopinich	brick.	333	3	G	18	Autr.		Venise.	
10	**Superb**, Bonnet	3-m.	228	3	A	12	Ang.		Malte.	
11	**Superbe**, Carel	loug.	92	5	G	34	Frç.		Fécamp.	
12	» Tanguery	3-m.	398	6	L	38	»		Bordeaux.	DCV.
13	**Suzanne**, Gallia	goel.	85	4	G	23	»		St.-Brieux.	
14	» Lecorre	3-m.	300	6	A	36	»		Bordeaux.	DCV.
15	» Légal	loug.	71	5	P	31	»		Dieppe.	
16	» Letellier	bour.	60	4	P	33	»		»	
17	» Mascot	brick.	132	3	A	17	»		Calais.	GR 30, RDZ 33.
18	» Melinier	»	112	4	G	26	»		Granville.	
19	» -Marie, Brindjone	3-m.	427	3	A	02	»		Bordeaux.	RDZ 31.
20	**Suzanna**, Triscornia	»	275	6	L	37	Srd.		Gênes.	DCV.
21	**Sylphe**, Bommelaere	brick.	212	6	A	36	Frç.		Dunkerque.	DZ.
22	» Brodeau	goel.	67	6	G	38	»		Nantes.	
23	» Gobin	»	150	6	A	33	»		Bordeaux.	DCV.
24	» Labbé	»	173	6	G	37	»		Rouen.	
25	» Pivert	»	199	5	G	34	»	cc.	Nantes.	
26	**Sylphide**, Brelivet	3-m.	240	6	L	33	»		Bordeaux.	DCV.
27	» Duliot	goel.	120	6	A	37	»		Granville.	DCV.
28	» Hardy	brick.	78	4	G	20	»		Morlaix.	GR 35, 38.

Sylphide, Michaud............		brick	103	5	G	1833	Frç.			Nantes.	
» Vidal....................		»	111	6	G	38	»		cc.	Agde.	
Syrien, Grunetti............		»	180	3	G	22	»			La Ciotat.	GR 33, 35, 36, DZ 33.
Syrius, Hugues............		»	315	3	L	21	»			Marseille.	GR 33, 35, DCV 36.

1											
2											
3											
4											
5											
6											
7											
8											
9											
10											
11											
12											
13											
14											
15											
16											
17											
18											
19											
20											
21											
22											
23											
24											
25											
26											
27											
28											

S

1	
2	
3	
4	
5	
6	
7	
8	
9	
10	
11	
12	
13	
14	
15	
16	
17	
18	
19	
20	
21	
22	
23	
24	
25	
26	
27	
28	

S

1															
2															
3															
4															
5															
5															
7															
8															
9															
10															
11															
12															
13															
14															
15															
16															
17															
18															
19															
20															
21															
22															
23															
24															
25															
26															
27															
28															

S

1										
2										
3										
4										
5										
6										
7										
8										
9										
10										
11										
12										
13										
14										
15										
16										
17										
18										
19										
20										
21										
22										
23										
24										
25										
26										
27										
28										

1	Tage, Rouet	brick.	148	3	G	1812	Frç.		Morlaix.	GR 32, 37.
2	Talisman, Legougec	c.-m.	78	3	G	25	»	cc.	Vannes.	
3	» Lemaitre	brick.	150	3	G	19	»		Marseille.	GR 35.
4	Talismano, Mallalich	»	235	3	G	16	Autr.	cc.	Trieste.	GR 35.
5	Tambour, Fage	»	245	4	L	26	Frç.		Marseille.	DCV 33.
6	Tancrède, Maugras	»	180	5	A	34	»	cc.	Nantes.	DZ.
7	Tangarock, Malandravi	»	350	4	G	27	Rss.		Tangarock.	
8	Tarapia, Lemière	3-m.	296	4	A	22	Frç.		Havre.	DCV 29.
9	Tartare, David	brick.	113	6	G	37	»	cc.	Nantes.	
10	Tartaro, di-Ambrosi	»	150	6	G	35	Srd.	cc.	Gênes.	
11	Tassio, Ruggieri	»	246	3	G	21	Npl.	cc.	Naples.	
12	Tatito, Mantich	trbc.	114	5	G	29	Autr.	c.	Rovigino.	
13	Tayac, Leraistre	3-m.	209	5	L	33	Frç.		Bordeaux.	DCV.
14	Tebro, Battagliarini	brick.	325	3	G	04	»	cc.	Beaucaire.	TGR 33.
15	Te-Deum, Lefranc	»	112	5	G	35	»	cc.	Carnac.	
16	Teso, Daluz	goel.	120	6	G	37	Ptg.		Lisbonne.	
17	Telegrafo, Andrea	blc.	76	6	P	35	Esp.	cc.	Villageoso.	
18	» Centi	goel.	95	6	G	36	»	cc.	Denia.	
19	» Ragusin	brick.	227	2	A	00	Autr.	cc.	Trieste.	GRDZ 27.
20	Télégraphe, Barthélemy	»	104	4	G	26	Frç.		La Seyne.	
21	» Destanque	»	200	5	L	35	»		Bordeaux.	DCV.
22	Telemaco, Anargero	»	260	3	G	17	Grec.	cc.	Spezzia.	
23	» Serigo	»	150	3	G	16	Rss.		Odessa.	
24	» Valssamachi	»	250	3	G	18	Ion.	cc.	Zante.	
25	Télémaque, Lebian	c.-m.	78	4	G	27	Frç.	cc.	Auray.	
26	» Legoumellec	»	75	4	G	27	»	cc.	Sarzeau.	
27	» Marion	»	78	5	G	31	Autr.	cc.	Trieste.	
28	» Roussel	»	65	3	P	17	Frç.	cc.	Vannes.	

1	TÉLÉMAQUE, Savarion.	brick.	173	4	G	1825	Frç.		Nantes.	
2	TEMPIO, Sterchich.	»	440	4	G	25	Autr.	cc.	Venise.	
3	TEMPS, Follange.	»	194	3	G	19	Frç.		St.-Malo.	
4	TEOFILO, Bianchi.	»	289	5	G	32	Autr.		Trieste.	
5	TEODORICO, Dagnino.	»	260	2	A	22	Srd.	cc.	Gênes.	DZ 34.
6	TEODORO, Vucassovich.	»	265	4	G	26	Rss.		Odessa.	
7	TERESA, Schiaffino.	»	115	2	G	18	Srd.	cc.	Gênes.	
8	» -CUBANA, Madariaga.	3-m.	350	4	A	31	Esp.		Havane.	DCV 33.
9	TERESINA, Correon.	brick.	163	4	G	22	Scl.		Palerme.	
10	TERRE-DE-FEU, Delbeck.	3-m.	386	5	L	32	Frç.		Bordeaux.	DCV 37.
11	TERRE-NEUVIER, Bequet.	»	219	6	G	34	»		Dieppe.	
12	TERRIBLE, Castellano.	brick.	172	3	G	22	Npl.	cc.	Naples.	
13	» Millossevich.	»	345	4	A	22	Autr.	cc.	Trieste.	DCV 34.
14	TESEO, Cacasse.	»	260	3	G	22	Npl.	cc.	Naples.	
15	» Teista.	»	150	3	G	20	Autr.	cc.	Trieste.	
16	TESORO, Guirovich.	»	310	4	G	22	»		»	
17	TETI, Angioli.	»	232	4	G	23	Srd.		Gênes.	
18	TETIS, Perango.	»	180	4	A	27	Tsc.		Livourne.	DZ-GR 38.
19	TEVÈRE, Petarovich.	»	285	4	G	26	Autr.	cc.	Trieste.	
20	THALIE, Damourette.	»	223	4	A	26	Frç.		Nantes.	DCV 30.
21	THAUMATURGE, Rivaux.	houg.	78	4	G	27	»		Noirmoutier.	GR 37.
22	THÉLAIRE, St.-Quentin.	3-m.	293	6	L	35	»		Nantes.	DCV.
23	THÉMIRE, Sauvregis.	»	296	4	L	26	»		»	DCV 33, R 35.
24	THÉMIS, Berniba.	»	270	5	G	32	Grec.		Spezzia.	
25	» Lebreton.	brick.	190	4	G	27	Frç.		Binic.	R 36.
26	» Canstardi.	»	130	3	G	27	Grec.		Syra.	
27	THÉMISTOCLE, Amadeo.	»	256	3	G	16	Npl.	cc.	Naples.	
28	» Amaziati.	»	310	5	G	36	Grec.		Spezzia.	

1	THÉMISTOCLE, Bollo J.-A.	3-m.	289	4	A 18	23	Srd.		Gênes.	DCV.
2	» Cafaro	brick	194	3	G	20	Ang.		Malte.	
3	» Cevasco	»	230	4	A	22	Srd.		Gênes.	DCV. 32.
4	» Cuci	»	155	5	G	36	Grec.		Ydra.	
5	» Fava	3-m.	330	2	G	12	»		»	
6	» Gazzole	brick	176	6	G	36	Srd.	cc.	Gênes.	
7	» Merello	»	240	3	G	19	»		»	
8	» Papa Petro A.	»	130	3	G	30	Grec.		Ydra.	
9	» Rouet	»	133	6	G	38	Frç.	cc.	Nantes.	
10	» Verat	»	95	2	P	28	Grec.	cc.	Serra.	
11	» Voglia	»	195	4	G	28	»	cc.	Scopola.	
12	» -E-STO.-ANTONIO, Argento	»	154	4	G	25	Srd.		Gênes.	
13	THÉODORE, Benoît	br.-g.	76	5	G	33	Frç.	cc.	Agde.	
14	» Bouchard	brick	109	3	G	16	»		Croisic.	GR 31.
15	» Cobert	3-m.	305	3	L	04	»		Havre.	GRDCV 37.
16	» Desaux	loug.	73	6	G	37	»		Caen.	
17	» Leroux	brick	78	4	A	28	»		St.-Malo.	DZ 31.
18	» Noël	»	190	4	A	27	»		»	GRDZ feut. 38.
19	» -ANGÉLINA, Billet	loug.	80	5	G	30	»		Nantes.	
20	» -ET-EUGÈNE, Pinard	brick	280	4	L	29	»		Bordeaux.	DCV 36.
21	THEOLOGO, Couci	»	210	6	G	36	Grec.		Spezzia.	
22	THÉOPHANIE, Vallat	»	180	3	G	16	Frç.		Marseille.	DZ 32.
23	THÉOPHILE, Consolat	»	125	6	A	33	»		»	DZ 36.
24	» Heurtaud	c.-m.	77	3	P	22	»	cc.	Vannes.	
25	» Martin	ttn.	98	5	P	32	»		Arles.	
26	» Nosten	brick	195	6	G	33	»		Dunkerque.	
27	THÉRÈSE, Flaugère	ttn.	69	4	P	28	»		La Nouvelle.	
28	» Joubert	loug.	75	5	G	33	»		La Rochelle.	

1	**Thérèse**, Sacher	brick.	98	1	G	1802	Frç.		Croisic.	
2	» -**Hortense**, Mouren	bb.	53	3	P	21	»		Antibes.	R 38.
3	» -**et-Louise**, Carbonnet	brick.	186	4	A	22	»		Marseille.	DZ 35.
4	**Thérésine**, Gimier	1tn.	70	3	P	33	»	cc.	Nouvelle.	
5	» Luco	brick.	193	4	A	25	»		Bayonne.	DZ 31.
6	**Thomas-Emilio**, de Suazo	»	150	5	A	34	Esp.		Havane.	DCV 36.
7	**Tibre**, Agara	»	120	4	A	06	Frç.		Marseille.	TGR DZ 38.
8	**Timoléon**, Apostoli	»	300	5	G	30	Grec.	cc.	Syra.	
9	**Timon**, Gazzolère	»	70	4	P	26	»		»	
10	**Tircis**, Payan	»	107	1	P	16	Frç.		Marseille.	R 38.
11	**Tirdonne**, Dottone	bat.	55	5	G	38	Tsç.	cc.	Livourne.	
12	**Tiridate**, Vernich	brick.	217	3	G	18	Autr.		Trieste.	
13	**Tirolèse**, Veronne	»	228	4	G	26	»	cc.	Venise.	
14	**Titan**, Comte	»	168	6	A	36	Frç.		Bordeaux.	DCV.
15	**Tito**, Cacasse	»	271	6	G	37	Npl.	cc.	Naples.	
16	» Commovito	»	180	3	G		Autr.		Venise.	
17	» Piscovo	»	380	4	G	26	Npl.		Naples.	
18	**Titus**, Larcheveau	»	137	5	G	34	Frç.	cc.	Bordeaux.	
19	» Lemerle	»	154	6	G	37	»		Nantes.	
20	**Toimi**, Durchand	br.-g.	140	2	G	13	Rss.		Brahestadt.	GR 26.
21	**Toimmahs**, Josse	brick.	89	5	G	32	Grec.	cc.	Ydra.	
22	**Tollerante**, Campi	»	190	1	G	14	Srd.		Gênes.	
23	» Pittaluga	»	206	4	A	28	»	cc.	»	DCV 32, R 34.
24	**Tommy**, Millasinovich	»	360	4	A	26	Autr.		Venise.	DZ 35.
25	**Toncika**, Chersanaz	3-m.	400	4	A	25	»		Trieste.	DCV 37.
26	**Topaze**, Opoix	»	372	6	L	36	Frç.		Nantes.	DCV.
27	**Toporica**, Gazoulte	goel.	64	5	P	30	Esp.	cc.	Valencc.	
28	**Torquato-Tasso**, di-Martino	brick.	200	3	A	25	Npl.		Naples.	DZ 30.

1	TOSCANA, Massa	goel.	71	4	G	1827	Tsc.		Livourne.	
2	» Pittaluga	brick.	266	4	G	19	Autr.		Trieste.	GR 32.
3	TOUR-DE-GRUISSAN, Rival	goel.	90	6	G	37	Frç.	cc.	Gruissan.	
4	TOULONNAIS,	bat.	29	4	P	27	»		Toulon.	
5	TOULONNAISE, Such	»	29	4	P	25	»		»	
6	TOURNEUR, Triol	br.-g.	69	4	G	29	»	cc.	Agde.	Alg. 35.
7	TOURVILLE, Farousse	3-m.	361	4	A	18	»		Havre.	DZ 35.
8	» Guedon	»	244	4	A	31	»		»	DZ 35.
9	» Pigaux	»	350	5	L	33	»		»	DCV 36.
10	TRAFALGAR, Raggio	brick.	266	3	G	21	Srd.		Gênes.	
11	TRAJANO, Lanteri	3-m.	350	4	G	25	Autr.	c.	Fiume.	
12	» Tabacchi	trbc.	84	4	G	26	»	c.c.	Trieste.	
13	TRANSFIGURATION, Richaud	ttn.	75	6	P	35	Frç.		Martigues.	
14	TRANSMERANO, De Sarachaga	br.-g.	200	5	A	36	Esp.		St.-Ander.	DCV.
15	TRASIBULO, Fiandrini	trb.	110	2	G	07	Rom.		Ancône.	
16	TRAZAS, Lameau	brick.	165	4	A	29	Frç.		Bordeaux.	DZ 37.
17	TRE-ADELFI, Chelmi	»	130	4	G	31	Grec.	cc.	Céfalonie.	
18	» -AMICI, Caffiero	3-m.	307	3	A	24	Npl.		Naples.	
19	» » Pito	brick.	279	3	G	02	Tsc.		Livourne.	GR 26, 29, 35.
20	» -CUGINI, Perovich	»	290	3	A	07	Autr.		Trieste.	GR 30, RDZ 36.
21	» -FRATELLI, Bertolusso	3-m.	580	4	L	28	Srd.		Gênes.	DCV 35.
22	» » Chez	brick.	124	5	G	31	Grec.	cc.	Syra.	
23	» » Daudries	»	88	5	G	34	Srd.		Gênes.	
24	» » Otto	bat.	36	6	P	35	»		»	
25	» » Recagno	brick.	105	2	G	16	»		»	GR 24.
26	» » Zess	»	160	3	G	29	Grec.		Syra.	
27	» -GRAZIE, Damereni	goel.	70	5	G	35	Tsc.	c.	Livourne.	
28	» -RE-MAGI, Maresca	brick.	232	3	G	20	Npl.		Naples.	

1	TRE-SANTI, Teterin	brick.	199	2	G	1822	Rss.		Khersona.	
2	» -SORELLI, Carpenna	»	98	4	G	24	Tsc.		Livourne.	Exh. 26, GR 32.
3	» » Manfronni	»	130	5	G	28	»		»	
4	TREPHINE, Lepamelec	c.-m.	78	6	G	37	Frç.	cc.	Sarzeau.	
5	TRES-AMICOS, Macorni	brick.	180	5	G	36	Esp.		Mahon.	
6	» -HERMANOS, Decortina	goel.	100	5	A	31	»		Bilbao.	DCV.
7	TRÈS-Ste.-TRINITÉ, Mattei	bat.	40	4	P	30	Frç.		Marseille.	
8	» » » -ET-Ste.-ANNE, Angeli	brick.	98	3	G	18	»		St.-Laurent.	
9	TRIDENT, Bompart	loug.	79	4	G	30	»		Sables.	
10	» Gouel	3-m.	331	5	L	32	»		Nantes.	DCV, feut.
11	» Moulinet	»	310	6	L	37	»		Bordeaux.	DCV.
12	TRINITÉ, Bettus	»	309	5	L	29	»		»	DCV.
13	» Livé	bb.	39	4	P	28	Esp.	c.	Mayorque.	
14	» Riolani	»	52	2	P	20	Frç.		Santuari.	
15	» -Ste.-ANNE, Catonni	»	97	2	P	17	»		Rogliano.	
16	TRIONFANTE, Albanese	brick.	144	4	G	27	Ang.		Malte.	
17	TRIONFO, Berberovich	»	240	4	G	25	Autr.		Trieste.	
18	» Brigento	br.-g.	177	6	G	37	Srd.	cc.	Camogli.	
19	» Dagnino	brick.	200	3	G	20	»		Gênes.	
20	» -ORIENTALE, Perodi	3-m.	200	4	L	29	Brsl.		Montevideo.	DCV 35.
21	TRIONFANTE, Cappala	brick.	206	4	G	27	Npl.	c.	Naples.	
22	» Muzzio	»	131	4	G	29	Srd.	cc.	Gênes.	
23	TRIOMFE, Barbarovich	»	204	3	G	22	Autr.		Trieste.	
24	TRIQUETRA, Donato	»	150	4	G	27	Scl.		Messine.	
25	TRITON, Beck	3-m.	407	6	L	34	Frç.		Bordeaux.	DCV.
26	» Duport	brick.	122	4	G	25	»		Nantes.	
27	» Gueguen	»	119	3	G	25	»		St.-Malo.	
28	» Houssais	»	133	3	A	05	»		Havre.	DZ 34, GR 35, 36.

1	Triton, Juliot	3-m.	315	4	L	1821	Frç.		Nantes.	DCV 30.
2	Tritonne, Dottone S	blc.	54	4	P	26	Tsc.	cc.	Livourne.	
3	» Manoludi	brick.	155	4	G	27	Grec.	cc.	« Syra.	
4	» Pons	goél.	70	3	G	14	Esp.	cc.	Barcelonne.	GR 23.
5	» Sambas	»	46	2	P	12	»	cc.	« »	
6	» Sargosso	blc.	71	4	G	30	»	cc.	Carthagène.	
7	» Ventura	br.-g.	72	3	G	14	»	cc.	Barcelonne.	GR 29.
8	Trois-aimables-Soeurs, Granier	»	105	3	A	15	Frç.		Marseille.	DZ 30.
9	» -Amis, Angot	dog.	71	4	G	31	»		St-Valery.	R. 38.
10	» » Brébois	ttn.	50	5	P	30	»		Seyne.	
11	» » Brutin	brick.	101	5	G	34	»	cc.	Honfleur.	
12	» » Cuqzin		180	3	A	20	»		Cherbourg.	DZ 34.
13	» » Delaunay	dog.	93	4	G	25	»		Nantes.	
14	» » Gibert	brick.	130	6	G	37	»		Marseille.	
15	» » Hamelin	dog.	67	4	P	24	»		Cherbourg.	
16	» » Lezambre	brick.	116	2	G	15	»		Granville.	
17	» » Livret	ttn.	62	5	P	33	»		Marseille.	
18	» » Peirono	brick.	218	3	G	23	»	cc.	« »	R. 38.
19	» » Voisard		106	6	G	34	»	cc.	Honfleur.	
20	» » -réunis, Matéreau	dog.	93	3	G	25	»		Nantes.	
21	» -Angélique, Henri	brick.	117	4	A	26	»	cc.	Lorient.	DCV 30, GR 38.
22	» -Fils, Surzur	c.-m.	74	4	G	27	»	cc.	Nantes.	
23	» -Frères, Autier	3-m.	250	6	L	37	»		Marseille.	DCV 38.
24	» » Bérigaud	c.-m.	67	3	P	23	»		« Auray.	
25	» » Blazie	brick.	170	6	A	35	»		Marseille.	DCV 36.
26	» » Cérignan	c-m.	79	4	G	25	»			
27	» » Coriton	»	78	4	G	26	»		Quiberon.	
28	» » Debackea	dog.	79	2	G	15	»		P. en Besse.	GR 28, R 34.

1	**Trois-Frères**, Fabre	bat.	29	4.	P	1826	Frç.	cc.	Martigues.	
2	» » Henri	brick	77	4.	G	29	»		Nantes.	
3	» » Lefort	»	171	4.	A	26	»		St-Malo.	GRDZ 37.
4	» » Lequellec	dog.	68	3.	P	27	»	cc.	Granville.	
5	» » Lerochelli	c.-m.	69	3.	P	23	»	cc.	Vannes.	
6	» » Mahé	»	112	5.	G	32	»	cc.	Mariaquer.	
7	» » Sybelle	bat.	29	4.	P	25	»	cc.	Martigues.	
8	» » Trévédic	c.-m.	81	2.	P	15	»	cc.	Vannes.	
9	» » Valéry	br.-g.	77	5.	G	33	»		Bastia.	
10	» -**Jean-Baptiste**, Boye	brick	214	6.	A	36	»		Marseille.	DCV. 37.
11	» -**Louise**, Ottin	c.-m.	75	4.	G	28	»		Vannes.	
12	» -**Monts-rouges**, Bérenguié	3-m.	387	3.	L	25	»		Marseille.	GRDCV. 36.
13	» **Soeurs**, Bernard	goel.	110	4.	A	28	»		Havre.	RDZ 29.
14	» » Bonnot	bat.	50	4.	P	29	»	cc.	Nouvelle.	
15	» » Coulomb	ttn.	70	5.	P	30	»		Seyne.	
16	» » Evaillard	brick	63	2.	P	16	»		St-Brieux.	
17	» » Ferrat	ttn.	57	5.	P	33	»		Antibes.	
18	» » Gimié	»	70	4.	P	28	»	cc.	Nouvelle.	
19	» » Mahé	c.-m.	77	6.	G	38	»	cc.	Mariaquer.	
20	**Tropique**, Roux	brick	232	4.	L	25	»		Bordeaux.	DCV 36.
21	**Turenne**, Masset	3-m	284	6.	G	38	»	cc.	Rouen.	
22	**Turia**, Gazouil	goel.	80	5.	G	30	Esp.	cc.	Valence.	
23	**Turlute**, Letellier	brick	124	4.	G	29	Frç.		Granville.	
24	**Typhis**, Guyot	»	147	4.	G	25	»	cc.	Vannes.	
25										
26										
27										
28										

1
2
3
4
5
6
7
8
9
10
11
12
13
14
15
16
17
18
19
20
21
22
23
24
25
26
27
28

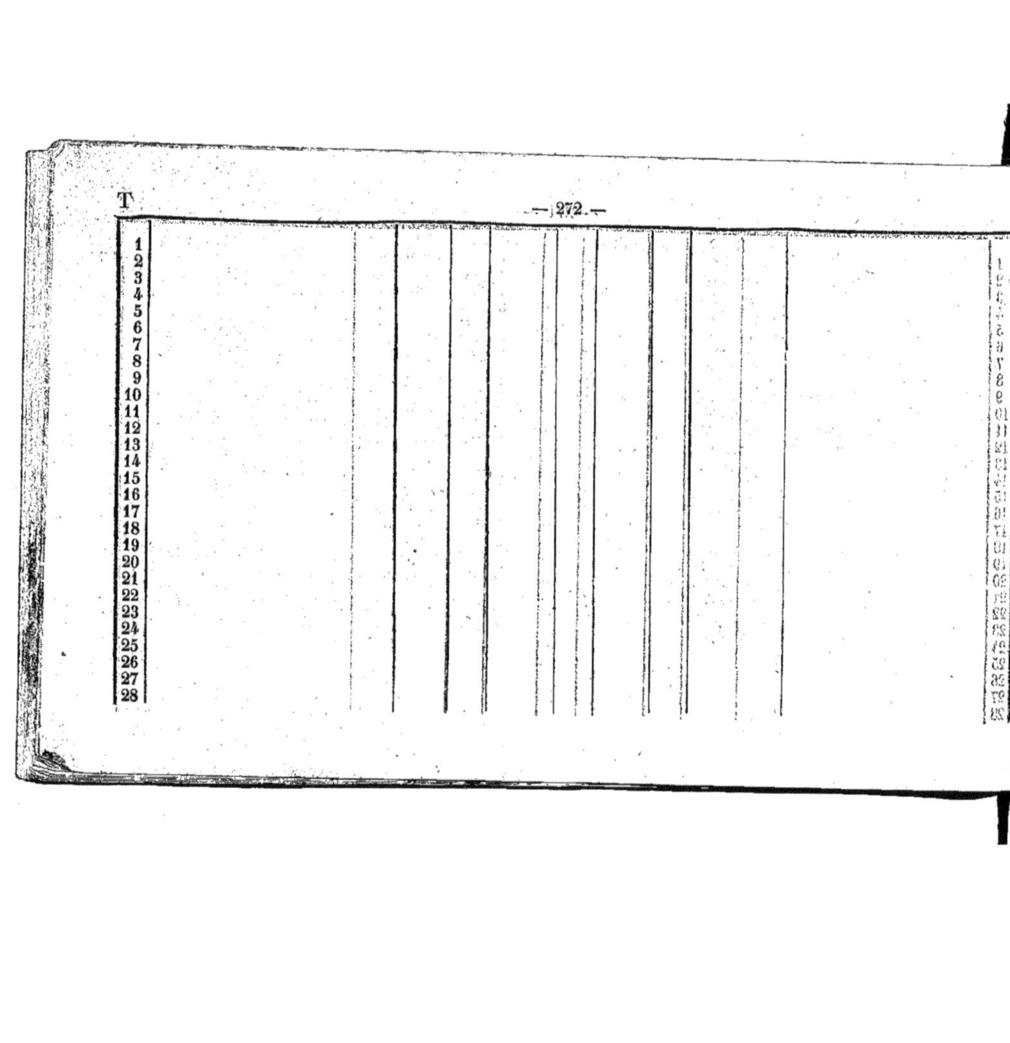

1													
2													
3													
4													
5													
6													
7													
8													
9													
10													
11													
12													
13													
14													
15													
16													
17													
18													
19													
20													
21													
22													
23													
24													
25													
26													
27													
28													

1	UDINESE, Berange	br.-g.	120	4		G	1826	Autr.	cc.	Venise.	
2	ULYSSE, Cacace	brick.	247	2	«	G	16	Npl.	c.	Naples.	
3	» Caffero	»	231	2	«	G	18	»		»	
4	» Chauvelon	c.-m.	76	4	«	G	27	Frç.		Nantes.	
5	» Demore	3-m.	420	4	«	A	23	Srd.		Gênes.	GRDCV 36.
6	» Dodero	brick.	277	3	«	G	18	»	cc.	»	
7	» Elya	»	150	4	«	G	31	Grec.	c.	Syra.	
8	» Grout	»	116	5	«	G	34	Frç.	cc.	Rouen.	
9	» Larcheveau	loug.	78	4	«	G	29	»	cc.	Royan.	
10	» Michel	brick.	198	3	«	G	25	»		St.-Malo.	
11	» Valsamachi	»	461	4	«	G	30	Rss.	cc.	Odessa.	
12	» Voco	»	300	1	«	G	15	Grec.	c.	Ydra.	
13	UMILE, Battaglioni	»	160	2	«	G	12	Rss.		Odessa.	
14	» Franovich	»	275	3	«	G	02	Autr.	c.	Trieste.	GR 26.
15	UMILTA, Cafiero	»	222	2	«	G	20	Scl.		Messine.	
16	» Roiz de Nova	goel.	135	5		G	30	Ptg.		Oporto.	
17	» -VERA, Quintavalle	brick.	192	4	«	G	25	Autr.		Venise.	
18	UNGARO, Randich	»	260	4		G	23	»	cc.	Fiume.	
19	UNI, Meriel	»	183	4		G	22	Frç.		Rouen.	
20	» Morée	loug.	75	5	«	G	30	»		Dieppe.	
21	UNION, Alix	»	110	4		G	24	»		« »	
22	» Beranger	brick.	129	3		G	21	»		Rouen.	
23	» Bomelacre	»	205	6	«	G	37	»		Dunkerque.	
24	» Breynares	goel.	88	4	«	G	22	»		»	GR 37.
25	» Cadet	brick.	139	3		G	22	»		St.-Servan.	GR 38.
26	» Carpentier	cutt.	60	5		G	32	»		Dunkerque.	
27	» Demande	3-m.	520	6		L	37	»		Bordeaux.	DCV
28	» Giteau	dog.	72	5		G	30	»	cc.	Nantes.	

1	UNION, Haupoix	brick.	164	4	G	1825	Frç.		Bordeaux.		
2	» Isnard	bb.	80	5	G	32	»		Agde.		
3	» Joubert	goel.	72	1 «	P	07	»	c.	Redon.		
4	» Kersulie	loug.	78	6	G	36	»		St.-Valery.		
5	» Legallier	dog.	79	4	G	24	»		Caen.		
6	» Lemière	brick.	180	3 «	A	18	»		Havre.	DCV.	
7	» Marenne	3-m.	193	5	G	34	»		Fécamp.		
8	» Masson	goel.	60	4	P	25	»		Brest.		
9	» Michel	brick.	77	5 «	G	33	»		Binic.		
10	» Morée	loug.	110	3 «	G	27	»		Dieppe.		
11	» Rosé	brick.	79	4	G	29	»		St.-Malo.		
12	» Silvestre	dog.	60	3	P	25	»	cc.	Belle-Ile.		
13	» Suchet	bb.	107	3	G	07	»		Marseille.	GR.30.	
14	» Terrami	goel.	82	4	G	22	»		Maccinaggio	R.34.	
15	» Vachie	alg.	110	6	P	37	»	cc.	Arles.		
16	UNIONE, Bavastro	brick.	360	5	L	29	Srd.		Gênes.	DCV.	
17	» Cassola J.-B.	»	125	2	G	15	»	cc.	»		
18	» Di Arana	»	145	4 «	A	29	Esp.		Bilbao.	DCV.	
19	» Ferrendino	»	235	5	G	31	Srd.		Gênes.		
20	» Lafrancho	»	160	4 «	G	22	»		Savonne.		
21	» Laura	»	250	4 «	G	25	Npl.		Naples.		
22	» Mayenne	»	264	5 «	G	33	Srd.		Gênes.		
23	» Mortola	br.-g.	156	6 «	G	36	»		»		
24	» Rossi	brick.	220	6 «	G	36	»		»		
25	» Victory	3-m.	220	3 «	A	20	Esp.		Barcelonne.	DCV.	
26	» -FELICE, Cambardella	brick.	355	4 «	A	27	Npl.	c.	Naples.		
27	» -FRATERNA, Lavezzari	»	120	3 «	G	20	Srd.	cc.	Gênes.		
28	» -SEMPITERNA, Lubrano	»	138	2 «	P	18	Tsc.	cc.	Livourne.		

1	UNITÉ, Henon	brick.	186	5	G	1834	Frç.	cc.	St.-Malo.	
2	UNIVERSEL, Savary	3-m.	319	4 «	L	35	»		Havre.	DCV 33.
3	UOMO-GRAZIATO, Tomich	brick.	351	5 «	G	29	Autr.	c.	Venise.	
4	URANIE, Dudoit	3-m.	245	3 «	A	16	Frç.		St.-Malo.	
5	» Legain	c.-m.	76	3 «	G	23	»	cc.	Sarzeau.	
6	» Leroux	brick.	152	3 «	A	18	»		Morlaix.	GRDZ 38.
7	» Tourry	3-m.	250	3 «	A	17	»		Bordeaux.	RDCV 37.
8	» -ET-VIRGINIE, Michellon	ttn.	80	6 «	P	37	»		La Seyne.	
9	URANO, Bellando	brick	325	2	A	00	Srd.		Gènes.	DCV 28.
10	URSIN, Lando	»	230	4	A	26	Frç.		Havre.	DVC 35, R 37,
11	URAGUAY, Coulomb fils	»	234	4	A	26	»		Marseille.	R 34, DCV 37.
12	UTILE, Arondel	3-m.	142	3	G	00	»		Granville.	GR 28, 33.
13	» Boutinot	brick.	60	3	P	15	»		Bordeaux.	GR 37.
14	» Corric	»	67	4	P	26	»		Port-Launay	
15	» Lalanne	»	79	4 «	G	25	»		Bordeaux.	
16										
17										
18										
19										
20										
21										
22										
23										
24										
25										
26										
27										
28										

1	VAILLANT, Ardor	loug.	65	5	P	1829	Frç.		Bordeaux.	
2	» Fabre	3-m.	400	6	L	36	»		»	DCV.
3	» Kerno	brick.	129	2	G	26	»		Caudebec.	Exh. Alg. 28, GR 36.
4	» Mouillé	goel.	70	4	G	27	»		Bordeaux.	
5	» Prentoux	3-m.	379	4	L	29	»		Havre.	Dbrz 34, R 36.
6	» -BASQUE, Lubbert	»	292	6	L	38	»		Bordeaux.	DCV.
7	VALARIENNE, Langlais	ttn.	80	6	P	35	»	cc.	Antibes.	
8	VALERICAIN, Lelong	brick.	70	5	G	34	»		St.-Valery.	
9	VAILLERISTRA, Caboury	»	80	4	G	29	Grec.	cc.	Syra.	
10	VALDOR, Querré	3-m.	384	3	L	16	Frç.		Bordeaux.	RDCV 33, R 35.
11	VALENTE, Gambin	brick.	136	4	G	27	Ang.		Malte.	
12	» -NICCOLINO, Massone	»	167	5	G	31	Srd.		Gênes.	
13	VALOROSA, Bisso	3-m.	300	6	L	36	Esp.		Malaga.	DCV.
14	VAR, Roustand	br.-g.	100	6	G	35	Frç.		Cannes.	
15	VARACRUZANA, Mony	3-m.	143	6	A	36	»		Bordeaux.	DCV.
16	VELOCE, Azopardi	brick.	130	5	G	31	Angl.		Malte.	
17	» Blazinich	»	184	4	A	25	Autr.		Trieste.	DCV 31.
18	» Bunta	br.-g.	70	6	G	37	Srd.		Gênes.	
19	» Camparini	ncv.	45	5	P	34	Tsc.	cc.	Livourne.	
20	» Cardi	brick.	116	4	G	29	Srd.		Gênes.	
21	» Catharineau	»	150	3	A	17	Frç.		Bordeaux.	DCV 30, R 33.
22	» Dodero	»	200	4	G	27	Srd.	cc.	Gênes.	
23	» Fidanza	»	110	4	G	25	»	cc.	»	
24	» Persano	»	148	3	A	21	»		»	R 32, DCV 34.
25	» Pigeon-blanc	»	153	6	A	33	Frç.		St.-Malo.	DCV 35.
26	» Passano J.-B.	»	130	2	G	16	Esp.	cc.	Cadix.	
27	» Raffano	»	116	5	A	33	Scl.		Messine.	DCV 34.
28	» Raffo	»	131	4	G	26	Srd.		Gênes.	

1	**Veloce**, Ragnini	trb.	64	4	G	1826	Rom.	cc.	Singgaglia.	
2	» -**e-Madona-di-Mortola**, Coppola	brick.	173	2	G	16	Npl.	cc.	Naples.	
3	**Vélocifère**, Aubert	3-m.	244	2	G	26	Frç.		Marseille.	
4	**Veloz**, Gallart	cut.	50	3	P	18	Esp.	cc.	Valence.	GR 28.
5	» Saragosse	goel.	66	6	G	33	»	cc.	Villageoso.	
6	» -**Manella**, Briet	3-m.	280	6	L	35	Frç.		Bordeaux.	DCV.
7	**Venere**, Guccione	brick.	90	4	G	28	Scl.		Palerme.	
8	» Paggioti	»	106	4	G	28	Grec.	cc.	Spezzia.	
9	**Venette**, Lepan	c.-m.	70	2	P	15	Frç.	cc.	Vannes.	
10	**Venezia-Risola**, Ballarino	trbc.	154	3	G	22	Autr.	cc.	Venise.	
11	**Venoge**, Ghersa	brick.	385	R		00	»		Trieste.	GR 24.
12	**Vénus**, Joly	loug.	90	3	P	15	Frç.		Dieppe.	GR 25.
13	» Rouquette	ttn.	60	5	P	34	»	cc.	Narbonne.	
14	» Sensat	br.-g.	110	4	A	31	Esp.	cc.	Masno.	DCV 34.
15	**Vergine-del-Carmime**, Ferrara	brick	234	4	G	24	Npl.		Naples.	
16	» -**delle-Grazie**, Gassia	»	132	2	G	08	Scl.		Syracuse.	
17	» -**della-Guardia**, Chiozza	bb.	118	2	G	17	Srd.		Gênes.	
18	» -**de-la-Guet**, Medecin	brick.	130	R		05	»	cc.	Nice.	
19	» -**di-Sta.-Laura-Sto.-Chris-**									
20	**toforo**, Caffiero	»	240	4	G	27	Npl.		Naples.	
21	**Veri-Amici**, Bava	brick.	129	3	G	22	Srd.	cc	Gênes.	
22	» Rocci	»	120	3	G	16	»		Lidem.	GR 29.
23	» Torre	3-m.	600	3	A	15	»		Gênes.	GR 30, DCV 32.
24	» Trojani	brick.	217	4	A	25	Tsc.		Livourne.	DCV 29.
26	**Véronique**, Daunic	c.-m.	96	4	G	28	Frç.	cc.	Trinité.	
26	» Fabre	br.-g.	127	4	G	26	»		Marseille.	GR 34, R 36.
27	**Vertu**, Celly	brick.	158	4	A	27	»	cc.	Cette.	DZ 34.

1	Vertu, Gazzalo	brick.	180	4	G	1825	Srd.		Gênes.	......
2	» Granier	ttn.	63	3	P	16	Frç.		Marseille.	
3	Vertueux, Roussel	c.-m.	90	3	G	24	»	cc.	Port-Navalo	R 33.
4	Visitation, Cafelais	bat.	58	6	P	36	»		Martigues.	
5	Vespiccio, Cotronea	brick.	238	6	G	35	Scl.		Messine.	
6	Vesuvio, Lauro	»	250	4	G	31	Npl.	cc.	Naples.	
7	Vezzoso, Morino	brick.	290	4	G	25	Autr.	cc.	Trieste.	
8	Vice-Amiraglio-d'Austria; Parovich	goel.	120	4	G	26	»		»	
9	Victoire, Bourgeois	brick.	78	4	G	31	Frç.	cc.	St.-Valery.	
10	» Danet	c.-m.	65	2	P	15	»	cc.	Carnac.	
11	» Daniel	goel.	99	4	G	26	»		Lorient.	R 32.
12	» Farant	ttn.	66	2	P	00	»		Antibes.	GR 27.
13	» Faverol	dog.	73	2	G	05	»		Charente.	Rect. 26.
14	» Gorget	brick.	103	6	G	37	»	cc.	Dinan.	
15	» Legallen	»	76	5	G	33	»		Bayonne.	
16	» Leroux	3-m.	329	4	L	27	»		Havre.	DCV.
17	» Leroy	brick.	79	4	A	28	»		Nantes.	DZ 35.
18	» Loget	c-m.	73	2	P	13	»		Port-Navalo.	R 29.
19	» Marianne	brick.	182	2	G	17	»		Morlaix.	GR 26.
20	» Mauve	»	74	4	G	24	»		Bordeaux.	
21	» -Eugène, Flambart	goel.	77	6	G	35	»	cc.	Cherbourg.	
22	» -Eugénie, Magnan	»	68	6	G	36	»		St.-Valéry.	
23	» -Fortunée, Gilly	bb.	90	4	G	26	»	c.	Marseille.	GR 37, 38.
24	» -et-Lise, Seignac	3-m.	360	4	L	27	»		Bordeaux.	DCV 34.
25	» » -Zoé, Thomas	loug.	96	3	G	24	»		»	R 37.
26	Victor, Bonhomme	brick.	221	6	A	34	»		Dieppe.	DZ 37.
27	» Carnevon	3-m.	245	6	L	35	»		Marseille.	DCV.

1	VICTOR, Exmelin	goel.	78	6	G	1837	Frç.		Honfleur.	
2	» Garil	brick.	240	3	A	15	»		Martinique.	DCV 34.
3	» Heroult	3-m.	268	4	L	27	»		Havre.	RDCV 34.
4	» Potel	brick.	150	3	G	17	»		Dieppe.	R 28, 33, 34.
5	» Saillant	»	228	4	A	29	»		Nantes	DZ 31.
5	» -ET-FÉLICITÉ, Lieutaud	3-m.	342	4	L	23	»		Marseille.	DCV 29.
7	VICTORIA, Anglada	brick.	247	4	G	23	Npl.		Naples.	
8	» Di Martino	»	145	4	G	25	Esp.		Barcelonne.	Exh. 32.
9	VICTORIEUX, Dormier	3-m.	169	5	G	34	Frç.		Bayonne.	
10	» Legougnec	c-m.	76	3	G	24	»	cc.	Vannes.	
11	» Ouquet	»	77	3	G	27	»	cc.	»	
12	VICTORIN, Reboul	brick.	115	3	A	15	»		Toulon.	GRDZ 36.
13	VICTORINA, Poggi	bb.	110	6	G	37	Srd.	cc.	Gênes.	
14	VICTORINE, Aubrée	3-m.	250	6	G	37	Frç.	cc.	Honfleur.	
15	» Exmelin	dog.	110	6	G	37	»		Rouen.	
16	» Gautret	brick.	218	5	L	29	»	cc.	Nantes.	DCV.
17	» Rivet	dog.	75	4	G	27	»		»	
18	» Salvy	brick.	170	6	A	37	»	cc.	Bordeaux.	DCV.
19	» -ELISA, Amelin	dog.	100	3	G	30	»		Boulogne.	
20	» -ET-LOUISE, Pons	ttn.	66	3	P	16	»	cc.	Narbonne.	GR 34.
21	VIENESE, Dapcevich	brick.	240	3	G	21	Autr.		Trieste.	
22	VIERGE-DE-GRACE, Orasse dit Palmaro	bat.	26	6	P	38	Srd.	cc.	Menton.	
23	» -DE-BON-SECOURS, Rouquette	ttn.	52	2	P	16	Frç.	cc.	Narbonne.	
24	» » » -VOYAGE, Denis	alg.	106	3	P	1797	»		Antibes.	Rect. 29, R 34.
25	» » » » Hardy	brick.	230	4	P	1830	»		Marseille.	DZ 32.
26	» » » » Naud	»	131	4	A	25	»		»	DZ 30.
27	» » » -RENCONTRE, Mauche	bat.	28	4	P	27	»		Arles.	

1	VIERGE-DE-LA-CROIX, Gavala...	brick.	260	3	G	1827	Grec.		Santorin.	
2	» » » -GARDE, Bonneau..	bb.	112	6	G	37	Frç.	cc.	St.-Tropez.	
3	» » » » Guerbir......	bat.	50	4	P	28	»		Marseille.	
4	» » » » Guerroire.....	»	29	5	P	30	»		»	
5	» » » » Rachoux.....	»	53	4	P	26	»	cc.	Narbonne.	
6	» » » -GUET, Roglial....	»	42	2	P	21	»		St.-Tropez.	
7	» » » » Spinelli......	bb.	68	3	G	18	»	cc.	Marseille.	
8	» » » -MISÉRICORDE, Sucini..................	bat.	39	4	P		»	cc.	Bonifacio.	TGR 33.
9	» -DES-CARMES, Rogliano....	ttn.	42	4	P	27	»	cc.	Bastia.	
10	» » ANGES, Michon.........	alg.	87	4	P	1799	»	cc.	Arles.	Rect. 33.
11	» -DU-GUÉ, Toucois.........	bat.	29	4	P	1828	»		Seyne.	
12	» » -ROSAIRE, Delpiano....	ttn.	40	3	P	22	»		Marseille.	
13	» » » Orsini..............	br.-g.	85	4	G	29	»		»	
14	» -PUISSANTE, Blin..........	brick.	240	4	L	22	»		»	DCV 29.
15	VIF, Berthaud..................	c.-m.	62	4	P	25	»		St.-Malo.	
16	VIGEAN, Laroque................	brick.	123	5	A	35	»		Bordeaux.	DZ.
17	VIGIE, Closneuf................	»	238	6	G	37	»	cc.	St.-Malo.	
18	VIGILANT, Amiel................	»	77	4	G	28	»		Trequier.	
19	» Blanconnier...............	loug.	72	3	G	25	»		La Rochelle.	
20	» Garagnon..................	brick.	265	4	L	26	»	cc.	Marseille.	RDCV 34.
21	» Jubel.....................	bb.	73	3	G	14	»		Agde.	GR 34.
22	» Langhetée.................	gls.	68	5	G	31	»		Dunkerque.	
23	» Leconniat.................	brick.	138	4	G	28	»		Trequier.	
24	» Lefebvre..................	loug.	105	6	G	38	»		Dieppe.	
25	» Levay.....................	brick.	166	2	G	16	»		St.-Malo.	
26	» Onfray....................	ttn.	70	3	P	14	»		Marseille.	R 35.
27	» Trevedic..................	c-m.	77	1	G	10	»	cc.	Auray.	

1	VIGILANTE, Gazolo Viavani..	brick.	162	3	G	1815	Srd.		Gênes..			
2	» Graffione..........	3-m.	180	4	G	29	»	cc.	»			
3	» Lavagna..........	brick.	180	3	A	15	»		»	GRDGV 35.		
4	» Lebiban..........	goël.	100	2	G	16	Frç.		Roscoff.	R 27.		
5	» Provost..........	»	100	3	G	17	»	cc.	Landerneau.	GR 31.		
6	» Santi..........	cut.	100	5	G	33	Esp.		« Diana...	DZ 35.		
7	» Semiglia..........	trb.	65	3	G	20	Rom.		C.-Vecchia.			
8	» Trinca..........	brick.	132	8	G	17	Scl.		Palerme...	GR 30, 35.		
9	» -VICTORINE, Baron..	br.-g.	80	6	G	37	Frç.	cc.	Gruissan.		«	
10	» -VIGNICOLE, Bonte Villain.	dog.	79	6	G	36	»		St.-Valéry.		«	
11	VILLE-D'AIGUES-MORTES, Cauvet.	ttn.	51	4	P	27	»	cc.	Aig.-Mortes		«	
12	» -DE-BASTIA, Zuani....	goël.	76	6	G	37	»	cc.	Bastia...		«	
13	» » -BORDEAUX, Largeteau.	3-m.	633	6	L	36	»		Bordeaux.	DCV.	«	« «
14	» » -CAEN, Débonnaire......	brick.	138	4	G	28	»		« Caen....		«	« «
15	» » -CANDEBEC, Deshays....	3-m.	271	5	A	35	»		Caudebec.	DZ.	«	« «
16	» » -GRANVILLE, de Lalun.	brick.	217	4	G	26	»		Granville.		«	« «
17	» » -MARSEILLE, Allègre.	3-m.	422	3	L	19	»		Marseille.	Dbrz. 36.	«	« «
18	» » -RENNES, Maquet...	»	336	4	L	27	»		Havre..	DGV 32.	«	« «
19	» » -ROCHEFORT, d'Abnour.	»	191	6	L	37	»		Rochefort.		«	« «
20	» » -ROUEN, Hébert..	»	280	6	A	36	»	cc.	Rouen.	DZ 36.	«	« «
21	» » -ST.-MALO, l'Huillier	»	298	2	G	14	»		St.-Malo.	GR 31, 37.	«	« «
22	» » » -SERVAN, Raguidel	brick.	128	3	G	16	»		»	GR 35.	«	« «
23	» » -DU-CROTOY, Fonthomme	br.-g.	80	6	G	37	»		Crotoy..		«	« «
24	» » -HAVRE, Fauvel....	3-m.	249	2	A	10	»		Paimpol.	DZ 33.	«	« «
25	» » -TREPORT, Leprêtre...	brick.	233	6	A	35	»		Treport.	RDZ 37.	«	« «
26	VENCEDORE, Scarpa..........	»	259	3	G	15	Autr.		Fiume..		«	« «
27	VINCITORE, Attara........	»	120	4	G	28	Angl.		« Malte.		«	« «
28	» Nisardi........		140	4	G	25	Srd.	cc.	« Gênes.		«	« «

1	VINCITORE, Parodi	brick.	183	6	A	1837	Srd.			Savonne.	
2	VINCENT, Vitel	c.-m.	79	4	G	30	Frç.	cc.		Vannes.	DCV.
3	VINCENZO, Jiantrapain	brick.	176	6	G	35	Srd.	cc.		Gênes.	
4	VINGT-TROIS-MAI, Dubertrand	loug.	190	5	A	35	Frç.			Bordeaux.	
5	VIOLANTE, Tagliafero	brick.	196	4	A	29	Angl.			Malte.	DCV.
6	VIPERA, Dessaro	»	264	3	G	22	Autr.	cc.		Venise.	R 26.
7	VIRGEN-ARANZA-Y-LA-JULIANTINA, De la Zaraque	goel.	100	5	G	30	Esp.			Bilbao.	
8	» -BUEN-CARMINO, Nicolo	chbc.	24	3	P		»	cc.		Mayorque.	
9	» -DE-MARIA, Vere	br.-g.	43	3	P	23	»	c.		Almerie.	
10	» -DEL-ANTIGUA, Arausa	brick.	129	4	G	29	»	cc.		Saragosse.	
11	» » -CARMEN, Baracelo	chbc.	45	4	P	26	»	cc.		Mayorque.	
12	» » »	bb.	118	4	G	25	»			Barcelonne.	R 37.
13	» » » Bertran	»	20	3	P	20	»	cc.		».	
14	» » » Carbonnel	blc.	76	4	P	28	»	cc.		».	
15	» » » Carreras	br.-g.	80	2	G	17	»	cc.		St-Félieu.	
16	» » » Dalatore	brick.	131	2	G	16	»			Mahon.	
17	» » » Dols	goel.	78	3	G	20	»			Alicante.	
18	» » » Echasserais	loug.	70	4	G	28	»			Bilbao.	
19	» » » Ferre	br.-g.	75	1	P	vieux	»			Barcelonne.	
20	» » » Flexas	chbc.	59	3	P	19	»			Mayorque.	
21	» » » Godo	brick.	118	4	G	25	»	cc.		Barcelonne.	
22	» » » Maigrenet	blc.	35	6	P	36	»	cc.		Mayorque.	
23	» » » Molina	chbc.	29	3	P	22	»	cc.		Palamos.	
24	» » » Palmer	3-m.	270	4	A	25	»			Palma.	GRDCV 36.
25	» » » Parrat	br.-g.	37	3	P	24	»	cc.		».	
26	» » » Prate	»	60	3	G	25	»			Palamos.	
27	» » » Sargo	»	40	4	P	22	»			Villageoso.	GR 32.

1	VIRGEN-DEL-CARMEN, Sarragozza	mtc.	66	5	G	1831	Esp.		Villageoso.	
2	» » -COL, Arzo	brick.	85	1	P	00	»		St.-Félieu.	
3	» » » Masse	»	110	3	A	16	»		»	Rect. DGV 32.
4	» » -MARE, Ferrere	br.-g.	69	5	G	31	»	c.	Almérie.	
5	» » -PILAR, Michel	ttn.	29	4	P	25	»	cc.	Valence.	
6	» » » Ramon père	bb.	81	4	G	10	»		Séville.	Rect. 29.
7	» » -ROSARIO, Cervera	chb.	21	5	P	31	»			
8	» » » Loret	bb.	45	3	P	18	»		Villa Viciosa	
9	» » » Roura	blc.	50	5	P	33	»		Valence.	
10	» » » Trunch Gerardo	»	29	5	P	28	»	cc.	Barcelonne.	
11	» » » Vidal	mtq.	50	3	P	18	»		Villosa.	
12	» » -S.-PAROS, Peiros	»	62	2	P	17	»		Malaga.	
13	» » -TOURA, Cairo	blc.	40	4	P	21	»	cc.	Arens.	
14	» -DE-LOS-ANPELOS, Andrea	br.-g.	85	3	G	20	»	cc.	St.-Félieu.	
15	» » » » Bilaret	loug.	37	4	P	27	»	cc.	»	
16	» » » » Pignol	chbc.	30	3	P	20	»	cc.	Algérsiras.	
17	» » » » Tauler	brick.	70	2	G	17	»		Palamos.	GR 37.
18	» » » » Villant	»	80	2	G	14	»	cc.	»	
19	» » » -DOLORES, Generoles	»	68	3	G	14	»		Barcelonne.	Rect. 31.
20	» » » » Linares	mtq.	60	5	P	30	»	cc.	Villajoyosa.	
21	» » » » Nadale	blc.	70	3	P	29	»	cc.	»	
22	» » » » Nayerolo	cut.	50	3	P	23	»		Palamos.	
23	» » » » Rouvier	br.-g.	53	2	P	14	»		Cadaquez.	
24	» » » » Rulleno	chbc.	34	4	P	28	»	cc.	Mayorque.	
25	» » » -DOS-AMIGOS, Sargosse	goel.	71	5	G	32	»	cc.	Villageoso.	
26	» -DELLE-GRAZIE, Generales	brick	68	3	P	14	»	cc.	Barcelonne.	
27	» » » -E-SAN-JOSE,									
28	Peommelo	»	173	4	G	17	»	cc.	Cadix.	Rect. 29.

1	VIRGINIA, Ferraro V.		brick.	150	5 «	G	1834	Srd.	cc.	Gênes.	
2	» Mendoz		br.-g.	150	5 «	A	30	Ptg.		St.-Ubes.	DCV.
3	» Stagnio		brick.	124	2 «	G	15	Srd.	cc.	Gênes.	
4	VIRGINIE, Allain		c.-m.	75	5 «	G	35	Frç.	cc.	Quiberon.	
5	» Baudry		goël.	87	4 «	A	26	»		Pte-à-Pitre.	DZ 32.
6	» Coste		loug.	75	3 «	G	22	»		Nantes.	
7	» Dano		c-m.	95	3 «	G	25	»	cc.	Sarzeau.	
8	» Duperat		brick	100	3 «	G	22	»	cc.	Bordeaux.	
9	» Humbert		br.-g	111	3 «	G	05	»		Marseille.	TGR 38.
10	» Imbert		alg.	87	3 «	P	1797	»		Arles.	GR 33.
11	» Largouet		c.-m.	74	3 «	G	1824	»	cc.	Sarzeau.	
12	» Mariés		bat.	29	4 «	P	20	»		Toulon.	
13	» Mensemaker		goël.	79	5 «	G	34	»		Havre.	
14	» Tabet		brick.	143	4 «	G	15	»		Nantes.	TGR 38.
15	» Waterlot		dog.	71	4 «	G	27	»	cc.	Dunkerque.	R 30.
16	» -ET-GARIELLE, Dubreuil		3-m.	294	4 «	L	21	»		Marseille.	GR 29, 27, DCV 37.
17	» » » Sorhest		[illegible]	300	5 «	L	28	»		Bordeaux.	
18	VIRGO-DI-MONTENERO, Palomba										
19	» » » -E-FORTUNA, Guerri		br.-g.	106	4 «	P	25	Tsc.	cc.	Livourne.	
			br.-g.	55	4 «	G	24	»		»	
20	» -POTENS, Bregante		brick	182	5 «	A	31	Srd.		Gênes.	DCV
21	» » Dodere		[illegible]	183	1 «	G	08	»	c.	»	
22	VIRTUOSA, Camenarovich		[illegible]	184	3 «	G	20	Autr.	cc.	Venise.	
23	VISITATION, Castelin		bat.	60	6 «	P	36	Frç.	cc.	Martigues.	
24	VISITATIONE, Elice		brick.	85	4 «	G	27	Srd.		Gênes.	
25	VITTORIA, Anglado		[illegible]	116	3 «	A	16	Esp.		St.-Félieu.	GR 34; RDCV 33.
26	» Catiche Matteo		3-m.	450	4	L	24	Autr.		Trieste.	DCV 33.
27	» Di Janni		bb.	78	3	G	16	Rom.		C.-Vecchia.	

1	VITTORIA, di Martino	brick.	247	3	G	1820	Npl.		Naples.	
2	» Disposi	»	247	3	G	21	»		»	
3	» Grassoni	trbc.	78	2	G	16	Rom.	cc.	Ancône.	
4	» Matheo	brick.	185	2	G	26	Rss.		Odessa.	
5	» Massa	goel.	67	3	P	21	Tsc.	cc.	Livourne.	
6	» Pusso J.-B	brick.	118	4	G	27	Srd.	cc.	Gênes.	
7	» -AFFIERI, Marlato	»	259	4	G	20	Autr.	cc.	Venise.	GR 31.
8	» -PRINCIPE-METTERNICH, Garofala	»	332	4	A	25	»		Trieste.	DCV 30.
9	VITTORIOSA, Cravetto	»	233	3	G	16	Srd.		Gênes.	
10	» Tripocovich	3-m.	311	R		00	Autr.		Trieste.	R 20.
11	VITTORIOSO, Sardi	brick.	99	4	G	28	Tsc.		Livourne.	
12	VIVE-HENRIETTE, Halma	»	182	2	G	06	Frç.		Nantes.	
13	» -VALDIMERI, Ivancovich	»	135	5	G	34	Autr.		Trieste.	
14	VLADILASVO, Florio	»	384	4	G	25	»		Venise.	
15	» Reggio	»	260	4	G	26	»	cc.	Trieste.	
16	VOISLAW, Jorovich	»	300	3	G	15	»		»	GR 33.
17	VOL-AU-VENT, Barbe	»	74	3	G	08	Frç.		Bordeaux.	GR 29, 38.
18	VOLANTE, Caperro	»	270	4	G	24	Npl.	cc.	Naples.	GR 36.
19	VOLCANO, Schiaffino	»	176	5	G	31	Srd.		Gênes.	
20	VOLCY, Mensignac	3-m.	240	4	A	27	Frç.		Bordeaux.	DCV.
21	VOLONTÉ-DE-DIEU, Daumas	alg.	121	3	P		»		Arles.	Rect. 22.
22	» » » Jaubert	brick.	149	3	G	18	»		La Ciotat.	GR 37.
23	» » » Reboul	bat.	29	5	P	30	»		Seyne.	
24	VOLTIGEANTE, Duperieux	gls.	103	3	G	04	»		Dunkerque.	GR 24, exh. 30.
25	VOLTIGEUR, Depensier	brick.	79	5	G	34	»		St.-Malo.	
26	» Hubert	c.-m.	78	3	G	25	»	cc.	Billiers.	
27										

1	**Voskres**, Mitrovich	brick.	180	4	G	1825	Autr.	cc.	Raguse.	R 32.
2	**Voyageur**, Seignard	c.-m.	78	3	G.	25	Frç.	cc.	Billiers.	
3	» Tallouard	loug.	70	5	G.	37	»	cc.	Croisic.	
4	**Vulcain**, Anthaume	3-m.	238	6	L	35	»		Nantes.	DCV. 36.
5	**Vulcano**, Marislan	loug.	62	5	P	34	Esp.		Barcelonne.	
6										
7										
8										
9										
10										
11										
12										
13										
14										
15										
16										
17										
18										
19										
20										
21										
22										
23										
24										
25										
26										
27										
28										

1	Wagram, Mourgues	3-m.	340	3	A	1814	Frç.		Granville.	R26. 28, 34, DZ 35.
2	Waterloo, Stuch	brick.	217	3	G	17	Autr.		Trieste.	GR 31.
3	Wulfran, Vidal	»	166	5	A	34	Frç.		Marseille.	DCV 37.
4										
5										
6										
7										
8										
9	Xavier, Bourges	brick.	102	1	G	14	Frç.		Rouen.	R 32.
10	Xénophon, Zacharia	»	200	4	G	26	Rss.		Tangarock.	
11										
12										
13										
14										
15										
16	Y, Lameau	3-m.	220	6	L	33	Frç.	cc.	Bordeaux.	DCV.
17	» Legras	»	225	6	G	35	»		Dieppe.	
18	Ydra, Chaloiani	brick.	150	2	G	18	Grec.			
19	» Olivier	3-m.	186	5	G	34	Esp.		Palma.	
20	Ylda, Hébert	brick.	157	5	A	30	Frç.		Havre.	RDCV 37.
21	» Pellat	»	141	6	A	34	»	cc.	St.-Tropez	DCV 38.
22	Yucateco, Laveau	»	185	4	G	26	»		Bordeaux.	GRDCV 30.
23										
24										
25										
26										
27										
28										

1	Z, Bernard J.	brick.	130	5	G	1835	Frç.		Bordeaux.	
2	ZAMPA, Demigué	3-m.	369	6	L	37	»		Nantes.	DCV feut.
3	» Pattiri	»	300	6	A	36	»		Rouen.	DCV.
4	ZANIZZA, Nanellery	brick.	140	5	G	35	Grec.		Zanizza.	
5	ZAR-DUSSAN, Rabolovich	»	296	3	G	18	Autr.		Venise.	
6	» -LAZARO, Vucassovich	»	455	4	G	28	»	cc.	Trieste.	
7	ZARAMAGUACAN, Ventosa	br.-g.	157	5	A	35	Esp.	cc.	Cuba.	DCV.
8	ZAYETZ,	brick.	200	4	A	21	Rss.		Odessa.	TGR DZ 35.
9	ZÈBRE, Thémoin	»	80	5	G	34	Frç.		St.-Malo.	
10	ZEFIRO, Delpino	br.-g.	116	3	G	17	Srd.	cc.	Gênes.	
11	» Livetti	brick.	267	6	G	37	»	cc.	»	
12	» Russo	»	238	5	G	35	»	cc.	P.D. Sorren.	
13	ZOFORIA, Leumay	br.-g.	74	4	G	25	Frç.		Bordeaux.	
14	ZÉLÉ, Kerzaho	c.-m.	72	2	G	17	»	cc.	Quiberon.	GR 37.
15	» Lebreton	brick.	128	6	G	38	»		Nantes.	
16	» Philippe	»	91	3	G	25	»	cc.	Granville.	GR 31.
17	ZÉLIA, Bouchales	3-m.	325	4	L	27	»		Bordeaux.	RDCV 32.
18	» Kerbes	brick.	112	3	G	24	»		Bayonne.	
19	ZÉLIE, Bachelier	slp.	62	5	P	34	»	cc.	Tourville.	
20	» Bertrandon	brick.	272	4	A	28	»	cc.	Marseille.	DZ 34.
21	» Rey	goel.	79	3	G	22	»		»	
22	» Sabre S.	»	75	3	G	23	»		Libourne.	
23	ZELIMA, Darlan	3-m.	250	5	A	35	»		Bordeaux.	DCV.
24	» Leguenégo	brick.	206	6	G	34	»		Nantes.	
25	» Poulet	3-m.	310	4	A	17	»		Havre.	GR 33, 38; DCV 38.
26	ZÉNAÏDE, Albert	loug.	78	5	G	33	»	cc.	Mesquier.	
27	» Altan	c.-m.	79	3	G	26	»	cc.	Quiberon.	
28	» Laumone	brick.	91	3	A	19	»		Caen.	GRDZ 35.

1	**Zenlizza**, Constantin	br.-g.	140	5	G	1835	Grec.		Zemlizza.	
2	**Zenith**, Chauvet	brick.	130	5	G	33	Frç.	cc.	Nantes.	
3	**Zenobie**, Garcin	»	293	4	A	26	»		Marseille.	DCV 35.
4	**Zéphiline**, Clavé	»	114	4	G	25	»	cc.	Bordeaux.	Alg. 34.
5	**Zéphir**, Bachelet	slp.	62	5	P	34	»		Tourville.	
6	» Collet	c-m.	78	3	G	24	»	cc.	Trinité.	
7	» Cordier	slp.	60	6	P	35	»		Dunkerque.	
8	» Desjar	brick.	144	4	A	24	»		St.Malo.	DZ 34.
9	» Gillard	c.-m.	66	2	P	15	»	cc.	Vannes.	
10	» Gueguen	»	77	4	G	25	»	cc.	Quiberon.	
11	» Hamel	brick.	76	3	G	20	»		Cherbourg.	
12	» Niolon	»	112	4	A	21	»		Marseille.	TGR 38, DCV 35.
13	» Moissan	c.-m.	70	5	G	34	»	cc.	Nantes.	
14	» Pelicard	brick.	120	6	G	35	»	cc.	Agde.	
15	» Pesqui	br.-g.	109	6	G	35	»	cc.	»	
16	**Zitellia**, Guirovich	goel.	130	4	G	26	Autr.	cc.	Trieste.	
17	**Zoave**, Robert	brick.	114	5	A	32	Frç.		Marseille.	DZ 33.
18	**Zodiaco**, Calvi	»	164	2	G	10	Autr.	c.	Venise.	GR 26.
19	**Zodiaque**, Delepault	»	151	4	A	14	Frç.		Granville.	GR 33, 36, 38, DZ 38.
20	**Zoé**, Arnaud	gls.	85	4	G	27	»		Nantes.	
21	» Chiaffroi	br.-g.	69	3	G	22	»		Morlaix.	GR 32.
22	» Cloitre	loug.	66	4	G	26	»		Bordeaux.	
23	» Trement	c.-m.	77	2	G	19	»	cc.	Méans.	R 31.
24	**Zoffora**, Vandezande	brick.	172	5	A	31	»		Dunkerque.	DZ.
25	**Zone**, Andureau	»	78	6	G	38	»		Bordeaux.	
26	**Zoodoko-Pigi**, Gosmeto	»	200	4	G	29	Grec.		Syros.	
27	**Zulma**, Lebobec	loug.	69	5	G	35	Frç.	cc.	Quiberon.	
28										

Ž

1												
2												
3												
4												
5												
6												
7												
8												
9												
10												
11												
12												
13												
14												
15												
16												
17												
18												
19												
20												
21												
22												
23												
24												
25												
26												
27												
28												

1											
2											
3											
4											
5											
6											
7											
8											
9											
10											
11											
12											
13											
14											
15											
16											
17											
18											
19											
20											
21											
22											
23											
24											
25											
26											
27											

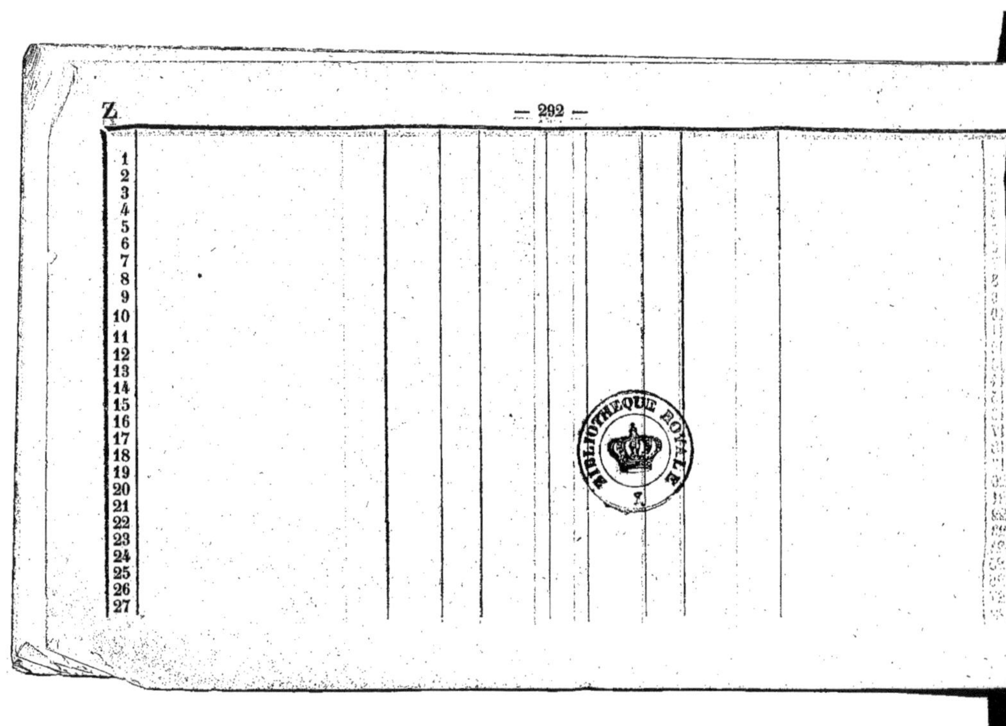

www.ingramcontent.com/pod-product-compliance
Ingram Content Group UK Ltd.
Pitfield, Milton Keynes, MK11 3LW, UK
UKHW021851070726
13613UKWH00001B/112

9 782019 946791